Jetzt 6 Monate gratis nutzen:

Online-Version und Newsletter zum „E-Government in Bayern"!

Alle Inhalte und regelmäßige Aktualisierungen. Dazu der exklusive Newsletter mit relevanten Sofort-Infos. So bleiben Sie stets auf dem Laufenden!

Zusammen mit Ihrem Buch haben Sie den **Zugang zur Online-Version** für die sechsmonatige Nutzung erworben. Sobald Sie Ihren Zugang freischalten, profitieren Sie **kostenlos und ohne weitere Verpflichtung** von den Aktualisierungen und den zusätzlichen Inhalten.

Darüber hinaus erhalten Sie den **exklusiven E-Mail-Newsletter**, der Ihnen monatlich Informationen zur Rechtsentwicklung und deren Umsetzung bringt. In Sachen E-Government auf dem Laufenden bleiben – **einfacher und bequemer** geht es nicht!

Der schnellste Weg zu Online-Version und Newsletter:

Gehen Sie auf **www.rehmnetz.de/egov/aktivieren** und geben Sie Ihre Daten und den nachfolgenden PIN-Code ein.

MHt5Yu

Ihr PIN-Code

Und: Die erste Ausgabe des Newsletters steht direkt für Sie als PDF bereit!

Praxishandbuch zum Bayerischen E-Government-Gesetz

Eine prozessorientierte Darstellung

von

Dr. Wolfgang Denkhaus
Bayerische Staatskanzlei, München

Klaus Geiger
Bayerischer Landkreistag, München

::jehle

Bibliografische Informationen der Deutschen Nationalbibliothek

Die Deutsche Nationalbibliothek verzeichnet diese Publikation in der Deutschen Nationalbibliografie; detaillierte bibliografische Daten sind im Internet über <http://dnb.d-nb.de> abrufbar.

Bei der Herstellung des Werkes haben wir uns zukunftsbewusst für umweltverträgliche und wiederverwertbare Materialien entschieden.
Der Inhalt ist auf elementar chlorfreiem Papier gedruckt.

ISBN 978-3-7825-0609-0

E-Mail: kundenservice@hjr-verlag.de
Telefon: +49 89/2183-7928
Telefax: +49 89/2183-7620

Satz: preXtension, Mauerner Str. 2, 82284 Grafrath
Druck: Kessler Druck + Medien, Michael-Schäffer-Str. 1, 86399 Bobingen

Vorwort

Das Bayerische E-Government-Gesetz liefert einen neuen Rechtsrahmen für die elektronische Verwaltung auf allen Verwaltungsebenen in Bayern. Ziel des Gesetzes ist es, das Papier als Leitmedium der Verwaltung durch die digitale Form zu ersetzen.

Dazu sollen sich alle Behörden für die digitale Kommunikation öffnen und ihre Dienste und Verfahren auch online über das Netz bereitstellen. Damit durchgängig digitale Verwaltungsabläufe möglich werden, sollen die Behörden auch elektronische Identifizierungsmöglichkeiten und E-Payment-Dienste auf ihren Websites bereitstellen.

Für den innerbehördlichen Bereich enthält das Gesetz Vorschriften zur Einführung der elektronischen Akte und zur IT-Sicherheit. Als erstes Bundesland überhaupt hat Bayern zudem einklagbare Rechte der Bürger auf E-Government geschaffen.

Mit seinem auf praktische Wirksamkeit ausgerichteten Regelungsprogramm unterscheidet sich das BayEGovG grundlegend von anderen Rechtsmaterien des Verwaltungsrechts. Es geht nicht darum, bestimmte Schritte eines rechtsstaatlichen Verwaltungsverfahrens festzulegen, sondern darum, die Digitalisierung der Prozesse in der Verwaltung zu befördern.

Diese Besonderheit des Gesetzes spiegelt sich im neuartigen Konzept dieses Handbuchs wider. Im Zentrum der Darstellung steht der digitale Verwaltungsprozess, vom E-Government-Angebot über den Antrag und die digitale Vorgangsbearbeitung bis zum elektronischen Bescheid. Die wesentlichen Bausteine zur Umstellung auf die digitale Verwaltung werden anschaulich und praxisgerecht erläutert. Wiederholungs- und Vertiefungsfragen laden dazu ein, das erworbene Wissen zu verfestigen.

Ergänzt wird diese Darstellung durch ebenfalls praxisorientiert gehaltene Überblicke zum Anwendungsbereich des Gesetzes, zu den digitalen Zugangs- und Verfahrensrechten der Bürger, zum Bayerischen E-Government-Gesetz insgesamt sowie zum neuen Onlinezugangsgesetz des Bundes. Zur Erleichterung des Umgangs mit den wichtigsten Fachbegriffen wird dem Praxishandbuch ein ABC des E-Governments vorangestellt.

Die Grundzüge der Änderung des BayEGovG im Zuge des Gesetzes zur Errichtung eines Landesamts für Sicherheit der Informationstechnik (LSI-Gesetz – LT-Drs. 17/17726) sind im vorliegenden Handbuch bereits berücksichtigt. Die Artikel des BayEGovG werden bereits auf der Basis der neuen Fassung zitiert (Fassung von 2015 in Klammern).

Die Verfasser hoffen, dass das vorliegende Praxishandbuch sowohl den Entscheidungsträgern als auch den für die Umsetzung Verantwortlichen die notwendigen Werkzeuge an die Hand gibt, um die Digitalisierung ihrer Verwaltungen erfolgreich zu gestalten.

München, im September 2017

Wolfgang Denkhaus — Klaus Geiger

Inhaltsverzeichnis

Teil A
ABC des E-Governments

A

Allgemeiner Auskunftsanspruch

Anspruch auf Auskunft gegenüber Behörden in Bayern gem. Art. 36 BayDSG, Voraussetzung ist ein berechtigtes Interesse. Siehe auch → Informationsfreiheit

ALKIS

Amtliches Liegenschaftskatasterinformationssystem. Bundeseinheitliches Datenmodell, das die fachliche Grundlage für Inhalt und Aufbau des Liegenschaftskatasters liefert.

AKDB

Anstalt für Kommunale Datenverarbeitung in Bayern. Anstalt öffentlichen Rechts in Trägerschaft der kommunalen Spitzenverbände in Bayern. Aufgabe der AKDB ist es, kommunale Körperschaften, den Staat oder Dritte im Bereich der IT zu unterstützen.

Antragsmanager (Formularserver)

Basisdienst des Freistaats Bayern, über den Formulare für die Nutzer zentral bereitgestellt werden. Das Ausfüllen der Formulare wird unterstützt (Plausibilitätsprüfung der Benutzereingaben) und die eingegebenen Daten werden elektronisch an die zuständige Behörde übermittelt. Zielsetzung ist hierbei, dass nach dem Prinzip „eines für alle" Behörden und Kommunen zentral Formulare bereitgestellt werden, die dem Bürger die Online-Erledigung verschiedener, formularbasierter Verwaltungsleistungen ermöglichen. Somit muss nicht jede Behörde bzw. Kommune ein eigenes Formular entwerfen und umsetzen.

Asymmetrische Verschlüsselung

Auch Public-Key-Verschlüsselung genannt. Verschlüsselung, bei der Informationen mit dem öffentlichen Schlüssel in ein nicht lesbares sogenanntes Chiffrat überführt werden und nur mit dem geheimen (privaten) Schlüssel wieder in ihre ursprüngliche Form zurückgeführt werden können. → symmetrische Verschlüsselung.

Auftragskontrolle

Gewährleisten, dass personenbezogene Daten, die im Auftrag verarbeitet werden, nur entsprechend den Weisungen des Auftraggebers verarbeitet werden können. Umsetzung: Protokoll über Auftrag und Erledigung, eindeutige Vertragsgestaltung. Siehe auch → Zehn Gebote für den Datenschutz, → Zehn Gebote für die Informationssicherheit.

Auftragsdatenverarbeitung (ADV)

Erhebung, Verarbeitung oder Nutzung von personenbezogenen Daten durch einen Dienstleister im Auftrag der datenschutzrechtlich verantwortlichen Stelle. Näheres unter https://www.datenschutz-bayern.de/technik/orient/oh_auftragsdatenverarbeitung.html

authega

authega ist ein datenschutzgerechter Authentifizierungsdienst, der auf Basis der → ELSTER Technologie entwickelt wurde. authega wurde 2017 in Bayern als weiteres sicheres Verfahren zum elektronischen → Schriftformersatz zugelassen.

Authentizität

Echtheit, Überprüfbarkeit und Vertrauenswürdigkeit einer behaupteten Eigenschaft, z. B. der Identität einer Person

Authentifizierung

Die Überprüfung einer behaupteten Eigenschaft. → Authentizität

Automatisierte Verfahren

Verfahren, bei denen die gesammelten personenbezogenen Daten automatisiert (maschinell) nach bestimmten Merkmalen ausgewertet werden. Diese Verfahren müssen bei Behörden in Bayern gem. Art. 26 BayDSG vor dem erstmaligen Einsatz oder bei wesentlichen Änderungen gesondert freigegeben werden.

Automatisierter Erlass von Verwaltungsakten

Erlass von Verwaltungsakten unter Rückgriff auf → automatisierte Verfahren.

B

Barrierefreiheit

Gestaltung von Informationstechnik, dass sie auch von Menschen mit Behinderung ohne zusätzliche Hilfen genutzt werden können. In der → BITV (Bund) und § 1 → BayBITV (Bayern) geregelt.

Basisdienst

Elektronische Verwaltungsinfrastrukturen, die der Freistaat Bayern zur behördenübergreifenden Nutzung bereitstellt (Art. 8 Abs. 2 Satz 1 BayEGovG, a. F. Art. 9 Abs. 2 Satz 1).

Basiskomponente

Einheitliche und → standardisierte IT-Anwendung zur Unterstützung von Aufgaben, die in allen Ressorts der Staatsverwaltung anfallen, z. B. Personalbewirtschaftung, → Dokumenten-Management-Systeme, → Formularserver, → elektronische Signatur

BayBITV

Bayerische Barrierefreie Informationstechnik-Verordnung (BayBITV) vom 8. November 2016 (GVBl. S. 314, BayRS 206-1-1-F)

BayDSG

Bayerisches Datenschutzgesetz, (BayDSG) vom 23. Juli 1993 (GVBl. S. 498, BayRS 204-1-I), anwendbar auf öffentliche Stellen in Bayern.

BayEGovG

Bayerisches E-Government-Gesetz (BayEGovG) vom 22. Dezember 2015 (GVBl. S. 458, BayRS 206-1-F)

Bayerisches Behördennetz

Geschlossenes Netzwerk für staatliche Behörden und angeschlossene Kommunen

BayernAltlas

Viewer für Geodaten der Bayerischen Vermessungsverwaltung

BayernCERT

Zur Unterstützung und Beratung aller Behörden, die an das Behördennetz des Freistaates Bayern angeschlossen sind, besteht für sicherheitsrelevante Vorfälle in IT-Systemen ein Computersicherheits-Ereignis- und Reaktionsteam (CERT). Das CERT sammelt und bewertet die zur Abwehr von Gefahren für die Sicherheit der Informationstechnik erforderlichen Daten, insbesondere zu Sicherheitslücken, Schadprogrammen, erfolgten oder versuchten Angriffen auf die Sicherheit in der Informationstechnik und der dabei beobachteten Vorgehensweise. Das CERT spricht Warnungen und Empfehlungen aus und leitet Erkenntnisse an Dritte weiter, wenn dies zur Erkennung und Abwehr von Gefahren für Verwaltung, Bürger oder Wirtschaft erforderlich ist.

BayernDigital

Digitalstrategie der Bayerischen Staatsregierung

BayernID

Zentrale Identifizierungs-Komponente des Freistaats Bayern, über die die daran angebundenen Verwaltungsleistungen von Bund, Land und Kommunen genutzt werden können (Prinzip: „Ein Konto für alles"). Sowohl natürliche als auch juristische Personen können über die BayernID eindeutig authentifiziert werden. Der Freistaat Bayern stellt die BayernID den Kommunen dauerhaft und betriebskostenfrei zur Verfügung.

BayernPortal

Zentrales E-Government-Portal der Bayerischen Staatsregierung (ehemals „Verwaltungsservice Bayern" und „Bayerischer Behördenwegweiser"). Das Portal enthält u. a.

Informationen über die Kontaktdaten von Behörden, Verwaltungsleistungen und ermöglicht deren elektronische Inanspruchnahme.

BayernWLAN

WLAN-Netz des Freistaats Bayern. Bis zum Jahr 2020 sollen 20.000 Hotspots kostenfrei zur Verfügung stehen. Weitere 20.000 sind für die Schulen geplant.

BDSG

Bundesdatenschutzgesetz vom 14. Januar 2003 (BGBl. I S. 66), anwendbar für öffentliche Stellen des Bundes und für nichtöffentliche Stellen

Beglaubigung

Amtliche Bescheinigung der Richtigkeit einer Unterschrift oder Abschrift durch Beglaubigungsvermerk. Auch elektronische Dokumente können beglaubigt werden. Behörden sollen selbst ausgestellte Urkunden auf Verlangen elektronisch beglaubigen. Geregelt in Art. 33 und 34 BayVwVfG.

Behördendienste

Verwaltungsdienstleistungen, die von den Behörden in elektronischer Form über das Internet, z. B. über Behördenwebsites oder → Service-Portale für den Nutzer zum Abruf bereitgestellt werden. In Bayern in Art. 4 BayEGovG geregelt.

Behördenübergreifende Dienste

Elektronische Dienste, die von mehreren Behörden zur Erfüllung ihrer Aufgaben genutzt werden können, wie z. B. → Identifizierungssysteme, → Postfachdienste oder → E-Payment-Dienste. Behördenübergreifende Dienste sind in Art. 9 BayEGovG als → Basisdienste und als → zentrale Dienste geregelt.

Behördlicher Datenschutzbeauftragter

Die behördlichen Datenschutzbeauftragten haben die Aufgabe, auf die Einhaltung des Bayerischen Datenschutzgesetzes und anderer Vorschriften über den Datenschutz in der öffentlichen Stelle hinzuwirken (Art. 25 Abs. 4 Satz 1 BayDSG).

Behördlicher Informationssicherheitsbeauftragter (BITS)

Beauftragte für Informationssicherheit auf Behördenebene. Sie sind in Bayern oftmals durch → Informationssicherheitsleitlinien (Verwaltungsvorschriften) geregelt. Bisher keine gesetzlichen Regelungen.

Benutzerkontrolle

Verhindern, dass Datenverarbeitungssysteme mit Hilfe von Einrichtungen zur Datenübertragung von Unbefugten genutzt werden können. Umsetzung: Nutzung durch Unbefugte verhindern, Passwortregelungen und sonstige Identifikationsverfahren,

Kontrolle der Netzverbindungen, kontrollierter Einsatz der Betriebssystemfunktionen. Siehe → Zehn Gebote für Datenschutz, → Zehn Gebote für Informationssicherheit

BITV

Verordnung zur Schaffung barrierefreier Informationstechnik nach dem Behindertengleichstellungsgesetz (Barrierefreie-Informationstechnik-Verordnung) des Bundes

Bundesamt für Sicherheit in der Informationstechnik (BSI)

Das 1991 gegründete Bundesamt gehört zum Geschäftsbereich des Bundesministeriums des Innern und ist für die Informationssicherheit auf nationaler Ebene zuständig.

Bundesbeauftragte/r für den Datenschutz und die Informationsfreiheit

Beauftragte/r der Bundesregierung. Wirkt auf die Einhaltung der Vorschriften des → BDSG und des → IFG hin.

Bürgerkonto

→ Servicekonto

Bürgerserviceportal

Angebot der → AKDB für ein → Service-Portal

BSI-Grundschutz

Der vom → Bundesamt für Sicherheit in der Informationstechnik entwickelte IT-Grundschutz ist eine Basis für die Informationssicherheit in Behörden und Unternehmen. Der IT-Grundschutz ermöglicht es, erforderliche Sicherheitsmaßnahmen zu identifizieren und umzusetzen. Die IT-Grundschutz-Kataloge des BSI umfassen sowohl technische als auch nicht-technische Standard-Sicherheitsmaßnahmen für typische Geschäftsbereiche, IT-Anwendungen und IT-Systeme.

C

CERT

→ BayernCERT

CIO

Chief Information Officer (CIO) nimmt allgemein die Aufgaben der strategischen und operativen Führung der Informationstechnik in der Verwaltung wahr.

CISO

Chief Information Security Officer (CISO) ist – im Rahmen der Vorgaben des CIO – für die Gewährleistung der Informationssicherheit in der Verwaltung zuständig.

Cloud Computing

Cloud Computing (deutsch „Rechnerwolke“) ist eine IT-Strategie mit verteilten Hard- und Software-Ressourcen, auf denen Daten gespeichert oder auch Anwendungen bereitgestellt werden. Die sich in der Cloud befindenden Dateien sind überall mit einem Internetzugang für berechtigte Nutzer abrufbar.

Computernotfall-Ereignis- und Reaktionsteam

→ BayernCERT

Cyber Emergency Response Team

→ BayernCERT

Cybersicherheit

Cybersicherheit befasst sich mit allen Aspekten der Sicherheit in der Informations- und Kommunikationstechnik im Cyberraum. Dieser umfasst sämtliche mit dem Internet und vergleichbaren Netzen verbundene Informationstechnik und schließt darauf basierende Kommunikation, Anwendungen, Prozesse und verarbeitete Informationen mit ein (BSI-Definition).

D

Datenschutz

Recht des Bürgers, über seine personenbezogenen Daten grundsätzlich selbst zu verfügen. Ausformung des Grundrechts auf informationelle Selbstbestimmung. Erfasst und begrenzt die Erhebung, Verarbeitung oder Nutzung ihrer personenbezogenen Daten durch öffentliche und nichtöffentliche Stellen. In der → Datenschutz-Grundverordnung der EU, dem → BDSG und dem → BayDSG geregelt.

Datenschutzbeauftragte/r

Verantwortliche/r für die Einhaltung des Datenschutzes bei einer öffentlichen oder nichtöffentlichen Stelle. Gesetzlich geregelt in § 4f und § 4g → BDSG für öffentliche Stellen des Bundes und nichtöffentliche Stellen und in Art. 25 → BayDSG für öffentliche Stellen in Bayern

Datenschutz-Grundverordnung

Die Datenschutz-Grundverordnung ist am 24.5.2016 in Kraft getreten. Sie wird ab dem 25.5.2018 in der gesamten Europäischen Union (EU) – und damit auch im Freistaat Bayern – Geltung beanspruchen und die bisherige allgemeine Datenschutz-Richtlinie 95/46/EG ersetzen. Die Datenschutz-Grundverordnung hat zum Ziel, sowohl die Grundrechte und Grundfreiheiten natürlicher Personen – insbesondere deren Recht auf Schutz personenbezogener Daten – zu schützen als auch den freien Verkehr personenbezogener Daten zu gewährleisten.

Datenschutzrechtliche Freigabe

Der erstmalige Einsatz von automatisierten Verfahren oder deren wesentliche Änderung, mit denen personenbezogene Daten verarbeitet werden, bedarf der vorherigen schriftlichen Freigabe durch die das Verfahren einsetzende öffentliche Stelle.

Datensicherheit

→ Informationssicherheit

Datenträgerkontrolle

Verhindern, dass Datenträger unbefugt gelesen, kopiert, verändert oder entfernt werden können.

Umsetzung:

Spezielle Räume zur Aufbewahrung, Datensafes, nur kontrolliertes und dokumentiertes Kopieren, Bestandskontrollen, kontrollierte Vernichtung, ordnungsgemäße Verwaltung von Disketten und Druckausgaben

De-Mail

De-Mail ist ein Kommunikationsmittel zur sicheren, vertraulichen und (meist) nachweisbaren Kommunikation im Internet im Sinne von § 1 Abs. 1 De-Mail-Gesetz. De-Mail beruht auf der E-Mail-Technik, ist aber als „geschlossenes" System vom E-Mail-Verkehr getrennt. De-Mail wird von privaten De-Mail-Provider angeboten, die sich beim → Bundesamt für Sicherheit in der Informationstechnik akkreditieren müssen.

De-Mail-Dienste

Dienste auf einer elektronischen Kommunikationsplattform, die einen sicheren, vertraulichen und nachweisbaren Geschäftsverkehr für jedermann im Internet sicherstellen sollen (§ 1 Abs. 1 De-Mail-Gesetz)

De-Mail-Identitätsbestätigungsdienst

Dienst, bei dem sich der De-Mail-Nutzer seiner hinterlegten Identitätsdaten bedienen kann, um seine Identität gegenüber einem Dritten, der ebenfalls Nutzer eines De-Mail-Kontos ist, sicher elektronisch bestätigen zu lassen (§ 6 Abs. 1 Satz 2 De-Mail-Gesetz).

Digitalisierung

Überführung von der analogen in die digitale Form, wie etwa beim → ersetzenden Scannen. Im weiteren Sinne steht Digitalisierung für einen umfassenden Prozess intelligenter Vernetzung und die damit zusammenhängenden Veränderungen.

Digitale Agenda

Programm der Bundesregierung zur Gestaltung der Digitalisierung

Digitale Verwaltung

→ E-Government

Dokument

Umfasst papiergebundene oder elektronisch erstellte Objekte wie Fax, E-Mail, Datenbankauszüge und andere Dateien, einschließlich aller ergänzenden Angaben (z. B. Metadaten), die zum Verständnis der Informationen notwendig sind.

Dokumentenmanagementsystem (DMS)

Ein DMS ist ein System zur Verwaltung und Archivierung von elektronischen Dokumenten. Dokumentenmanagementsysteme kommen im Rahmen der elektronischen Aktenführung zum Einsatz und ermöglichen z. B. die Versionierung von Dokumenten.

E

E-Government

Zielgerichteter Einsatz von Informations- und Kommunikationstechnologien zur Erfüllung von Verwaltungsaufgaben.

E-Government-Pakt

Der E-Government-Pakt regelt seit 2002 die Zusammenarbeit zwischen dem Freistaat Bayern und den Kommunalen Spitzenverbänden im Bereich des E-Government und wurde zuletzt am 13.11.2014 fortgeschrieben.

E-Government-Gesetze

Gesetze zur Förderung der elektronischen Verwaltung auf Bundes- und Landesebene. Ziel ist es, Hindernisse für durchgängig elektronisches Verwalten zu beseitigen und Anreize für die Bereitstellung und Nutzung von elektronischen Behördendiensten zu schaffen.

EGovG

→ E-Government-Gesetz des Bundes vom 25. Juli 2013 (BGBl. I S. 2749)

Elektronische Identifizierung

Elektronische Identifizierung ist der Prozess der Verwendung von Personenidentifizierungsdaten in elektronischer Form, die eine natürliche oder juristische Person oder eine natürliche Person, die eine juristische Person vertritt, eindeutig repräsentieren.

eIDAS-Verordnung

Verordnung (EU) Nr. 910/2014 des Europäischen Parlaments und des Rates vom 23. Juli 2014 über elektronische Identifizierung und Vertrauensdienste für elektronische

Transaktionen im Binnenmarkt. Ersetzt die Signaturrichtlinie. Neben der Neuregelung elektronischer Signaturen und Siegel enthält die VO Standards für elektronische Identifizierungsmittel und -systeme und für Vertrauensdienste. Den Vollzug in Deutschland regelt ergänzend das eIDAS-Durchführungsgesetz.

eID-Funktion des neuen Personalausweises bzw. des elektronischen Aufenthaltstitels

Die eID-Funktion (→ Online-Ausweisfunktion) des Personalausweises bzw. des elektronischen Aufenthaltstitels ermöglicht es, den Ausweisinhaber sicher und eindeutig zu identifizieren. Zudem lässt sich mit dieser Funktion die Identität des „Gegenübers" im Netz zuverlässig feststellen.

Eingabekontrolle

Gewährleisten, dass nachträglich überprüft und festgestellt werden kann, welche personenbezogenen Daten zu welcher Zeit von wem in Datenverarbeitungssysteme eingegeben worden sind.

Umsetzung:

Unbefugte Eingabe verhindern, manipulationssichere Protokollierung. Siehe auch → Zehn Gebote des Datenschutzes → Zehn Gebote für die Informationssicherheit

Einheitlicher Ansprechpartner (eA)

Der mit der EU-Dienstleistungsrichtlinie eingeführte eA soll grenzüberschreitende Behördengänge für Dienstleister vereinfachen und beschleunigen, indem seine Inanspruchnahme alle dienstleistungsrichtlinienrelevanten Behördengänge zusammenfasst. In §§ 71a ff VwVfG bzw. Art. 71a BayVwVfG als „einheitliche Stelle" geregelt.

E-Justice

→ Elektronischer Rechtsverkehr

Elektronische Akte

Eine elektronische Akte ist eine logische Zusammenfassung sachlich zusammengehöriger oder verfahrensgleicher Vorgänge und/oder Dokumente, die insbesondere alle aktenrelevanten E-Mails, sonstige elektronisch erstellte Unterlagen sowie gescannte Papierdokumente umfasst und so eine vollständige Information über die Geschäftsvorfälle eines Sachverhalts ermöglicht.

Elektronische Beglaubigung

→ Beglaubigung

Elektronische Behördendienste

→ Behördendienste

Elektronische Bekanntmachung

Elektronische Bekanntmachung von veröffentlichungspflichtigen Mitteilungen und amtliche Verkündungsblätter über das Internet. Geregelt in Art. 4 Abs. 2 BayEGovG.

Elektronische Dienste

Technische Einrichtungen oder Verfahren, die von Behörden zur Erfüllung ihrer Aufgaben verwaltungsintern oder verwaltungsextern verwendet werden.

Elektronische Dokumente

→ Dokumente

Elektronische Form

Die elektronische Form ersetzt eine gesetzlich angeordnete Schriftform. Die elektronische Form wird nur von der → qualifizierten elektronischen Signatur (qeS) erfüllt. Geregelt in § 3a Abs. 2 Satz 1 und 2 VwVfG bzw. Art. 3a Abs. 2 Satz 1 und 2 BayVwVfG.

Elektronisches Formular

Webformular, das online über eine Website oder über ein Behördenterminal unmittelbar vom Nutzer ausgefüllt werden kann.

Electronic Government

→ E-Government

Elektronische Identifizierung

→ Identifizierung

Elektronische Kommunikation

Übermittlung elektronischer Dokumente, setzt → Zugangseröffnung durch die Beteiligten voraus. Geregelt in Art. 3a BayVwVfG und Art. 3 BayEGovG.

Elektronische Nachweise

Erbringung eines in einem Verwaltungsverfahren erforderlichen Nachweises durch Vorlage einer digitalen Kopie. Geregelt in Art. 6 Abs. 3 BayEGovG.

Elektronische Personalakte

Dokumentenmanagementsystem für die Personalverwaltung. Unterliegt besonderen Anforderungen in Bezug auf den Datenschutz. Die automatisierte Verarbeitung und Nutzung von Personalaktendaten ist in Art. 111 BayBG besonders geregelt.

Elektronische Publikation

→ Elektronische Bekanntmachung

Elektronische Rechnung

Eine Rechnung ist elektronisch, wenn sie in einem strukturierten elektronischen Format ausgestellt, übermittelt und empfangen wird, das ihre automatische und elektronische Verarbeitung ermöglicht.

Elektronischer Rechtsverkehr

Elektronische Kommunikation mit den Gerichten. Der elektronische Rechtsverkehr wird schrittweise an den Gerichten eingeführt.

Elektronische Registratur

Elektronische Schriftgutverwaltung, elektronisches Ablagesystem. Teil eines Dokumentenmanagementsystems.

Elektronischer Schriftformersatz

→ Schriftformersatz

Elektronische Signatur

Daten in elektronischer Form, die anderen elektronischen Daten beigefügt oder logisch mit ihnen verbunden werden und die der Unterzeichner zum Unterzeichnen verwendet.

Elektronische Zahlung

→ E-Payment

ELSTER

Elektronische Steuererklärung

E-Mail

Electronic Mail (E-Mail) – auf Deutsch: elektronische Post – ist ein Postdienst, der über einen Internet-Anschluss zur Nachrichtenübermittlung dient.

Ende-zu-Ende-Verschlüsselung

Durchgängige Verschlüsselung zwischen Sender und Empfänger.

ePayBL

Software ePayBL (E-Payment Bund-Länder), die von einer Entwicklergemeinschaft aus Vertretern des Bundes und mehrerer Bundesländer kontinuierlich weiterentwickelt wird. Die wesentlichen Funktionen der Software bilden die Grundlage für den E-Payment-Dienst des Freistaats Bayern (→ E-Payment).

E-Payment

E-Payment betrifft das elektronische Bezahlen kostenpflichtiger Verwaltungsleistungen über das Internet. Bayerische Behörden müssen ab 1.1.2020 geeignete elektronische Zahlungsmöglichkeiten anbieten. Der Freistaat Bayern stellt den Kommunen einen E-Payment-Dienst dauerhaft und betriebskostenfrei zur Verfügung.

Ergänzendes Scannen

Scanprozess, bei dem das Papieroriginal nach dem Scannen weiterhin aufbewahrt wird.

Ersetzendes Scannen

Scanprozess, bei dem das Papieroriginal nach dem Scannen vernichtet wird.

F

Formularserver (Antragsmanager)

→ Antragsmanager

G

Geodaten

Geodaten haben als kennzeichnendes Element einen Raumbezug, über den sie miteinander verknüpft und dargestellt werden können. Sie beschreiben Objekte und Sachverhalte, die durch eine Position im Raum direkt (z. B. durch Koordinaten) oder indirekt (z. B. durch Beziehungen) referenzierbar sind. (Quelle GDI.Bayern)

Geodatendienste

Geodatendienste machen → Geodaten und → Metadaten in strukturierter Form über ein Netzwerk zugänglich und ermöglichen den Austausch bzw. den Aufruf von Funktionen auf entfernten Rechnern.

Geoportal Bayern

Das Geoportal Bayern ist der zentrale Zugang zu → Geodaten und → Geodatendiensten der → Geodateninfrastruktur (GDI) Bayern.

Geodateninfrastruktur (GDI)

Eine Geodateninfrastruktur schafft technische, organisatorische und administrative Grundlagen für die gemeinsame Nutzung, die Zugänglichkeit und die Verwendung von interoperablen → Geodaten und → Geodatendiensten. (Quelle GDI.Bayern)

Gemeinsame Verfahren

Automatisierte Verfahren, die mehreren öffentlichen Stellen die Verarbeitung oder Nutzung personenbezogener Daten in einem Datenbestand ermöglichen sollen oder bei denen die beteiligten öffentlichen Stellen sich wechselseitig Zugriffe auf die gespeicherten personenbezogenen Daten ermöglichen sollen (Art. 27a Abs. 1 Satz 1 BayDSG).

GovData

Zentrales Government Data Portal des Bundes

H

Hinkanal

Elektronische Kommunikation vom Bürger „hin" zur Behörde → Rückkanal

Hybride Akte

Akte, die sowohl elektronische Bestandteile als auch solche in Papierform enthält. Gerade bei hybrider Aktenführung ist eine Festlegung wichtig, ob die elektronische Akte oder die Papierakte die „führende Akte" ist.

I

Identifizierung, elektronische

→ Elektronische Identifizierung

Identifizierungssysteme

Systeme zur elektronischen Identifizierung. Die gegenseitige Anerkennung dieser Systeme in der EU ist in der eIDAS Verordnung geregelt.

IFG

Informationsfreiheitsgesetz des Bundes, regelt u. a. den Zugang zu Informationen von Behörden des Bundes.

iKFZ

Internetbasierte Fahrzeugzulassung. Seit dem 1. Januar 2015 ist es möglich, die Abmeldung eines Kraftfahrzeugs online zu beantragen. Ab dem 1. Oktober 2017 soll die internetbasierte Wiederzulassung eines Fahrzeugs möglich sein. Die internetbasierte Neuzulassung soll 2018 folgen.

Informationsfreiheit

Recht auf Zugang zu den Informationen von Behörden. Im Bund und der Mehrzahl der Länder in Informationsfreiheitsgesetzen (→ IFG) geregelt. In Bayern → Allgemeiner Auskunftsanspruch

Informationssicherheit

Gewährleistung der → Vertraulichkeit, → Verfügbarkeit und → Integrität von Informationen.

Informationssicherheitskonzept

Konzept zur angemessenen Gewährleistung von → Informationssicherheit. Für Behörden in Bayern ab 1.1.2018 vorgeschrieben.

Informationssicherheitsbeauftragter

Informationssicherheitsbeauftragte haben in der Regel die Aufgabe, auf die Sicherheit der informationstechnischen Systeme in der Behörde hinzuwirken. Im Gegensatz zum behördlichen Datenschutzbeauftragten sind die Aufgaben und Befugnisse des Informationssicherheitsbeauftragten nicht gesetzlich geregelt.

Informationssicherheitsleitlinien

Verwaltungsvorschriften zur Gewährleistung von → Informationssicherheit

INSPIRE

INfrastructure for SPatial InfoRmation in Europe. INSPIRE-Richtlinie 2007/2/EG definiert den rechtlichen Rahmen für den Aufbau von Geodateninfrastrukturen.

Integrität

Korrektheit (Unversehrtheit) von Daten und der korrekten Funktionsweise von Systemen

Interoperabilität

Interoperabilität steht für die Fähigkeit zur Kombination und Interaktion verschiedener Systeme, Techniken oder Daten unter Einhaltung gemeinsamer Standards.

ISA+

Vom Bayerische IT-Sicherheitscluster e. V. entwickelte IT-Sicherheits-Analyse „ISA+“ für Kleinunternehmen und kleine Behörden.

ISIS12

Vorgehensmodell zur Einführung eines Informationssicherheitsmanagementsystems in zwölf Schritten. ISIS12 kann als mögliche Vorstufe zur ISO/IEC 27001- bzw. BSI IT-Grundschutz-Zertifizierung verwendet werden.

ISMS

Ein Informationssicherheitsmanagementsystem (ISMS) ist ein Rahmenwerk zur Etablierung und Fortführung eines kontinuierlichen Prozesses zur Planung, Lenkung und

Kontrolle der Konzepte und Aufgaben, die auf die Wahrung der Ziele der Informationssicherheit in einer Institution gerichtet sind.

ISO/IEC 27001

Internationale Norm, die Anforderungen für die Einrichtung, Umsetzung, Aufrechterhaltung und fortlaufende Verbesserung eines → ISMS unter Berücksichtigung des Kontextes einer Organisation spezifiziert.

IT-Grundschutz

Vom Bundesamt für Sicherheit in der Informationstechnik (BSI) entwickelte Vorgehensweise zum Identifizieren und Umsetzen von Sicherheitsmaßnahmen für die jeweils eingesetzte Informationstechnik (IT).

IT-Planungsrat

Der Planungsrat für die IT-Zusammenarbeit der öffentlichen Verwaltung zwischen Bund und Ländern (IT-Planungsrat) koordiniert die Zusammenarbeit von Bund und Ländern in Fragen der Informationstechnik, beschließt fachunabhängige und fachübergreifende IT-Interoperabilitäts- und IT-Sicherheitsstandards, steuert ihm zugewiesene E-Government-Projekte und übernimmt bestimmte Aufgaben für das Verbindungsnetz.

IT-Sicherheit

Sicherheit in der Informationstechnik, umfasst alle technischen und organisatorischen Maßnahmen, die insbesondere die Verfügbarkeit, Unversehrtheit oder Vertraulichkeit von Informationen betreffen.

IT-Staatsvertrag

Vertrag über die Errichtung des IT-Planungsrats und über die Grundlagen der Zusammenarbeit beim Einsatz der Informationstechnologie in den Verwaltungen von Bund und Ländern – Vertrag zur Ausführung von Artikel 91c GG. Bildet die Grundlage für den → IT-Planungsrat

IT-Standards

Einheitliche Parameter für die Informationstechnik

IT-Sicherheitsstandards

Technische und organisatorische Standards zur Gewährleistung von IT-Sicherheit

IT-Sicherheitscluster

Im Bayerischen IT-Sicherheitscluster e. V. arbeiten Unternehmen der IT-Wirtschaft, Unternehmen, die IT-Sicherheitstechnologien nutzen, Hochschulen, weitere Forschungs- und Weiterbildungseinrichtungen sowie Juristen an gemeinsamen Zielen. → ISIS 12

K

Kommunikationsstandards

Einheitliche Parameter für die elektronische Übermittlung von Informationen

Kommunales Behördennetz

Unter einem kommunalen Behördennetz (KomBN) wird ein gemeinsames elektronisches Netzwerk zwischen dem Landratsamt und den Gemeinden im Landkreis mit (mindestens) zentralem Übergang zum Bayerischen Behördennetz verstanden.

Kritische Infrastrukturen

Kritische Infrastrukturen im Sinne des BSI-Gesetzes sind Einrichtungen, Anlagen oder Teile davon, die den Sektoren Energie, Informationstechnik und Telekommunikation, Transport und Verkehr, Gesundheit, Wasser, Ernährung sowie Finanz- und Versicherungswesen angehören und von hoher Bedeutung für das Funktionieren des Gemeinwesens sind, weil durch ihren Ausfall oder ihre Beeinträchtigung erhebliche Versorgungsengpässe oder Gefährdungen für die öffentliche Sicherheit eintreten würden. Die Kritischen Infrastrukturen werden durch die Rechtsverordnung nach § 10 Absatz 1 BSI-Gesetz näher bestimmt.

L

Landesamt für Datenschutzaufsicht

Das Bayerische Landesamt für Datenschutzaufsicht (BayLDA) überwacht die Einhaltung des Datenschutzrechts im nicht-öffentlichen Bereich in Bayern (private Unternehmen, Freiberufler, in Vereinen und Verbänden sowie im Internet).

Landesamt für Sicherheit in der Informationstechnik

Dem Bayerischen Staatsministerium der Finanzen, für Landesentwicklung unmittelbar nachgeordnetes Landesamt, das nach Art. 10 Abs. 1 BayEGovG-E insbesondere

- Gefahren für die Sicherheit der Informationstechnik an den Schnittstellen zwischen Behördennetz und anderen Netzen abzuwehren
- die staatlichen und die an das Behördennetz angeschlossenen Stellen bei der Abwehr von Gefahren für die Sicherheit in der Informationstechnik zu unterstützen
- sicherheitstechnische Mindeststandards an die Informationstechnik für die staatlichen und die an das Behördennetz angeschlossenen Stellen zu entwickeln und deren Einhaltung zu überprüfen sowie
- alle für die Abwehr von Gefahren für die Sicherheit in der Informationstechnik erforderlichen Informationen zu sammeln und auszuwerten und die staatlichen und sonstigen an das Behördennetz angeschlossenen Stellen unverzüglich über die sie betreffenden Informationen zu unterrichten

hat.

Landesbeauftragter für den Datenschutz

Der Bayerische Landesbeauftragte für den Datenschutz kontrolliert bei den öffentlichen Stellen die Einhaltung des BayDSG und anderer Vorschriften über den Datenschutz.

M

Medienbruchfreiheit

Durchgängig elektronische Kommunikation. Ist bei der Verarbeitung der Information ein Übergang auf ein anderes Medium (z. B. Papier) erforderlich, liegt hierin ein Medienbruch.

Mehrkanalprinzip

Möglichkeit, die Behörde über mehrere Kommunikationskanäle, digital und analog, zu erreichen.

Metadaten

Metadaten bzw. Metainformationen sind strukturierte Daten, die Informationen über andere Informationsressourcen enthalten („Daten über Daten").

Montgelas 3.0

E-Government Strategie für den Freistaat Bayern. Umfasst das → BayernPortal, den → E-Government-Pakt und das → Bayerische E-Government-Gesetz.

N

Nationaler Normenkontrollrat

Der Nationale Normenkontrollrat (NKR) wurde im September 2006 als unabhängiges Gremium eingerichtet, um als kritisch-konstruktiver Berater und Begleiter die Bundesregierung bei der Umsetzung des Programms „Bürokratieabbau und bessere Rechtsetzung" zu unterstützen.

Netz-und Informationssicherheitsrichtlinie (NIS-Richtlinie)

Die Richtlinie 2016/1148 über Maßnahmen zur Gewährleistung eines hohen gemeinsamen Sicherheitsniveaus von Netz- und Informationssystemen in der Union (NIS – Netzwerk- und Informationssicherheitsrichtlinie) vom 6.7.2016. Verpflichtet Betreiber → „Kritischer Infrastrukturen" zu besonderen Maßnahmen der IT-Sicherheit.

Neuer Personalausweis

Personalausweis mit → eID-Funktion → Online-Ausweisfunktion

O

Online-Ausweisfunktion des neuen Personalausweises bzw. des elektronischen Aufenthaltstitels

→ eID-Funktion

Onlinezugangsgesetz (OZG)

Gesetz zur Verbesserung des Onlinezugangs zu Verwaltungsleistungen (Onlinezugangsgesetz) regelt den → Portalverbund von Bund und Ländern.

OpenData

Offener Zugang zu Daten und deren Nutzung, Weiterverbreitung und Weiterverwendung (möglichst) ohne Einschränkungen

OpenGovernment

Offenes Regierungshandeln, verbunden mit der Forderung nach Transparenz und Teilhabe

OpenData.Bayern

Open Data Portal des Freistaats Bayern

OpenGovernmentData

Offene Verwaltungsdaten. Datenbestände des öffentlichen Sektors, die im Interesse der Allgemeinheit im Sinne von → „Open Government" offenen Regierungshandelns ohne Einschränkung zugänglich gemacht werden.

Organisationskontrolle

Die innerbehördliche oder innerbetriebliche Organisation so zu gestalten, dass sie den besonderen Anforderungen des Datenschutzes gerecht wird. Umsetzung: Verantwortlichkeiten, Planung, Verpflichtungen und Dienstanweisungen, Verfahrens-, Dokumentations- und Programmierrichtlinien, Funktionstrennung. Siehe auch → Zehn Gebote für den Datenschutz, → Zehn Gebote für die Informationsfreiheit

P

Personenbezogene Daten

Personenbezogene Daten sind Einzelangaben über persönliche oder sachliche Verhältnisse bestimmter oder bestimmbarer natürlicher Personen (Art. 4 Abs. 1 BayDSG).

Portalverbund

Der „Portalverbund" ist eine technische Verknüpfung der Verwaltungsportale von Bund und Ländern, über den der Zugang zu Verwaltungsleistungen auf unterschiedlichen Portalen angeboten wird.

Postfach-Dienst

Dienst des Freistaats Bayern für die sichere Kommunikation der Behörden mit dem Bürger. Der Freistaat Bayern stellt den Kommunen diesen Postfach-Dienst dauerhaft und betriebskostenfrei zur Verfügung. Dienst wird z. T. auch als „Postkorb" bezeichnet.

Postkorb

→ Postfach-Dienst

PSI-Richtlinie

Die Richtlinie 2003/98/EG vom 17. November 2003 über die Weiterverwendung von Informationen des öffentlichen Sektors (Public Sector Information oder PSI-Richtlinie). In Deutschland 2006 umgesetzt durch das Informationsweiterverwendungsgesetz 2006. Ziel ist es, die Informationen des öffentlichen Sektors möglichst unbürokratisch der Öffentlichkeit zugänglich zu machen.

Public-Key-Verschlüsselung

→ Asymmetrische Verschlüsselung

Q

Qualifizierte elektronische Signatur (qeS)

Qualifizierte elektronische Signatur, ein mit qeS versehenes Dokument erfüllt die elektronische Form und ersetzt die Schriftform (Art. 3a Abs. 2 BayVwVfG)

R

Rathausserviceportal

→ Serviceportalangebot der komuna GmbH

Registrierung

Verfahren zur Freischaltung eines → Servicekontos

Ressort-CIO

→ CIO mit Zuständigkeit für ein Ressort der Bayerischen Staatsregierung

Rückkanal

Übermittlung von elektronischen Dokumenten von der Behörde „zurück" zum Bürger, setzt → Zugangseröffnung voraus → Hinkanal

S

Servicekonto

Das Servicekonto ist Bestandteil eines → Service-Portals. Es verwaltet an zentraler Stelle die „digitale Identität" und die Profildaten der Verwaltungskundinnen und -kunden und ermöglicht den einheitlichen, personalisierten Zugang zu den Diensten des Portals (z. B. Onlineantrag).

Service-Level-Agreement (SLA)

Vereinbarung zwischen Dienstleistungserbringer und -nachfrager, in welcher Qualität eine Dienstleistung erbracht werden muss (z. B. Verfügbarkeit, Rechnerkapazität)

Service-Portal

Online-Bündelung aller Verwaltungsleistungen über eine zentrale Kommunikationsplattform, die neben Informationen über Verwaltungsleistungen auch Transaktionen (Antragstellung, E-Payment von Gebühren, Bekanntgabe Bescheid) ermöglicht.

Signatur, elektronische

→ Elektronische Signatur

Schriftform

Kennzeichen der Schriftform ist, dass eine Erklärung oder sonstige Information mittels lesbaren Schriftzeichen in der Regel auf Papier verkörpert und auf Dauer fixiert ist.

Schriftformersatz

Als Ersatz einer gesetzlich angeordneten Schriftform sind gem. Art. 3a Abs. 2 BayVwVfG zugelassen: die → qeS, → De-Mail, → die eID Funktion des nPA und – in Bayern – → authega.

Speicherkontrolle

Unbefugte Eingabe in den Speicher sowie die unbefugte Kenntnisnahme, Veränderung oder Löschung gespeicherter personenbezogener Daten zu verhindern. Umsetzung: Trennung von Programm- und Datenbereichen verschiedener Benutzer, Löschen von Speicherbereichen vor Wiederverwendung, Sperrung von Laufwerken. Siehe auch → Zehn Gebote für den Datenschutz, → Zehn Gebote für die Informationssicherheit

Standardisierung

Vorgabe einheitlicher Parameter für die Informations- und Kommunikationstechnik

Symmetrische Verschlüsselung

Verschlüsselungsverfahren, bei denen – im Gegensatz zu den bei asymmetrischen Verschlüsselungsverfahren eingesetzten privaten Schlüsseln – das gesamte Schlüsselmaterial allen Kommunikationspartnern bekannt ist.

T

Transparenz

Informationszugang ohne Voraussetzungen mit dem Ziel, Entscheidungen nachvollziehbarer zu machen und demokratische Meinungsbildung zu fördern.

Ziel des → OpenGovernment

Transparenzgesetz

Gesetze zur Förderung der → Transparenz der öffentlichen Verwaltung (bisher in Hamburg, Rheinland-Pfalz). Die Verwaltung stellt dazu grundsätzlich alle Informationen proaktiv über ein Transparenzregister ins Netz. Transparenzgesetze gehen damit weiter als das → IFG. Siehe für Bayern → Allgemeiner Auskunftsanspruch

Transparenzregister

→ Transparenzgesetz

Transportkontrolle

Verhindern, dass bei der Übertragung personenbezogener Daten sowie beim Transport von Datenträgern die Daten unbefugt gelesen, kopiert, verändert oder gelöscht werden können. Umsetzung: Festlegung von Transportmedien und Transportwegen, Quittung, Transportkoffer, Verschlüsselung. → Zehn Gebote für den Datenschutz, → Zehn Gebote für die Informationssicherheit

Transportverschlüsselung

Transportverschlüsselung (z. B. mit TLS) ist eine Punkt-zu-Punkt-Verschlüsselung. Am Beispiel der E-Mail wird der Inhalt bei der Übermittlung

- zwischen dem Absender und seinem E-Mail-Anbieter sowie
- zwischen zwei E-Mail-Anbietern untereinander und
- zwischen E-Mail-Anbieter und Empfänger

verschlüsselt. Beim E-Mail-Anbieter werden die Daten entschlüsselt, insbesondere zur Überprüfung auf Viren.

TR-RESISCAN

BSI TR-03138 Ersetzendes Scannen (RESISCAN): Technische Richtlinie des BSI für das beweissichernde ersetzende Scannen von Papierdokumenten. TR fasst entlang eines strukturierten Scanprozesses die sicherheitsrelevanten technischen und organisatorischen Maßnahmen, die beim ersetzenden Scannen zu berücksichtigen sind, zusammen. Dabei werden die Ziele der Informationssicherheit und der Rechtssicherheit gleichermaßen berücksichtigt. Die TR dient dem Anwender im behördlichen und privaten Bereich zur Erleichterung der Auswahl von Scan-Lösungen. Zum anderen werden Herstellern und Dienstleistern notwendige Spezifikationen an die Hand gegeben, mittels derer diese ihre Leistungen TR-konform gestalten und anbieten können.

U

Übermittlungskontrolle

Gewährleisten, dass überprüft und festgestellt werden kann, an welche Stellen personenbezogene Daten durch Einrichtungen zur Datenübertragung übermittelt werden können. Umsetzung: Sender, Definition von Empfänger und Art der zu übermittelnden Daten, Dokumentation von Datum und Ziel, Festlegung von Art und Zweck eines Abrufverfahrens, Verschlüsselung, Netzdokumentation. → Zehn Gebote für den Datenschutz, → Zehn Gebote für die Informationssicherheit.

Unternehmenskonto

→ Servicekonto

Unterschriftsfunktion des neuen Personalausweises bzw. des elektronischen Aufenthaltstitels

Ermöglicht das elektronische „Unterschreiben" mittels qualifizierter elektronischer Signatur. Um diese Funktion zu nutzen, muss ein Signaturzertifikat erworben und auf den Ausweis geladen werden. Während für die Nutzung der Online-Ausweisfunktion ein sog. Basisleser ausreicht, ist für die Unterschriftsfunktion ein sog. Komfortleser erforderlich.

V

VdS-Richtlinie 3473

Von der VdS Schadenverhütung GmbH entwickeltes Verfahren, um in kleinen und mittleren Unternehmen ein angemessenes Informationssicherheitsniveau zu etablieren und aufrechtzuerhalten. Die Richtlinien sind auch für Behörden entsprechend anwendbar.

Verschlüsselung

Übersetzung von sinnvollen Daten in scheinbar sinnlose Daten mit Hilfe eines (elektronischen) Schlüssels. Eine „Rückübersetzung" ist nur mit Hilfe eines geeigneten Schlüssels möglich. Sind die Schlüssel für Ver- und Entschlüsselung identisch, handelt es sich um symmetrische Verschlüsselung. Wird zum Entschlüsseln ein anderer (privater) Schlüssel als zum Verschlüsseln (öffentlicher) benötigt, spricht man von asymmetrischer Verschlüsselung.

Verfügbarkeit

Die Verfügbarkeit eines technischen Systems ist die Wahrscheinlichkeit und der Grad bzw. das Ausmaß, dass das System bestimmte Anforderungen zu einem bestimmten Zeitpunkt bzw. innerhalb eines definierten Zeitraums erfüllt.

Vertrauensdienst

Vertrauensdienst ist laut → eIDAS-VO ein elektronischer Dienst, der

a) der Erstellung, Überprüfung und Validierung von elektronischen Signaturen, elektronischen Siegeln oder elektronischen Zeitstempeln, und Diensten für die Zustellung elektronischer Einschreiben sowie von diese Dienste betreffenden Zertifikaten dient **oder**

b) der Erstellung, Überprüfung und Validierung von Zertifikaten für die Website-Authentifizierung dient **oder**

c) der Bewahrung von diese Dienste betreffenden elektronischen Signaturen, Siegeln oder Zertifikaten dient.

Vertrauensniveau

Die → eIDAS-VO unterscheidet bei Identifizierungsmitteln zwischen dem benötigten Vertrauensniveau (Level of Assurance) „niedrig", „substanziell" und „hoch". Ein elektronisches Identifizierungsmittel wird nur dann grenzüberschreitend als „substanziell" oder „hoch" anerkannt, wenn der Mitgliedstaat dieses im Rahmen eines in der eIDAS-Verordnung festgelegten Notifizierungsverfahrens auf dem entsprechenden Vertrauensniveau notifiziert hat.

Vertraulichkeit

Vertraulichkeit ist der Schutz von Daten und Informationen vor unbefugter Kenntnisnahme. Maßnahmen zur Vertraulichkeit sollen sicherstellen, dass Daten und Informationen ausschließlich Befugten in zulässiger Weise zugänglich sind.

Verwaltungsdienst

→ Behördendienst

Verwaltungsportal

→ Service-Portal

Vollständig automatisierter Erlass von Verwaltungsakten

→ automatisierter Erlass von Verwaltungsakten, der ohne Prüfung durch einen Amtsträger stattfindet. In § 35a VwVfG sowie § 155 Abs. 4 AO und § 31a SGB X geregelt.

Vorgangsbearbeitung

Elektronische Vorgangsbearbeitung ist die auf ein E-Akten-System gestützte Bearbeitung von Vorgängen durch die Sachbearbeiter von der Erstellung des Vorgangs bis zur endgültigen Erledigung.

XDOMEA

XDOMEA ist der Datenaustauschstandard von Dokumenten, Vorgängen und Akten sowie weiteren dazugehörigen Daten zwischen unterschiedlichen Systemen in der Verwaltung.

XRechnung

Vom → IT-Planungsrat am 22.6.2017 beschlossener Standard, der die jeweils gültige Fassung der europäischen Norm für die elektronischen Rechnungsstellung EN 16931 konkretisiert, und maßgeblich für die Umsetzung der Richtlinie 2014/55/EU des Europäischen Parlaments und des Rates vom 16.4.2014 in Deutschland sein soll.

Z

Zentraler Dienst

Behördenübergreifender zentraler Dienst, den das Staatsministerium der Finanzen, für Landesentwicklung und Heimat den Behörden anbietet, um ihre Verpflichtungen gemäß Art. 3 bis 6 BayEGovG zu erfüllen (Art. 8 Abs. 3 Satz 1 BayEGovG, a. F. Art. 9 Abs. 3 Satz 1 BayEGovG).

Zehn Gebote des Datenschutzes

Technisch-organisatorische Maßnahmen zur Gewährleistung des → Datenschutzes. → Zugangskontrolle, → Datenträgerkontrolle, → Speicherkontrolle, → Benutzerkontrolle, → Zugriffskontrolle, → Übermittlungskontrolle, → Eingabekontrolle, → Auftragskontrolle, → Transportkontrolle, → Organisationskontrolle

Geregelt in Art. 7 Abs. 2 BayDSG.

Zehn Gebote der Informationsfreiheit

Technisch-organisatorische Maßnahmen zur Gewährleistung der → Informationssicherheit. Geregelt in Art 8 Abs. 1 BayEGovG, der auf Art. 7 Abs. 2 BayDSG verweist. Die Gebote der Informationssicherheit gehen aber sachlich über den Schutz personenbezogener Daten hinaus und erfassen die → Vertraulichkeit, → Integrität und → Verfügbarkeit aller Informationen.

Zugangseröffnung

Zugangseröffnung i. S. v. Art. 3 Abs. 1 Satz 1 BayEGovG bedeutet, dass die Behörde

- die technischen und organisatorischen Voraussetzungen für den Zugang schafft (objektive Komponente) und
- die darüber hinaus ihren Willen zum Ausdruck bringt, diesen Zugang zu eröffnen (subjektive Komponente).

Zugangskontrolle

Unbefugten ist der Zugang zu Datenverarbeitungsanlagen, mit denen personenbezogene Daten verarbeitet werden, zu verwehren. Umsetzung: Türsicherung, Sicherheitsschloss, Abschließen der Räume, Schlüsselregelung, Verschluss von Datenträgern, Wechsel-Festplatten, nicht einsehbare Aufstellung von Geräten, Überwachungs- und Alarmanlagen. → Zehn Gebote für den Datenschutz, → Zehn Gebote für die Informationssicherheit

Zugriffskontrolle

Gewährleisten, dass die zur Benutzung eines Datenverarbeitungssystems Berechtigten ausschließlich auf die ihrer Zugriffsberechtigung unterliegenden Daten zugreifen können.

Umsetzung:

Festlegung und Prüfung der Zugriffsberechtigungen, Protokollierung von Zugriffen, zeitliche Begrenzung von Zugriffen, revisionsfähige Dokumentation der Benutzerprofile. → Zehn Gebote für den Datenschutz, → Zehn Gebote für die Informationssicherheit

Teil B
Anwendungsbereich: Für wen gilt das Gesetz?

Einleitende Fragestellungen

Bei jedem Gesetz stellt sich aus Sicht des Bürgers und der Behörde die Frage nach dem Anwendungsbereich. Welche Personen, Verfahrensbeteiligte, Bürger und Unternehmen können sich auf das Gesetz berufen? Sind alle Behörden in Bayern an das Gesetz gebunden? Oder gibt es Ausnahmen, z. B. für bestimmte Behördenträger, also z. B. für Bundesbehörden oder für bestimmte Behördentätigkeiten, wie z. B. die Tätigkeiten der Finanzämter nach der Abgabenordnung (Steuerverwaltung)? Und wie verhält sich das BayEGovG zu anderen Gesetzes des bayerischen Landesrechts (z. B. BayVwVfG, BayDSG, Beamtenrecht) oder des Bundesrechts (z. B. EGovG Bund, SGB, Abgabenordnung)?

I. Anwendungsbereich des BayEGovG

1. Überblick

Auf Fragen nach dem Anwendungsbereich des Gesetzes liefert Art. 1 BayEGovG die Antwort. Art. 1 regelt den Anwendungsbereich des Gesetzes, das Verhältnis des BayEGovG zum sonstigen Landesrecht, die Ausnahmen vom Anwendungsbereich des Gesetzes sowie den Geltungsbereich des EGovG des Bundes im Freistaat Bayern.

Hinweis

Für den Anwendungsbereich von Teil 2 des Gesetzes zur IT-Sicherheit (Art. 9–17) gelten z. T. Sonderregelungen (siehe hierzu Teil D VII und Teil F).

Gemäß Art. 1 Abs. 1 BayEGovG findet das Gesetz grundsätzlich Anwendung auf die gesamte

- **öffentlich-rechtliche Verwaltungstätigkeit**
- der **Behörden**
- des **Freistaates Bayern**,
- der **Gemeinden und Gemeindeverbände** und der
- **sonstigen der Aufsicht des Freistaates Bayern unterstehenden juristischen Personen des öffentlichen Rechts**.

Anwendungsbereich im Überblick		
Voraussetzung	**Erfüllt**	**Nicht erfüllt**
I. Öffentlich-rechtliche Tätigkeit	✓ Gesetz ist anwendbar, weiter mit II.	✗ Gesetz ist nicht anwendbar. **Ausnahme**: Regelungen zum **elektronischen Bezahlen** und zur **E-Rechnung** (Art. 5) gelten auch für das privatrechtliche Handeln.
II. einer Behörde (= jede Stelle, die Verwaltungsaufgaben wahrnimmt)	✓ Gesetz ist anwendbar, weiter mit III.	✗ Gesetz ist nicht anwendbar. **Ausnahme**: Regelung zur **elektronischen Rechnung** (Art. 5 Abs. 2) gilt für alle Auftraggeber im Sinn des GWB in Bayern.
III. des Freistaat Bayern,	✓ Gesetz ist anwendbar, weiter mit Art. 1 Abs. 2	✗ Gesetz ist nicht anwendbar, weiter mit IV.
IV. der Gemeinden und Gemeindeverbände,	✓ Gesetz ist anwendbar, weiter mit Art. 1 Abs. 2	✗ Gesetz ist nicht anwendbar, weiter mit V.
V. oder sonstiger juristische Personen des öffentlichen Rechts unter Aufsicht des Freistaats (z. B. öffentlich-rechtliche Kammern, Universitäten und Hochschulen)	✓ Gesetz ist anwendbar, weiter mit Art. 1 Abs. 2	✗ Gesetz ist nicht anwendbar.

Art. 1 Abs. 1 ist erkennbar an die Regelung des Art. 1 Abs. 1 BayVwVfG zum **Anwendungsbereich des Bayerischen Verwaltungsverfahrensgesetzes** angelehnt. Hierdurch soll die **prinzipielle Übereinstimmung des Anwendungsbereichs des BayEGovG mit dem BayVwVfG** gewährleistet werden. Ebenso wie das BayVwVfG ist das BayEGovG damit grundsätzlich auf die **gesamte Verwaltungstätigkeit im Freistaat** und damit umfassend auf den Vollzug von Bundes-, Landes- und Kommunalrecht anwendbar.

2. Öffentlich-rechtliche Tätigkeit

Ebenso wie Art. 1 BayVwVfG unterliegt der Anwendungsbereich auch des BayEGovG jedoch bestimmten Voraussetzungen bzw. Beschränkungen. Art. 1 Abs. 1 stellt zunächst klar, dass das Gesetz 1 grundsätzlich nur für die **öffentlich-rechtliche Tätigkeit** gilt.

Das BayEGovG ist damit grundsätzlich nicht auf das sog. „**fiskalische Handeln**" des Staates bzw. das „**Verwaltungsprivatrecht**" anwendbar.

Hinweis

Mit fiskalischem Handeln des Staates bzw. Verwaltungsprivatrecht wird das **Handeln öffentlicher Einrichtungen in der Rechtsform des Privatrechts** beschrieben, wenn z. B. ein Landratsamt Büromaterial oder Computer auf Grundlage eines privaten Kaufvertrags (§ 433 BGB) „einkauft".

Beispiel

Wichtigste Beispiele für das Verwaltungsprivatrecht sind die **öffentliche Beschaffung und das Vergaberecht**. Daneben können aber Kommunen und andere öffentliche Einrichtungen auch ihre Dienstleistungen im Bereich der **Leistungsverwaltung wahlweise auch in privatrechtlicher Form** anbieten (z. B. beim Betrieb eines Schwimmbads).

Hinweis

Vom Grundsatz der Anwendung nur auf öffentlich-rechtliches Verwaltungshandeln gibt es aber **wichtige Ausnahmen**:

Die gesetzlichen Regelungen

- für den **elektronischen Zahlungsverkehr** und
- **elektronische Rechnungen**

in Art. 5 Abs. 1 und Abs. 2 BayEGovG sind nach dem Willen des Gesetzgebers auch für das **Handeln der öffentlichen Hand in den Rechtsformen des Privatrechts** anwendbar.

3. Tätigkeit der Behörden

Das Gesetz gilt grundsätzlich nur für die Tätigkeit von Behörden. Eine Behörde ist nach Art. 1 Abs. 4 BayVwVfG jede Stelle die Verwaltungsaufgaben wahrnimmt.

Für den sog. verfahrensrechtlichen Behördenbegriff i. S. d. Art. 1 Abs. 4 VwVfG sind vier Voraussetzungen anerkannt:

- **Stelle mit organisatorischer Selbstständigkeit**, d. h. die Behörde muss über gewisse eigenständige Organisationsstrukturen verfügen, keine Behörde sind daher Prüfungsausschüsse, Berufskommissionen oder Personalräte,
- **Wahrnehmung öffentlicher Verwaltungsaufgaben**, in Abgrenzung insbesondere zur öffentlichen Tätigkeiten der Judikative oder Legislative,
- **Handeln unter eigener Behördenbezeichnung**, d. h. in eigenem Behördennamen (z. B. Landratsamt Deggendorf, Finanzamt München, Vermessungsamt Nürnberg).

Dienststellen, Abteilungen, Referate oder Sachgebiete sind dagegen nur Teil einer Behörde und handeln nicht „als“, sondern „für“ eine Behörde.

- **Kompetenz zum Handeln nach Außen,** z. B. zum Erlass von Verwaltungsakten oder zum Abschluss öffentlich-rechtlicher Verträge.

Hinweis

Das BayEGovG gilt auch für den **Bayerischen Landtag** und den **Obersten Rechnungshof** und seine nachgeordneten **Prüfungsämter**, **soweit** diese als **Verwaltungsbehörde** tätig werden.

4. Behörden des Freistaats Bayern, der Kommunen und sonstiger juristischer Personen des öffentlichen Rechts

Die **Behörde ist strikt von ihrem Verwaltungsträger** (z. B. Freistaat Bayern oder Stadt München) **abzugrenzen**. Der Verwaltungsträger ist im Gegensatz zur Behörde regelmäßig eine rechtsfähige **juristische Person des öffentlichen Rechts** (hierzu sogleich).

Nach Art. 1 Abs. 1 erfasst das Gesetz die Tätigkeit von Behörden

- des **Freistaates Bayern,**
- der **Gemeinden und Gemeindeverbände** und der
- **sonstigen der Aufsicht des Freistaates Bayern unterstehenden juristischen Personen des öffentlichen Rechts**

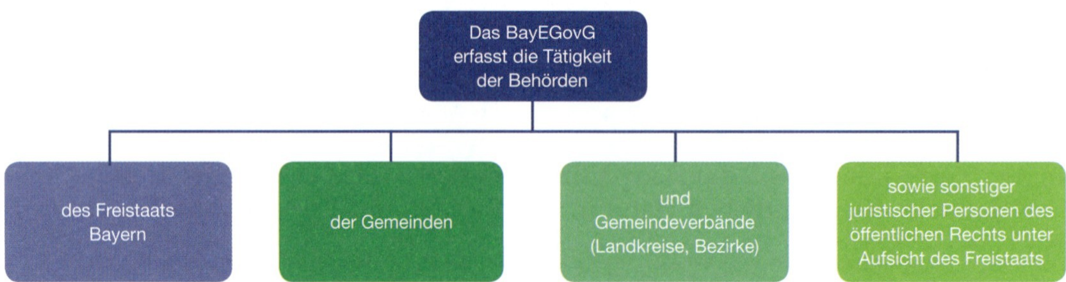

Abb. 1: Verwaltungsträger im Anwendungsbereich des BayEGovG

II. Ausnahmen vom Anwendungsbereich (Art. 1 Abs. 2)

Absatz 2 regelt die **Ausnahmen vom Anwendungsbereich des Gesetzes**. Die Regelungen orientieren sich im Grundsatz an den Ausnahmeregelungen des Art. 2 BayVwVfG, die allerdings teilweise modifiziert werden.

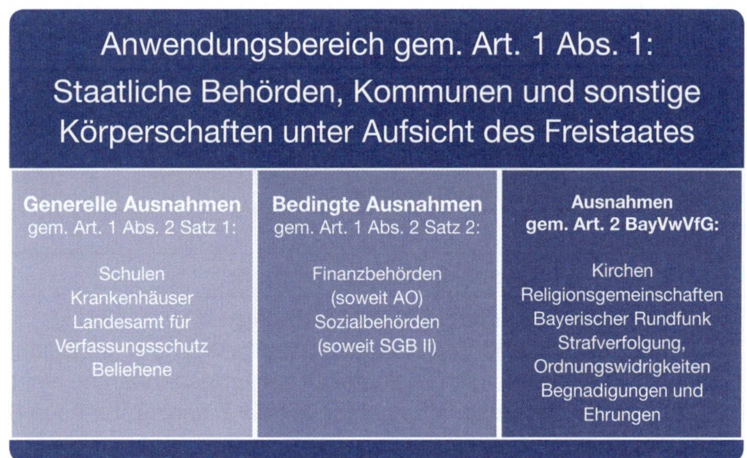

Abb. 2: Ausnahmen vom Anwendungsbereich im Überblick

1. Unmittelbare Ausnahmeregelungen in Art. 1 Abs. 2 BayEGovG

Gemäß Abs. 2 Satz 1 werden

- **Schulen und Krankenhäuser**,
- das **Landesamt für Verfassungsschutz** und
- **Beliehene**

„uneingeschränkt" vom Anwendungsbereich des Gesetzes ausgenommen, da die besonderen Aufgaben dieser Einrichtungen sondergesetzliche Regelungen nahelegen. Entsprechend werden die Tätigkeiten diese Behörden **generell vom Anwendungsbereich ausgenommen. Anwendbar** ist das BayEGovG dagegen auf die behördenmäßig verfassten staatlichen **Schul- und Gesundheitsämter**.

Abs. 2 Satz 2 enthält weitere „**eingeschränkte**" Ausnahmeregelungen für

- die Tätigkeit der Finanzbehörden **nach der Abgabenordnung** und
- die Tätigkeit der Sozialbehörden **nach dem SGB II** vom Anwendungsbereich des Gesetzes aus.

Hinweis

Die Arbeitsabläufe in den Finanzämtern werden von eigens entwickelten, bundeseinheitlichen IT-Verfahren unterstützt (z. B. ELSTER), für die bundeseinheitliche Regelungen gelten (z. B. AO, StDÜV). Ähnliches gilt für die Verwaltungstätigkeit nach dem Zweiten Buch des Sozialgesetzbuchs (vgl. § 44b SGB II, § 50 Abs. 3 SGB II).

Unmittelbare Ausnahmeregelungen zum Anwendungsbereich gem. Art. 1 Abs. 2 BayEGovG
Generelle Ausnahmen:
Tätigkeit der Schulen und Krankenhäuser
Tätigkeit des Landesamts für Verfassungsschutz
Tätigkeit von Beliehenen
Beschränkte Ausnahmen:
Tätigkeit der Finanzbehörden nach der Abgabenordnung **Hinweis:** Die Tätigkeit der Finanzbehörden nach dem **BayVwVfG** (z. B. im Beamtenrecht) fällt damit unter das BayEGovG, Gleiches gilt für die Pflicht zur Entgegennahme elektronischer Rechnungen (Art. 5 Abs. 2) bei der Beschaffungstätigkeit der Finanzämter nach **BGB und Vergaberecht.**
Tätigkeit der Sozialbehörden nach dem SGB II **Hinweis:** Die Tätigkeit der Sozialbehörden **nach anderen Sozialgesetzbüchern** fällt dagegen grds. in den Anwendungsbereich des BayEGovG. Dies gilt aber nur, soweit das SGB keine vorrangigen Regelungen enthält.

Hinweis

Auf die Tätigkeit nach dem SGB II ist das BayEGovG von vornherein nicht anwendbar (s. o.). Auch für die **sonstige Sozialverwaltung** gelten die **bundesgesetzlichen Regelungen des SGB allerdings nach allgemeinen Grundsätzen vorrangig**. Das BayEGovG tritt dann zurück.

Das BayEGovG bleibt jedoch auf die Sozialverwaltung (mit Ausnahme des SGB II) **anwendbar, soweit im Sozialgesetzbuch keine abschließenden oder entgegenstehenden Regelungen getroffen** wurden (wie z. B. im Bereich des Zahlungsverkehrs, der elektronischen Rechte, der Verwaltungsorganisation oder der Behördenzusammenarbeit).

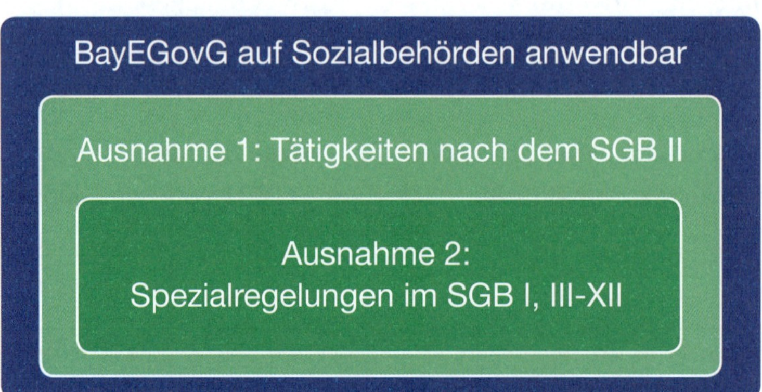

Abb. 3: BayEGovG und Sozialrecht

2. Ausnahmeregelungen entsprechend BayVwVfG

Gemäß Abs. 2 Satz 2 gelten Art. 2 Abs. 1, Abs. 2 Nr. 2 und Abs. 3 BayVwVfG entsprechend. Das E-Government-Gesetz ist aufgrund dieser Verweisung auf das BayVwVfG auf eine Reihe weiterer Bereiche nicht anwendbar:

Ausnahmen vom Anwendungsbereich des BayEGovG entsprechend Art. 2 Abs. 1 und Abs. 2 Nr. 2 BayVwVfG
Tätigkeit der **Kirchen**, der **Religionsgemeinschaften** und der **weltanschaulichen Gemeinschaften** sowie ihrer Verbände und Einrichtungen
Anstalt des öffentlichen Rechts **„Bayerischer Rundfunk"**
die **Strafverfolgung**
Verfolgung und Ahndung von **Ordnungswidrigkeiten**
Rechtshilfe für das Ausland in Straf- und Zivilsachen
sowie, unbeschadet des Art. 80 Abs. 4 BayVwVfG, nicht für **Maßnahmen des Richterdienstrechts**.

Durch den Verweis auf Art. 2 Abs. 3 BayVwVfG werden schließlich einige Verwaltungstätigkeiten vom BayEGovG nur eingeschränkt erfasst.

Eingeschränkter Anwendungsbereich des BayEGovG entsprechend Art. 2 Abs. 3 BayVwVfG
Für die Tätigkeit der **Gerichtsverwaltungen** und der Behörden der **Justizverwaltung** einschließlich der ihrer Aufsicht unterliegenden Körperschaften des öffentlichen Rechts gilt das Gesetz nur, ▪ soweit die Tätigkeit der **Nachprüfung** durch die Gerichte der **Verwaltungsgerichtsbarkeit** ▪ oder durch die in **verwaltungsrechtlichen Anwalts- und Notarsachen zuständigen Gerichte** unterliegt.
Auf **Prüfungsverfahren** findet das Gesetz nur Anwendung, soweit nicht dessen Besonderheiten entgegenstehen.

III. Verhältnis zum Bundesrecht und zum sonstigen Landesrecht

Das Verhältnis des BayEGovG zum Bundesrecht und zum sonstigen Landesrecht bestimmt sich grundsätzlich nach allgemeinen Regeln.

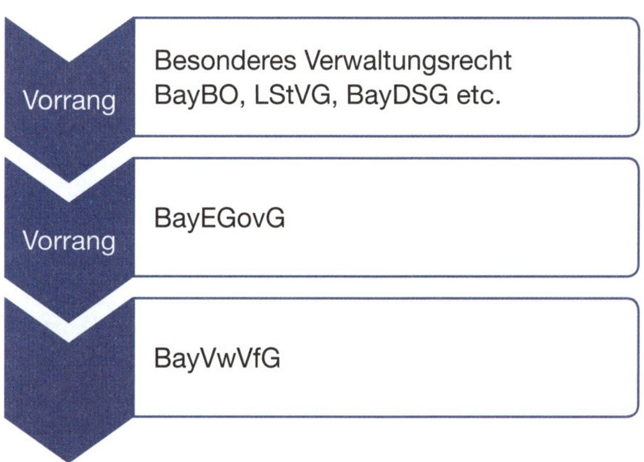

Abb. 4: Stellung des BayEGovG im Verwaltungsrecht

1. Grundsätzlicher Vorrang des Bundesrechts

Das BayEGovG findet nach allgemeinen Regeln keine Anwendung, wenn das Bundesrecht entgegenstehende, inhaltsgleiche oder abschließende Regelungen enthält. Daher bleiben insbesondere auch die Regelungen für die elektronische Kommunikation, Aktenführung und Vorgangsbearbeitung im gerichtlichen Verfahren nach Maßgabe des **Gesetzes zur Förderung des elektronischen Rechtsverkehrs** mit den Gerichten vom 10. Oktober 2013 (BGBl I S. 3785 ff.) unberührt. Ebenso vorrangig anwendbar ist das **Onlinezugangsgesetz** des Bundes, das einen Portalverbund von Bund und Ländern regelt (siehe hierzu unten Teil H). Für das EGovG Bund wurde mit Art. 1 Abs. 3 BayEGovG allerdings eine Sonderregelung geschaffen (siehe unten Teil B IV).

2. Vorrang des BayEGovG vor dem BayVwVfG

Für das Landesrecht stellt Art. 1 Abs. 1 Halbsatz 2 das Verhältnis des BayEGovG zum sonstigen Verwaltungsrecht klar. Das **BayEGovG** ist gegenüber dem BayVwVfG als allgemeinem Verwaltungsverfahrensgesetz die **speziellere Rechtsvorschrift**.

Das BayVwVfG bleibt allerdings neben dem BayEGovG anwendbar, wenn und soweit das BayEGovG keine inhaltsgleichen oder entgegenstehenden Regelungen enthält. Daher lässt das BayEGovG z. B. die Regelungen zum elektronischen Schriftformersatz in Art. 3a Abs. 2 BayVwVfG und zu Übermittlungsfehlern in Art. 3a Abs. 3 BayVwVfG unberührt. Uneingeschränkt anwendbar ist das BayVwVfG zudem auf jene Behörden, die gemäß Art. 1 Abs. 2 vom Anwendungsbereich des BayEGovG ausgenommen sind (siehe oben Teil B II).

3. Vorrang des speziellen Landesrechts vor dem BayEGovG

Gegenüber inhaltsgleichen oder entgegenstehenden Regelungen des besonderen Verwaltungsrechts ist das BayEGovG dagegen **nachrangig**. Daher gehen z. B. Regelungen zum elektronischen Verwaltungsverfahren im Verwaltungszustellungs- und Vollstreckungsgesetz (VwZVG) oder das Kommunalabgabengesetz (KAG) dem BayEGovG vor.

Das BayEGovG tritt allerdings nur zurück, soweit Vorschriften des Fachrechts inhaltlich mit den Vorschriften des BayEGovG vergleichbar sind, also z. B. den elektronischen **Zugang**, die elektronische **Identifizierung**, den elektronischen **Schriftformersatz**, das elektronische **Verwaltungsverfahren** oder die elektronische **Akten-** und Registerführung regeln.

Das BayEGovG und das Fachrecht sind dagegen **nebeneinander** anwendbar, soweit das Fachrecht keine dem BayEGovG inhaltlich vergleichbaren, sondern vielmehr hierzu komplementäre Regelungen mit besonderer rechtlicher Zielsetzung enthält.

4. Uneingeschränkte Anwendbarkeit des BayDSG auch im E-Government

Das BayEGovG lässt die Anwendung des BayDSG unberührt. Die datenschutzrechtlichen Anforderungen des **BayDSG** sind von den Behörden daher auch im Anwendungsbereich des BayEGovG **zu beachten**.

Als gegenüber dem BayDSG spezielle datenschutzrechtliche Regelungen sind Vorschriften des BayEGovG nur dann anzusehen, wenn diese ausdrücklich besondere datenschutzrechtliche Regelungen enthalten.

Datenschutzrechtliche Regelungen in diesem Sinne sind insbesondere die datenschutzrechtliche Zweckbindung der Verarbeitung personenbezogener Daten durch das Landesamt für Sicherheit in der Informationstechnik (LSI) in Art. 16 und 19 BayEGovG (a. F.: Art. 8 Abs. 2 Satz 5).

IV. Anwendbarkeit des EGovG des Bundes im Freistaat Bayern

1. Verhältnis BayEGovG und EGovG Bund

Das **EGovG des Bundes** ist nach dem Willen des Bundesgesetzgebers nicht nur auf die Behörden des Bundes, sondern **auch auf Behörden der Länder und Kommunen** anwendbar, soweit diese Bundesrecht ausführen (vgl. § 1 EGovG Bund). Aus Sicht des Bundesgesetzgebers sollen damit zwar EGovGs der Länder nicht ausgeschlossen werden. Diese sollen jedoch grundsätzlich neben dem Bundesgesetz angewandt werden.

Das Nebeneinander von Bundes- und Landesgesetzen kann jedoch zu Rechtsunsicherheit führen. Daher hat der bayerische Landesgesetzgeber das **Verhältnis des BayEGovG zum EGovG des Bundes** in Art. 1 Abs. 3 BayEGovG besonders und geregelt.

Bayern nutzt hier die Möglichkeit der **Abweichungsgesetzgebung** nach Art. 84 Abs. 1 Satz 2 des Grundgesetzes (GG). Danach **können die Länder von einer bundesrechtlichen Norm** zur Regelung der Einrichtung der Behörden und des Verwaltungsverfahrens **abweichen.**

Art. 1 Abs. 3 hat das Ziel, dass für bayerische Behörden **grundsätzlich nur das BayEGovG zur Anwendung kommt**, unabhängig davon, ob die Behörden landes- oder bundesrechtliche Regelungen vollziehen. Auch für die Gerichtsverwaltungen und die Behörden der Justizverwaltung einschließlich der unter ihrer Aufsicht unterstehenden Körperschaften des öffentlichen Rechts soll von den Vorschriften des EGovG des Bundes abgewichen werden und das BayEGovG in dem in Art. 1 Abs. 1 und 2 BayEGovG in Verbindung mit Art. 2 BayVwVfG vorgesehenen Bereich gelten.

2. Anwendung des EGovG Bund auf die Bundesauftragsverwaltung

Art. 1 Abs. 3 dient der Einheitlichkeit des Verwaltungsvollzugs und gewährleistet, dass die **Behörden im Freistaat im Wesentlichen aufgrund eines einzigen Normregimes tätig werden** können. Mit Art. 1 Abs. 3 BayEGovG weicht der Landesgesetzgeber von den § 1 Abs. 2 und Abs. 3 des E-Government-Gesetzes des Bundes ab. Nur in den Fällen, in denen die Behörden des Freistaates im Rahmen **der Bundesauftragsverwaltung** tätig werden, kommt weiterhin das E-Government-Gesetz des Bundes zur Anwendung (vgl. Art. 85 GG), da dem Land **insoweit keine Abweichungskompetenz** nach Art. 84 GG zusteht.

Abb. 5: Bundesauftagsverwaltung

Anwendbar ist das E-Government-Gesetz des Bundes damit weiterhin auf die folgenden Tätigkeiten der Bundesauftragsverwaltung.

Anwendung des EGovG Bund in Bayern auf die Bundesauftragsverwaltung
Bundeswehrverwaltung, Art. 87b Abs. 2 GG
Verwaltung bei Erzeugung und Nutzung der Kernenergie, Art. 87c GG
Luftverkehrsverwaltung, Art. 87d Abs. 2 GG
Eisenbahnverkehrsverwaltung, Art. 87e Abs. 1 Satz 2 GG
Verwaltung der Bundeswasserstraßen, Art. 89 Abs. 2 GG
Verwaltung der Bundesfernstraßen durch Länder bzw. Gemeinden mit über 80.000 Einwohnern, **Art. 90 Abs. 2 GG** (läuft aus)
Ausgabenverteilung, Finanzhilfe des Bundes, Art. 104a Abs. 3 Satz 2 GG
Landesfinanzverwaltung, Art. 108 Abs. 3 GG
Durchführung des Lastenausgleichs, Art. 120a Abs. 2 GG
weitere Gebiete wie etwa die BAföG-Verwaltung.

3. Nebeneinander von EGovG Bund und BayEGovG in der Bundesauftragsverwaltung

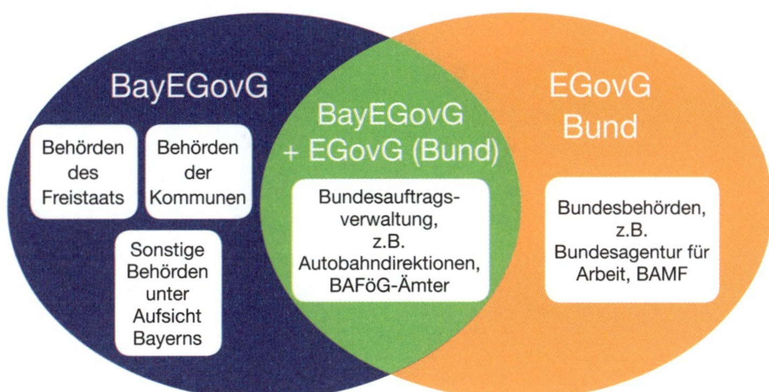

Abb. 6: BayEGovG und EGovG Bund

Bei Vollzug von Bundesrecht im Auftrag des Bundes (Bundesauftragsverwaltung gemäß Art. 85 GG) **ist das EGovG des Bundes damit weiterhin** (d. h. auch nach Inkrafttreten des BayEGovG) auch auf „bayerische Behörden" im Sinn von Art. 1 Abs. 1 BayEGovG **anwendbar.** Die **Regelungen des BayEGovG bleiben** aber auch bei Bundesauftragsverwaltung **grundsätzlich neben dem EGovG Bund** anwendbar, soweit das BayEGovG weitergehende Regelungen zum Beispiel zu digitalen Zugangs- und Verfahrensrechten, zur Zugangseröffnung, zur elektronischen Identifizierung zum elektronischen Verwaltungsverfahren oder zu elektronischen Aktenführung enthält.

Das BayEGovG tritt gegenüber dem E-Government-Gesetz des Bundes im Bereich der Auftragsverwaltung **allerdings dann zurück**, wenn **dieses inhaltsgleiche, entgegenstehende oder abschließende Regelungen enthält.** Gleiches gilt, wenn das Fachrecht des Bundes abschließende Regelungen für die Bundesauftragsverwaltung normiert.

Teil C
Rechte in der elektronischen Verwaltung

Einleitende Fragestellungen

Das Bayerische E-Government-Gesetz umfasst als bisher einziges E-Government-Gesetz in Deutschland einen Katalog von „Digitalen Zugangs- und Verfahrensrechten“ (vgl. Art. 2 BayEGovG). Welchen Inhalt haben diese Rechte? Kann sich der Bürger vor Gericht auf diese Rechte berufen? Ist E-Government in Bayern vor Gericht also einklagbar? Und wie verhalten sich die in Art. 2 des Gesetzes verankerten Rechte der Bürger zu den in den Art. 3 bis 6 geregelten Pflichten der Behörden?

I. Rechte in der elektronischen Verwaltung im Überblick

Das Bayerische E-Government-Gesetz gewährleistet einen **Kernbereich von „digitalen Zugangs- und Verfahrensrechten“ für Bürger und Unternehmen**. Dahinter steht die Überlegung des Gesetzgebers, dass E-Government originär bei den Bürgern und Unternehmen als Nutzern von E-Government Angeboten ansetzen sollte.

Bayern ist damit das bisher **einzige Bundesland**, das nicht nur einen Rechtsrahmen für das E-Government schafft, sondern auch den Bürgern und Unternehmen über Art. 2 Satz 1 und Satz 2 BayEGovG ein grundsätzlich auch gerichtlich **einklagbares „Recht auf E-Government“** einräumt. Bürger und Unternehmen, die ihre Rechte auf elektronisches Verwalten einfordern, sollen auf diese Weise auch zum „Motor“ des E-Government in Bayern werden.

Die in Art. 2 BayEGovG verankerten **Rechte der Bürger** werden vom Gesetz unmittelbar mit den entsprechenden **Pflichten der Behörden** zum E-Government **gekoppelt,** die in **den Art. 3 bis 6** geregelt sind. Dadurch werden die **Rechte der Bürger präziser** gefasst. Andererseits wird so im Interesse der **Rechtssicherheit** klargestellt, dass die einklagbaren **Rechte der Bürger nicht über die gesetzlichen Verpflichtungen** der Behörden **hinausgehen**.

Art. 2 Satz 3 BayEGovG stellt schließlich klar, dass der Bürger zwar ein Recht auf elektronisches Verwalten hat, dass aber **keine Pflicht des Bürgers zum E-Government** besteht. Diese Pflicht trifft ausschließlich die Behörden.

Welche Rechte räumt das BayEGovG den Bürgern und Unternehmen nun konkret ein? Dafür wollen wir uns zunächst einen **Überblick** verschaffen.

Ein Überblick: Rechte von Bürgern und Unternehmen in der elektronischen Verwaltung in Bayern
▪ **Recht auf elektronischen Zugang zu den Behörden** ▪ (Art. 3 Abs. 1 Satz 1)I
▪ **Recht auf Schriftform ersetzende elektronische Kommunikation mit den Behörden** ▪ (Art. 3 Abs. 1 Satz 1 i. V. m. Art. 3a Abs. 2 BayVwVfG)
▪ **Recht auf verschlüsselte Kommunikation mit den Behörden (ab 1.1.2020)** ▪ (auf dem „Hin- und Rückkanal", Art. 3 Abs. 1 Satz 3)
▪ **Recht auf elektronische Identifizierung (ab 1.1.2020)** ▪ in Online-Verfahren, die Identitätsnachweis erfordern (Art. 3 Abs. 3)
▪ **Recht auf elektronische Inanspruchnahme von Behördendiensten** ▪ soweit wirtschaftlich und zweckmäßig (erfasst werden grds. alle Verwaltungsdienstleistungen, Art. 4 Abs. 1)
▪ **Recht auf elektronisches Bezahlen (ab 1.1.2020)** ▪ dies umfasst auch hierzu geeignete E-Payment-Angebote (Art. 5 Abs. 1)
▪ **Recht von Unternehmen auf elektronische Rechnungsstellung (ab 27.11.2019)** ▪ gegenüber den Behörden (Art. 5 Abs. 2)
▪ **Recht auf elektronische Durchführung von Verwaltungsverfahren** ▪ soweit die vollständige oder teilweise Durchführung wirtschaftlich und zweckmäßig (Art. 6 Abs. 1)
▪ **Recht auf Bereitstellung elektronischer Formularen (seit 1.7.2017)** ▪ zum Download (Art. 6 Abs. 2)
▪ **Recht auf elektronische Vorlage von Nachweisen** ▪ Die Behörde kann für einzelne Verfahren oder im Einzelfall aber weiter die Originale verlangen (Art. 6 Abs. 3)

Im Folgenden sollen diese Rechte in der elektronischen Verwaltung etwas näher beleuchtet werden.

II. Recht auf elektronischen Zugang zu den Behörden

Mindestvoraussetzung für E-Government ist, dass die Behörde **überhaupt einen elektronischen Zugang eröffnet**. Art. 2 Satz 1 i. V. m. Art. 3 Abs. 1 Satz 1 BayEGovG begründet ein Recht des Bürgers auf elektronische Zugangseröffnung gegenüber der Behörde.

Art. 3 Abs. 1 Satz 1 BayEGovG verdrängt als Sonderregel die allgemeine Vorschrift des Art. 3a Abs. 1 BayVwVfG, der es Behörden und Beteiligten grundsätzlich freistellt, ob sie überhaupt einen Zugang für die elektronische Kommunikation eröffnen.

Die Grundsatzregelung des Art. 3a Abs. 1 BayVwVfG wird dadurch allerdings **nicht überflüssig**. Zum einen bleibt es bei der Zugangseröffnungsfreiheit **für den Bürger**. Dies wird nunmehr zusätzlich auch durch Art. 2 Satz 3 BayEGovG abgesichert.

Darüber ist die Behörde gem. Art. 3 Abs. 1 Satz 1 BayEGovG zwar zur Zugangseröffnung verpflichtet. Um dieser Verpflichtung nachzukommen, ist weiterhin eine ausdrückliche oder zumindest konkludente Erklärung der Behörde zum „Ob“ und zum „Wie“ (welches technische Verfahren) der Zugangseröffnung erforderlich.

Kommt die Behörde ihrer gesetzlichen Verpflichtung aus Art. 3 Abs. 1 Satz 1 BayEGovG nicht nach, kann der Bürger seinen Anspruch gem. Art. 2 Satz 1 BayEGovG nunmehr allerdings notfalls auch **im Wege der Klage** durchsetzen.

Der Bürger hat allerdings grundsätzlich **keinen Anspruch auf ein bestimmtes technisches Verfahren** der Zugangseröffnung, z. B. per E-Mail, per De-Mail oder über ein Portal. Vielmehr kann der Bürger nur die Eröffnung eines gängigen, grundsätzlich für alle Bürger ohne größeren Aufwand verfügbaren, elektronischen Kommunikationskanals verlangen.

III. Recht auf Schriftform ersetzende elektronische Kommunikation

Der Bürger hat weiterhin gem. Art. 2 Satz 1 i.V.m. Art. 3 Abs. 1 Satz 1 BayVwVfG ein **Recht auf Schriftform ersetzende Kommunikation**. Die Möglichkeiten zum elektronischen Ersatz der Schriftform sind in **Art. 3a Abs. 2 BayVwVfG** geregelt.

Der Bürger hat allerdings **kein Recht auf ein bestimmtes technisches Verfahren** des Schriftformersatzes. Es steht vielmehr im **Ermessen der Behörde**, welches Verfahren angeboten wird.

Gemäß Art. **3a Abs. 2 BayVwVfG** als Schriftformersatz **zugelassen sind**

- die qualifizierte elektronische Signatur **(qeS)**
- die elektronische Identifizierungsfunktion des neuen Personalausweises **(eID-Funktion des neuen Personalausweises)**
- die absenderbestätigte **De-Mail**
- **weitere Verfahren** können durch Verordnung zugelassen werden (Art. 3a Abs. 2 Satz 4 Nr. 4 BayVwVfG). In Bayern ist mittlerweile das Verfahren **authega**, zugelassen worden das auf der Elster-Online-Technologie beruht.

Merke:

Die gesetzliche Verpflichtung zur Schriftform ersetzende Kommunikation kann von den Behörden durch Bereitstellung **eines der in Art. 3a VwVfG als Schriftformersatz** zugelassenen Verfahrens erfüllt werden. Ein **Anspruch des Bürgers auf ein bestimmtes Verfahren**, wie z. B. De-Mail, **besteht daher nicht.**

IV. Recht auf verschlüsselte elektronische Kommunikation

Gem. Art. 2 Satz 1 i. V. m. Art. 3 Abs. 1 Satz 3 BayEGovG haben die Nutzer weiterhin einen Anspruch auf **verschlüsselte** Kommunikation.

Die **verschlüsselte elektronische Kommunikation** muss von der Behörde gem. Art. 3 Abs. 1 Satz 3 BayEGovG sowohl auf dem „Hinkanal" (Anträge an die Behörde), als auch auf dem „Rückkanal" (Bescheide an den Bürger) ermöglicht werden.

Die Wahl des Verschlüsselungsverfahrens liegt allerdings gem. Art. 3 Abs. 1 Satz 4 BayEGovG wiederum im **Auswahlermessen der Behörde**. In Betracht kommen z. B. eine **PGP-verschlüsselte E-Mail**, die **Transportverschlüsselung** im Rahmen von De-Mail oder **Verschlüsselungsverfahren im Rahmen der Kommunikation über Verwaltungsportale**.

Der Bürger hat daher nur einen Rechtsanspruch auf eine hinreichend sichere Verschlüsselung, aber **keinen Rechtsanspruch auf ein bestimmtes Verschlüsselungsverfahren**.

Das Recht besteht aufgrund der Übergangsfrist in Art. 10 Abs. 2 BayEGovG erst ab **1.1.2020.**

V. Recht auf Kommunikation über De-Mail?

Der Bundesgesetzgeber und der bayerische Landesgesetzgeber haben die Voraussetzungen für den Schriftformersatz per De-Mail in § 3a Abs. 2 VwVfG bzw. Art. 3a Abs. 2 BayVwVfG geschaffen. Darüber hinaus hat der Landesgesetzgeber in Art. 3 Abs. 2 BayEGovG auch besondere Regelungen zur Zugangseröffnung per De-Mail geschaffen.

Damit stellt sich die Frage, ob ein Bürger, der De-Mail nutzt, einen Anspruch auf Eröffnung eines De-Mail-Zugangs durch die Behörde hat.

Dies ist nur sehr eingeschränkt zu bejahen. Art. 2 Satz 1 begründet in Verbindung mit Art. 3 Abs. 2 BayEGovG lediglich ein **bedingtes Recht des Bürgers** und eine entsprechend eingeschränkte Verpflichtung der Behörden zur **Zugangseröffnung auch per De-Mail**.

Dieses Recht bzw. diese Verpflichtung bestehen nämlich nur, soweit sich die Behörde an einen **zentralen De-Mail-Basisdienst** anschließt, den der Freistaat Bayern bereitstellt. Da der Freistaat aktuell die Bereitstellung eines solchen De-Mail-Basisdienstes nicht plant, dürften die Voraussetzungen für ein Recht auf Zugangseröffnung per De-Mail auf geraume Zeit **nicht vorliegen**.

VI. Recht auf elektronische Identifizierung via neuen Personalausweis

Gem. Art. 2 Satz 1 i. V. m. Art. 3 Abs. 3 BayEGovG besteht ein **Recht auf elektronische Identifizierung** im Rahmen von elektronischen Verfahren, die kraft Gesetzes oder aufgrund behördlicher Anordnung einen Identitätsnachweis im Sinne des PAuswG erfordert.

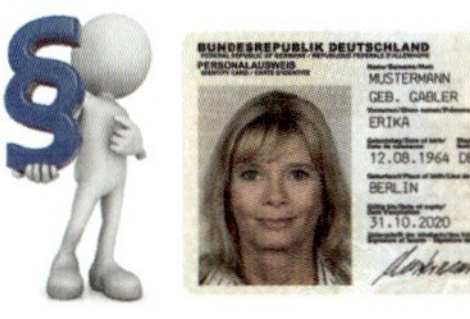

Anders als bei der elektronischen Kommunikation (vgl. Art. 3 Abs. 1 BayEGovG) ist die Behörde bei der elektronischen Identifizierung ausdrücklich verpflichtet, einen Identitätsnachweis im Sinne des PAuswG, also die **elektronische Identifizierungsfunktion des neuen Personalausweises** anzubieten.

Die Behörde hat in den von Art. 3 Abs. 3 BayEGovG genannten Verfahren also gerade **kein technisches Auswahlermessen** zugunsten anderer elektronischer Identifizierungsverfahren. Entsprechend hat der Bürger gem. Art. 2 Satz 1 i. V. m. Art. 3 Abs. 3 BayEGovG für die dort genannten Verfahren einen Anspruch auf die Bereitstellung der elektronischen Identifizierungsfunkton des neuen Personalausweises.

VII. Recht auf elektronische Inanspruchnahme von Behördendiensten

Elektronische **Kommunikation und Identifizierung** sind zwar erforderlich, aber **nicht ausreichend für effektives E-Government**. Vielmehr müssen über die einmal geöffneten elektronischen Kanäle auch **konkrete Dienste angeboten** werden, die die Bürger in Anspruch nehmen können.

Daher begründet Art. 2 Satz 1 Fall 2 in Verbindung mit Art. 4 Abs. 1 ein **Recht des Bürgers auf Bereitstellung elektronischer Behördendienste**, soweit dies **zweckmäßig** und **wirtschaftlich** ist.

Der Begriff der Dienste ist dabei **weit** zu verstehen. Erfasst werden unter anderem

- alle Arten von Informations-, Auskunfts- und Datenbereitstellungsdiensten der Behörden, einschließlich Open (Government) Data Dienste und Geodatendienste
- sämtliche Verwaltungsservice im Zuständigkeitsbereich der Behörde, z. B. im Meldewesen, Ausweisangelegenheiten, Familienangelegenheiten und Personenstandswesen, einschließlich Kinderbetreuung, Ferienpass, Familienpass, Leistungen im Bereich Schulen und Bildung, Soziales und Wirtschaft und Tourismus
- verfahrensübergreifende Dienstleistungen, wie
  - elektronische Bürger- und Unternehmenskonten,
  - elektronische Postfachdienste oder
  - E-Payment-Dienste

Hinweis

- Art. 4 Abs. 1 Satz 2 BayEGovG verpflichtet die **staatlichen** Behörden zudem, die **erforderlichen Informationsangebote** zur Nutzung der o.g. Dienste bereitzustellen.
- Für das elektronische **Rechnungswesen und Zahlungswesen** und für Behördendienste im Rahmen **förmlicher Verwaltungsverfahren** enthalten die **Art. 5 und 6 BayEGovG Sonderregelungen.**

VIII. Recht auf elektronisches Bezahlen und E-Payment

Art. 5 Abs. 1 Halbsatz 1 BayEGovG begründet ein Recht, Forderungen der Behörden im elektronischen Zahlungsverkehr zu begleichen. Die Behörde ist entsprechend verpflichtet, den elektronischen Zahlungsverkehrs zu ermöglichen, indem sie Zahlungspflichtigen eine Bankverbindung zur Abwicklung des elektronischen Zahlungsverkehrs mitteilt.

Allerdings verpflichtet Halbsatz 2 die Behörden zusätzlich, die Begleichung von Forderungen auch durch die Bereitstellung von **geeigneten elektronischen Zahlungsmöglichkeiten über öffentlich zugängliche Netze** zu ermöglichen.

Sofern sich ein Behördendienst (z. B. Geodatendienste) oder ein Verwaltungsverfahren (z. B. eine Ummeldung) technisch und wirtschaftlich sinnvoll mit einem **E-Payment-System** verknüpfen lässt, ist eine solche Online-Zahlungsoption anzubieten.

IX. Recht auf elektronische Rechnungsstellung

Mit Art. 5 Abs. 2 wurde der **Rechtsrahmen zur verpflichtenden Entgegennahme elektronischer Rechnungen durch Auftraggeber** i.S.d. § 98 GWB in Bayern. Die Vorschrift dient der Umsetzung der **Richtlinie 2014/55/EU** des Europäischen Parlaments und des Rates über die elektronische Rechnungsstellung bei öffentlichen Aufträgen auf der Ebene des Freistaates Bayern.

Art. 2 Satz 1 Halbsatz 2 i. V. m. Art. 5 Abs. 2 Satz 1 BayEGovG begründet im Sinne des GWB einen **Anspruch von Unternehmen** gegenüber den **Auftraggebern** i.S.d. § 98 GWB im Freistaat Bayern, **auf Entgegennahme und Verarbeitung elektronischer Rechnungen**.

Dieser Anspruch und die entsprechende Verpflichtung der Auftraggeber werden gemäß Art. 19 (a. F. Art. 10) BayEGovG allerdings erst nach Ausschöpfung der unionsrechtlichen Umsetzungsfrist **zum 29.11.2019 rechtlich wirksam**.

Um die Berechtigung zur elektronischen Rechnungsstellung bzw. die Verpflichtung der Auftraggeber zur Entgegennahme elektronischer Rechnungen praktisch umzusetzen, bedarf es **einheitlicher Standards für die elektronische Rechnung**. Mit **XRechnung** hat der IT-Planungsrat am 22.6.2017 einen Standard für die elektronische Rechnungsstellung in Deutschland beschlossen.

Auf dieser Basis werden die Einzelheiten durch eine **Rechtsverordnung der Staatsregierung** geregelt (Art. 5 Abs. 2 Satz 3 BayEGovG).

X. Recht auf elektronische Durchführung von Verwaltungsverfahren

Art. 6 BayEGovG enthält Regelungen zur Gewährleistung eines **durchgängigen**„medienbruchfreien“ **elektronischen Verwaltungsverfahrens**, einschließlich elektronischer Formulare und elektronischer Nachweise. Erfasst wird nur das nach Außen gerichtete Verwaltungshandeln im Sinn des BayVwVfG. Rein behördeninterne Vorgänge, wie die elektronische Aktenführung, werden dagegen nicht erfasst.

Art. 2 Satz 2 BayEGovG begründet i. V. m. Art. 6 Abs. 1 das **Recht der Beteiligten auf vollständige oder teilweise elektronische Durchführung des Verwaltungsverfahrens**.

Im Interesse der Vollzugstauglichkeit stellt Art. 6 Abs. 1 klar, dass ein Anspruch auf (vollständige oder teilweise) elektronische Verfahrensdurchführung nur besteht, soweit dies **zweckmäßig und wirtschaftlich** ist.

Soweit eine nur teilweise elektronische Verfahrensdurchführung, wie **z. B. die elektronische Antragstellung**, wirtschaftlich und zweckmäßig ist, ist die Behörde gehalten, das Verfahren zumindest teilweise elektronisch anzubieten, indem z. B. **Webformulare für den Online-Antrag** bereitgehalten werden.

XI. Recht auf Bereitstellung elektronischer Formularen

Art. 2 Satz 2 i. V. m. Art. 6 Abs. 2 Satz 1 BayEGovG begründet einen **Anspruch des Bürgers auf Bereitstellung von elektronischen Formularen** über das Internet als Teil des elektronischen Verwaltungsverfahrens.

Die Regelung soll es dem Bürger ermöglichen, auf **alle zur Verfahrensdurchführung erforderlichen Formulare einfach und schnell online zugreifen zu können**. Behördengänge werden so entbehrlich.

Die Verpflichtung und das entsprechende Recht des Bürgers gelten seit **1.7.2017 grundsätzlich ohne Einschränkungen**.

Art. 6 Abs. 2 BayEGovG enthält allerdings **keine Anforderungen an die technische Art** der elektronischen Bereitstellung. Die Behörde kann ihre Verpflichtung aus Art. 6 Abs. 2 BayEGovG damit schon dadurch erfüllen, dass sie ihre Formulare z. B. als **einfaches (nicht elektronisch ausfüllbares) PDF zum Download** bereitstellt.

Hinweis

Ein **weitergehender Anspruch** des Bürgers auf Bereitstellung elektronisch ausfüllbarer und übermittelbarer **Webformulare kann sich allerdings aus** Art. 2 Satz 2 i.V.m. Art. 6 Abs. 1 BayEGovG („teilweise“ elektronische Verfahrensdurchführung) ergeben, soweit diese Art der elektronischen Antragstellung **wirtschaftlich und zweckmäßig** ist.

XII. Recht auf elektronische Vorlage von Nachweisen

Es ist nicht selten, dass Beteiligte in einem Verwaltungsverfahren Nachweise erbringen und hierzu u. a. Urkunden (Zeugnisse, Bescheinigungen und sonstige Belege) vorlegen müssen. Soweit derartige Nachweise eingereicht werden müssen, genügt künftig grundsätzlich eine elektronische Übermittlung (Satz 1).

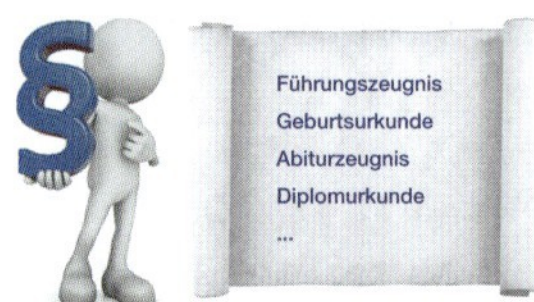

Entsprechend hat der Bürger gem. Art. 2 Satz 2 i. V. m. Art. 6 Abs. 3 BayEGovG grundsätzlich ein **Recht auf elektronische Vorlage von Nachweisen.**

Allerdings **kann die Behörde** nach Satz 2 auch weiterhin **im Einzelfall oder bei bestimmten Verfahrensarten** auch künftig die **Vorlage eines Originals** verlangen, soweit hierfür ein sachlicher Grund vorliegt.

XIII. Recht auf analoge Inanspruchnahme von Verwaltungsleistungen

Das BayEGovG begründet **Rechte von Bürgern und Unternehmen auf E-Government** und entsprechende Pflichten der Behörden. Das Gesetz begründet aber gerade **keine Pflichten von Bürgern und Unternehmen zum E-Government.**

Art. 2 Satz 3 stellt ausdrücklich klar, dass die die Beteiligten **Verwaltungsdienste auch künftig in nichtdigitaler Form in Anspruch nehmen können**, also z. B. Anträge schriftlich oder zur Niederschrift in der Behörde einreichen können.

Das Recht auf nichtdigitale Kommunikation wird auch durch die **Zugangseröffnungsregelung im Rahmen der Art. 3 BayEGovG zusätzlich abgesichert.** Art. 3 Abs. 1 Satz 2 BayEGovG stellt klar, dass die elektronische Kommunikation von der Behörde hin zum Bürger (sog. Rückkanal) für die Behörde nur zulässig ist, wenn der **Bürger den Zugang für die elektronische Kommunikation eröffnet** hat.

Die Behörde kann vom Bürger also grundsätzlich weder verlangen, dass dieser Anträge ausschließlich elektronisch stellt, noch dass dieser Bescheide oder sonstige Dienste elektronisch entgegennimmt. Etwas anderes gilt nur dann, wenn **eine spezialgesetzliche Regelung** etwa die Behörde ausdrücklich hierzu ermächtigt.

Teil D
E-Government-Gesetz aus Behördensicht im Überblick

Einleitende Fragestellungen

Das Bayerische E-Government-Gesetz zielt auf den Aufbau des E-Government auf allen Verwaltungsebenen. Welche wesentlichen Schritte und Bausteine umfasst dieser vom Gesetzgeber gewollte Aufbau des E-Government? Welche wesentlichen Maßnahmen müssen die Behörden im Verhältnis zum Bürger unternehmen und welche Schritte sind behördenintern einzuleiten?

Das folgende Kapitel gibt hierzu einen Überblick.

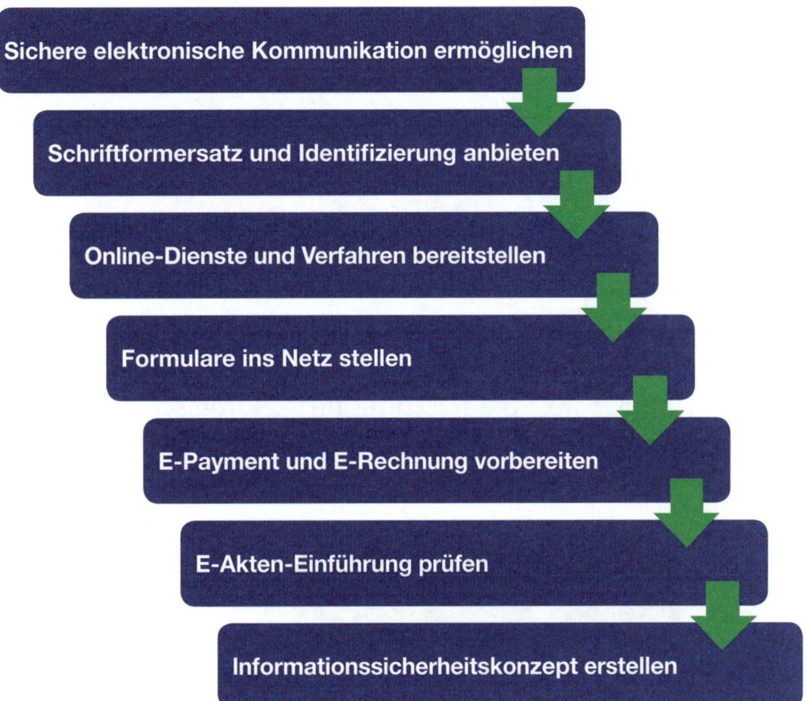

Abb. 7: Schritte auf dem Weg zum E-Government (orientiert am BayEGovG)

I. Sichere Kommunikation ermöglichen

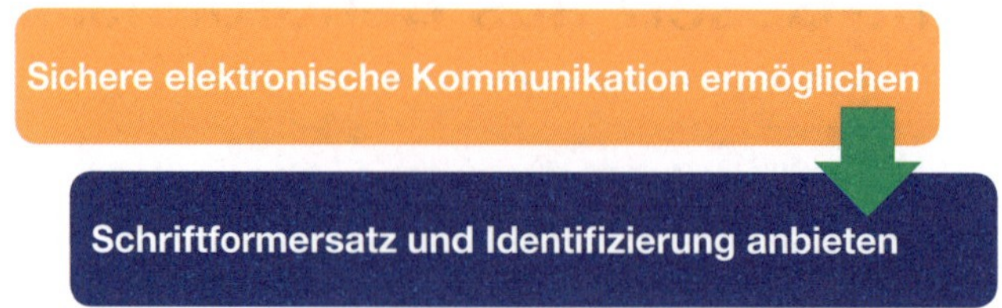

Das Ziel des BayEGovG liegt in der **lückenlosen elektronischen Kommunikation** zwischen Verwaltung und Bürger. Um dieses Ziel zu erreichen, sollen grundsätzlich **alle Schritte der Verwaltungskommunikation** zwischen Bürger und Behörde (auch) **elektronisch** angeboten werden (vgl. Art. 3 bis 6 BayEGovG).

Um E-Government zu ermöglichen, muss die Behörde zunächst **allgemein (d. h. unabhängig von einem konkreten einzelnen Verfahren)** einen **angemessenen Zugang** für eine

- hinreichend **sichere** (ab 1.1.2020) und
- rechtlich **verbindliche** (d. h. Schriftform ersetzende)

elektronische Kommunikation zum Bürger schaffen und

- sichere **elektronische Identifikationsmöglichkeiten** (ab 1.1.2020) **schaffen.**

1. Elektronischen Zugang eröffnen

Unabdingbare Voraussetzung für elektronisches Verwalten ist, dass zwischen Bürger und Behörde überhaupt elektronische Kommunikationsmöglichkeiten bestehen.

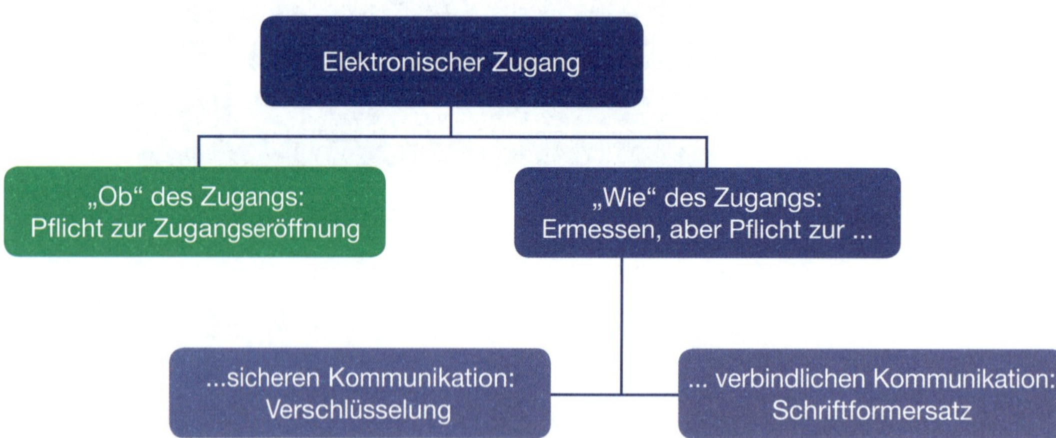

Abb. 8: Anforderungen an den elektronischen Zugang zu Behörde

Das BayEGovG verpflichtet grundsätzlich jede Behörde in Bayern, einen elektronischen Zugang für die Kommunikation mit dem Bürger zu eröffnen (Art. 3 Abs. 1 Satz 1 BayEGovG). Die Behörde hat insoweit also **kein Entschließungsermessen**.

Das Gesetz stellt es jedoch grundsätzlich der Behörde frei, wie sie diese Verpflichtung erfüllt. Die Behörde hat also ein **technisches Auswahlermessen (Art. 3 Abs. 1 Satz 4 BayEGovG)**.

Dieses **Auswahlermessen** hat der Gesetzgeber jedoch im Interesse an einer sicheren und rechtlich verbindlichen elektronischen Kommunikation **in doppelter Hinsicht beschränkt**. Die Behörde muss

- ab 1.1.2020 eine sichere Kommunikation durch **geeignete Verschlüsselungsverfahren** (z. B. PGP-Verschlüsselung, Transportverschlüsselung bei De-Mail etc.) anbieten (siehe unten Teil D I 2, Teil E I 2),
- eine rechtlich verbindliche, d. h. **Schriftform ersetzende Kommunikation** (z. B. durch die qualifizierte elektronische Signatur, De-Mail oder die eID-Funktion des neuen Personalausweis, vgl. Art. 3a Abs. 2 BayVwVfG) ermöglichen (siehe unten Teil D II 1, Teil E II 2).

Im **Rahmen dieser gesetzlichen Beschränkungen** ist die Behörde in ihrem Auswahlermessen aber wieder **frei,**

- **welches Verschlüsselungsverfahren** und
- **welchen gesetzlich zugelassenen Schriftformersatz**

sie dem Bürger anbietet. Ein Anspruch des Bürgers auf ein **bestimmtes technisches Verfahren** besteht also gerade **nicht.**

2. Sichere Kommunikation ermöglichen

Das Gesetz verpflichtet die Behörde weiter, ab 1.1.2020 auch sichere elektronische Kommunikationsmöglichkeiten auf dem Hinkanal zur Behörde sowie auf dem Rückkanal zum Bürger zu schaffen (Art. 3 Abs. 1 Satz 3 BayEGovG). Auch hier ist die Behörde jedoch lediglich in ihrem Entschließungsermessen, nicht aber in ihrem Auswahlermessen beschränkt.

Die Behörde kann zur Erfüllung ihrer Verpflichtungen also zum Beispiel

- eine **E-Mail mit PGP-** (Pretty Good Privacy) **Verschlüsselung** oder
- **ein Webformular mit SSL-Verschlüsselung** anbieten.

Ebenfalls den Anforderungen genügt die

- **De-Mail mit Transportverschlüsselung** oder
- die **Kommunikation über die Dienste des Bayernportals** (Postkorb und sicheres Kontaktformular).

Im Einzelnen siehe unten Teil E I 2.

II. Elektronischen Schriftformersatz und Identifizierung

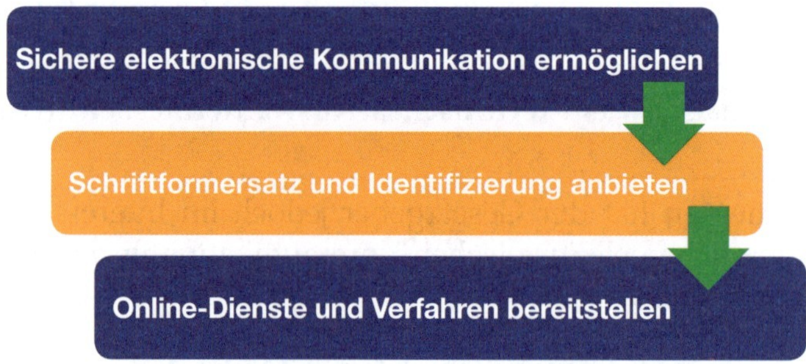

1. Elektronischen Schriftformersatz anbieten

Das Gesetz verpflichtet die Behörde weiter, dem Bürger auch ein **Schriftform ersetzendes Verfahren** anzubieten.

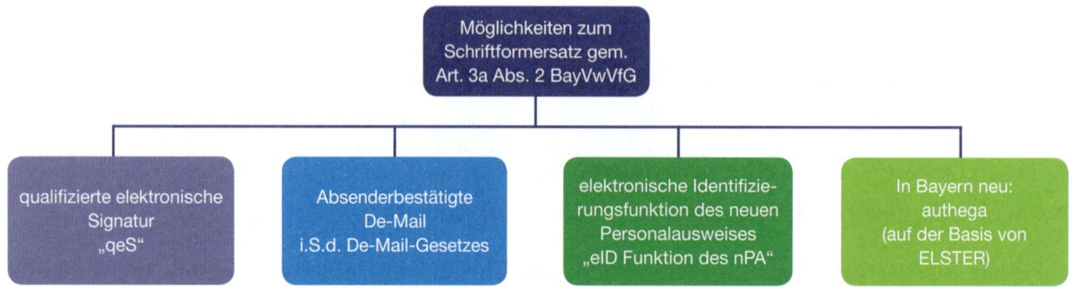

Abb. 9: Möglichkeiten zum Schriftformersatz gem. Art. 3a BayEGovG i. V. m. Art. 3 Abs. 2 BayVwVfG

Den zulässigen elektronischen Ersatz der Schriftform hat der Gesetzgeber nicht unmittelbar im BayEGovG, sondern in Art. 3a Abs. 2 BayVwVfG geregelt. Art. 3a Abs. 2 BayVwVfG erkennt in Bayern grundsätzlich vier Formen des Schriftformersatzes an.

Die Behörden können frei entscheiden, welches der in Art. 3a Abs. 2 BayVwVfG genannten Verfahren sie wählen bzw. anbieten.

- Die **qualifizierte elektronische Signatur**. Hierbei handelt es um ein sicheres Signaturverfahren, das bereits vor mehr als zehn Jahren in Deutschland eingeführt worden ist. Das Verfahren hat sich in der Praxis jedoch nicht durchsetzen können, nicht zuletzt, weil es mit hohem technischen Aufwand und Kosten verbunden ist (u. a. besondere Signatureinheit erforderlich).
- Mit dem BayEGovG Ende 2015 neu zugelassen wurde daher das sog. **De-Mail-Verfahren**. Bei diesem Verfahren handelt es sich letztlich um eine Art „sicherere“ E-Mail, die nur von besonders zertifizierten Providern angeboten werden kann. De-Mail kann sowohl von den Beteiligten (Bürgern, Unternehmen), als auch von Behörden verwendet werden. Auch dieses Verfahren konnte sich jedoch (bisher) bei den Nutzern nicht allgemein durchsetzen.

- Ebenfalls 2015 neu eingeführt wurde der Schriftformersatz mit der **elektronischen Identifizierungsfunktion des neuen Personalausweises** (eID-Funktion des neuen Personalausweises). Der neue Personalausweis verfügt über eine elektronische Identifizierungsfunktion. Diese eID-Funktion kann vom Bürger auch zum elektronischen Ersatz der Schriftform genutzt werden. Bisher wird aber auch die eID-Funktion wenig genutzt, u. a. weil zur Nutzung bisher grundsätzlich ein besonderes Lesegerät angeschafft werden muss.
- Aufgrund des begrenzten Erfolgs der anderen Verfahren hat Bayern mittlerweile mit **authega** ein weiteres elektronisches Verfahren zum Schriftformersatz zugelassen. Das Verfahren beruht auf der Technik der elektronischen Steuererklärung (**ELSTER-Online**), die praktisch sehr erfolgreich ist (über 20 Mio. Erklärungen p.a.). Die Nutzung ist für den Bürger **ohne besonderes Signatur- oder Lesegerät möglich**. Die Anmeldung kann für den Bürger rein online erfolgen.

2. Vertrauenswürdige elektronische Identifizierung anbieten

Die bloße Eröffnung eines sicheren (und Schriftform ersetzenden) Kommunikationskanals ist für ein effektives E-Government zwar unverzichtbar, aber nicht ausreichend. Um gegenüber dem Bürger elektronisch Leistungen erbringen zu können, benötigt die Behörde zusätzlich die Möglichkeit, zu überprüfen, ob der Online-Antragsteller auch tatsächlich über diejenige Identität verfügt, unter der er online auftritt.

Erforderlich ist damit die Möglichkeit der Behörde, die **Identität des Nutzers elektronisch zu überprüfen**. Aus Sicht des Bürgers bedarf es entsprechend einer Möglichkeit, sich **elektronisch gegenüber der Behörde zu identifizieren**. **Soweit keine besonderen gesetzlichen Pflichten** bestehen (siehe Art. 3. Abs. 3, hierzu unten Teil E II 1), obliegt es der Behörde zu entscheiden, **welche Art der elektronischen Identifizierung sie anerkennt** und wie strenge Maßstäbe sie hinsichtlich der Vertrauenswürdigkeit der Identifizierung (sog. Vertrauensniveau) anlegt.

Bei unproblematischen bzw. **nicht sensitiven Verwaltungsleistungen**, wie etwa bloßen sachlichen (nicht personenbezogenen) Auskünften, z. B. über Öffnungszeiten, kann die Behörde daher ggfs. ganz auf eine **Identifizierung verzichten** oder sich mit einer „einfachen", d. h. nicht besonders sicheren oder überprüfbaren Identifizierung, wie einer **E-Mail-Adresse** begnügen. Bei sensibleren Diensten und Verfahren müssen dagegen strengere Maßstäbe angelegt werden.

Praktisch erleichtert wird die Wahl geeigneter Verfahren, da die zuvor beim **elektronischen Schriftformersatz** genannten Verfahren alle **auch eine elektronische Identifizierung** des Nutzers des Schriftformersatzes ermöglichen.

Hinweis

Dies ist auch durchaus kein Zufall. Ein Zweck der „analogen" Unterschrift auf Papier liegt ja gerade darin, den Unterschreibenden hinreichend sicher zu identifizieren. Von daher ist es notwendig, dass auch die „elektronische Unterschrift" eine Identifizierung ermöglicht.

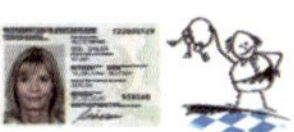

Als in der Regel hinreichend sichere Identifizierungsmöglichkeiten kommen für sensiblere Dienste und Verfahren daher – wie beim Schriftformersatz – vor allem folgende Verfahren in Betracht:

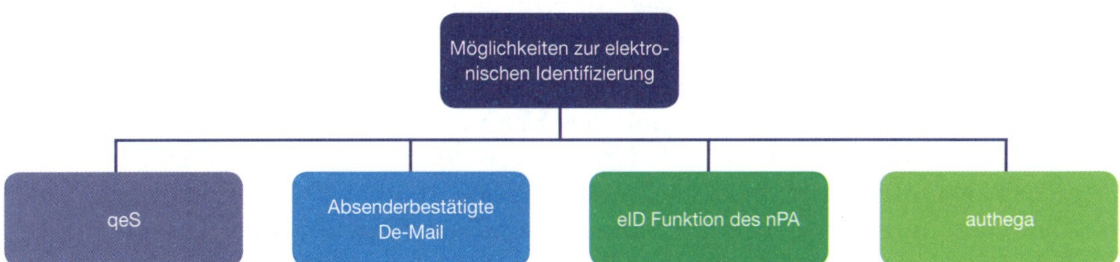

Abb. 10: Rechtlich anerkannte Möglichkeiten zur (vertrauenswürdigen) elektronischen Identifizierung

III. Online-Dienste und Verfahren elektronisch bereitstellen

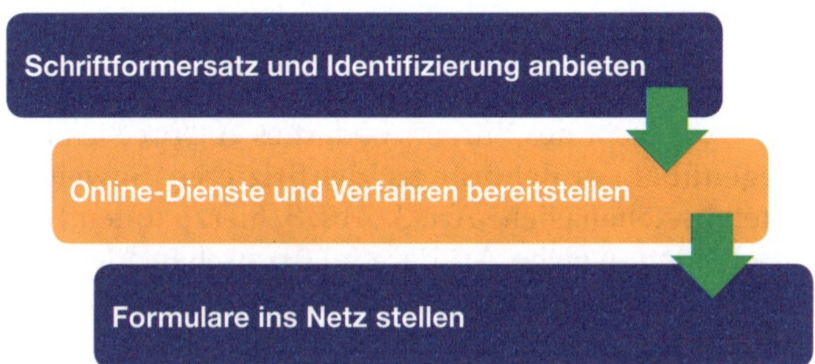

Die **bloße Eröffnung eines** (sicheren und rechtlich grundsätzlich verbindlichen) elektronischen **Kommunikationskanals** ermöglicht allerdings alleine immer noch kein E-Government, sondern nur dann, wenn die Nutzer über diesen „offenen" Kanal auch

- tatsächlich möglichst alle **Verwaltungsdienste der Behörden** auch online abrufen und nutzen können und
- **im elektronischen Verwaltungsverfahren**
  - **Anträge elektronisch** stellen,
  - **Bescheide auf elektronischem Wege erhalten** und
  - hierzu erforderliche **elektronische Formulare** abrufen und einsetzen können.

1. Online-Dienste bereitstellen

Das BayEGovG verpflichtet die Behörden daher, ihre Dienste und Verfahren grundsätzlich auch elektronisch anzubieten, soweit dies wirtschaftlich und zweckmäßig ist (vgl. Art. 4 und 6 BayEGovG).

Hinweis

Die besonderen Verpflichtungen zum Angebot von E-Payment und zum Bereitstellen von elektronischen Formularen bestehen dagegen grundsätzlich ohne Wirtschaftlichkeits- oder Zweckmäßigkeitsvorbehalt (vgl. Art. 5 und 6 Abs. 2 BayEGovG hierzu siehe unten Teil D IV und V).

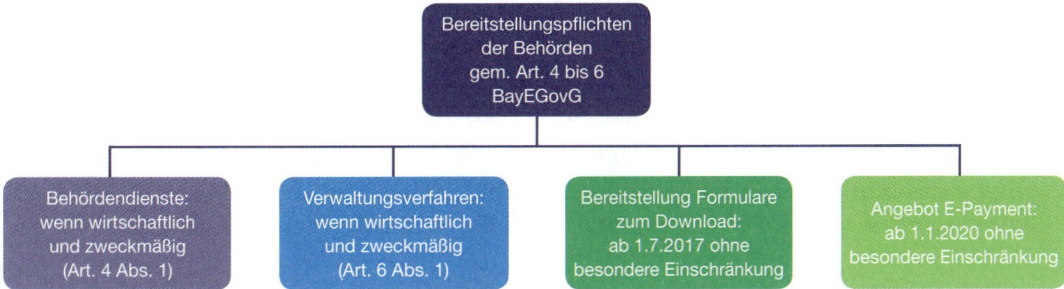

Abb. 11: Pflicht zur Bereitstellung von Diensten und Verfahren

2. Elektronisches Verwaltungsverfahren ermöglichen

Das für den Bürger wichtigste Dienstleistungsangebot der Behörden liegt in der Durchführung von **Verwaltungsverfahren** (An- und Ummeldung, KFZ-Zulassung, Personalausweis- und Passwesen, Baugenehmigung und diversen anderen Leistungen des Staates und der Kommunen etc.).

Daher verpflichtet das BayEGovG die Behörden explizit zum Angebot von elektronischen Verwaltungsverfahren, soweit dies **wirtschaftlich und zweckmäßig** ist. Die Behörde muss dabei insbesondere auch prüfen, ob nicht zumindest die „teilweise" Bereitstellung elektronischer Verfahren (insbesondere die Möglichkeit zum Online-Antrag) wirtschaftlich möglich ist (vgl. Art. 6 Abs. 1 BayEGovG).

Beim **Verwaltungsverfahren** handelt es sich um das **nach außen gerichtete Verwaltungshandeln** im Sinne des BayVwVfG, das auf eine verbindliche rechtliche Regelung gerichtet ist (vgl. Art. 9 BayVwVfG). Diese verbindliche Regelung kann im Erlass eines **Verwaltungsaktes** im Sinne des Art. 35 BayVwVfG (z. B. Baugenehmigung, Baubeseitigungsanordnung), aber auch im Abschluss eines **öffentlich-rechtlichen Vertrags** liegen (Art. 54 ff VwVfG).

Um ein lückenlos „medienbruchfreies" elektronisches Verwaltungsverfahren zu ermöglichen, müssen insbesondere die **Antragstellung**, **Antragsbearbeitung** und die **Bekanntgabe** des Bescheids elektronisch angeboten werden.

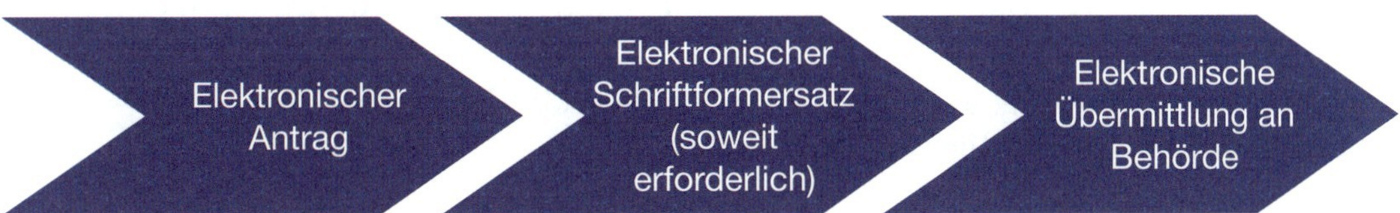

Abb. 12: Schritte im elektronischen Verwaltungsverfahren

Hierzu gibt es jeweils verschiedene technische Möglichkeiten, die im Folgenden im Überblick dargestellt werden:

- **Elektronische Antragstellung durch den Bürger**, z. B. über E-Mail oder De-Mail, (siehe hierzu unten Teil E II 2.4), ein elektronisches Online-Portal (siehe hierzu unten Teil E II 2.5) oder über ein elektronisches Eingabegerät in der Behörde (z. B. ein Terminal in einer Bürgerservicestelle).
- **Elektronische Antragsbearbeitung,** z. B. im Rahmen eines Dokumentenmanagementsystems oder auch im Rahmen eines sog. „Fachverfahrens", das auf einzelne Verwaltungsleistungen beschränkt ist (z. B. Meldewesen, Passwesen, etc.).
- **Elektronische Bekanntgabe des Bescheids an den Bürger** nach Abschluss der Antragsbearbeitung. Dies kann grundsätzlich, ähnlich wie bei der Antragstellung, durch E-Mail oder De-Mail oder über Online-Portale der Behörde erfolgen.

IV. Elektronische Formulare bereitstellen

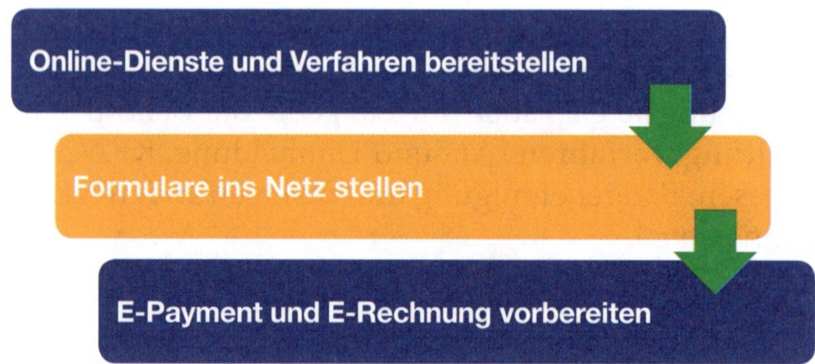

Praktisch alle für den Bürger besonders relevanten Verwaltungsverfahren sind „**formulargebunden**", d. h. die Behörde hält Formulare bereit, die vom Bürger typischerweise verwendet werden müssen oder jedenfalls verwendet werden sollen, wenn eine Leistung beantragt wird.

Für die elektronische Antragstellung (als Anstoß für das elektronische Verwaltungsverfahren) ist daher eine **elektronische Bereitstellung von erforderlichen Formularen unverzichtbar**.

Das Gesetz verpflichtet die Behörden als **Mindeststandard** alle von der Behörde ohnehin vorgehaltenen Formulare zumindest als PDF oder in einem anderen geeigneten Format **zum Download** anzubieten (Art. 6 Abs. 2).

Eine weitergehende Pflicht zur Bereitstellung von **elektronisch ausfüllbaren und übermittelbaren Online-Formularen** kann sich aus der Pflicht zur teilweisen elektronischen Verfahrensdurchführung gem. Art. 6 Abs. 1 BayEGovG ergeben, **soweit** dies **wirtschaftlich und zweckmäßig** möglich ist.

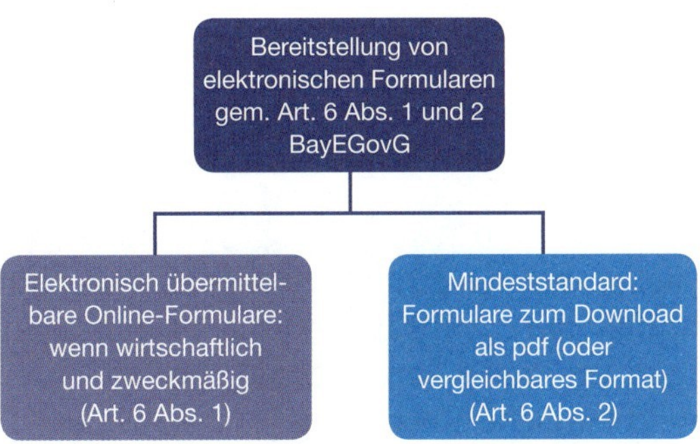

Abb. 13: Optionen zur Bereitstellung von elektronischen Formularen

V. E-Payment und E-Rechnung vorbereiten

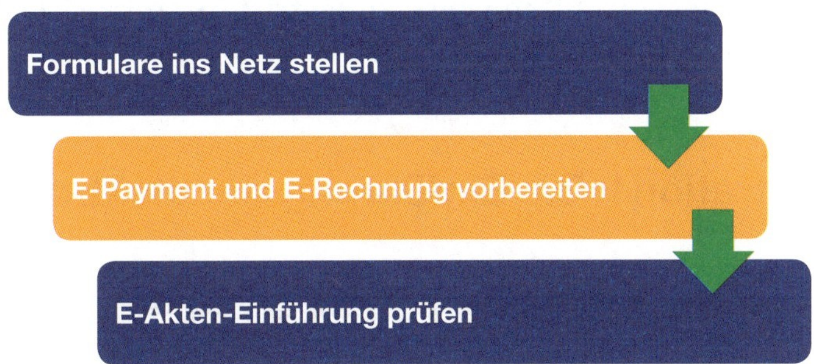

Auch der **Zahlungsverkehr und das Kassen- und Rechnungswesen** müssen auf das E-Government eingestellt werden. Bürger oder Unternehmen, die Online-Dienste der Verwaltung in Anspruch nehmen, müssen

- hierbei anfallende Gebühren und Kosten **elektronisch bezahlen** (E-Payment)
- sowie im Geschäftsverkehr **bei Beschaffungen** der Verwaltung ihre **Rechnungen elektronisch** einreichen können (E-Rechnung).

1. E-Payment vorbereiten

Art. 5 Abs. 1 Halbsatz 1 BayEGovG verpflichtet die Behörden den **elektronischen Zahlungsverkehr** zu ermöglichen, etwas durch Angabe einer Bankverbindung. Darüber hinaus muss die Behörde jedoch auch **echtes Online E-Payment** in Verbindung mit ihren Online-Diensten und Verfahren anbieten, sofern sich die Dienste hierzu eignen.

Aufgrund des mit der Einführung von E-Payment verbundenen höheren Aufwands sieht das Gesetz allerdings hierfür eine längere Übergangsfrist für die Einführung bis spätestens **ab 1.1.2020** vor.

2. E-Rechnung vorbereiten

Art. 5 Abs. 2 Satz 1 BayEGovG begründet eine **Verpflichtung der Auftraggeber** im Sinne des GWB in Bayern zur **Entgegennahme und Verarbeitung elektronischer Rechnungen**.

Um die Berechtigung zur elektronischen Rechnungsstellung bzw. die Verpflichtung der Auftraggeber zur Entgegennahme elektronischer Rechnungen praktisch umzusetzen, bedarf es **einheitlicher Standards für die elektronische Rechnung**.

Mit XRechnung hat der IT-Planungsrat am 22.6.2017 einen Standard für die elektronische Rechnungsstellung in Deutschland beschlossen. Auf dieser Basis werden die Einzelheiten durch eine **Rechtsverordnung der Staatsregierung** geregelt (Art. 5 Abs. 2 Satz 3).

Auch die Vorbereitung der Entgegennahme von E-Rechnungen ist mit einem höheren Aufwand verbunden, da das Kassenwesen hierauf eingestellt werden muss. Daher hat der Gesetzgeber die unionsrechtliche **Umsetzungsfrist bis zum 27.11.2019 voll ausgeschöpft** (siehe zur Frist Art. 19 BayEGovG, a. F.: Art. 10).

VI. E-Administration I: Die Einführung der elektronischen Akte

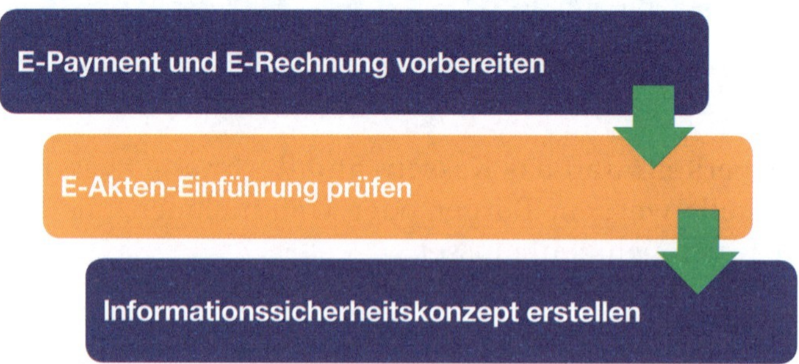

Das Bayerische E-Government-Gesetz zielt auf die lückenlose „medienbruchfreie" verwaltungsinterne und verwaltungsexterne elektronische Kommunikation. Das Gesetz erfasst daher nicht nur die elektrische Kommunikation und die Bereitstellung elektronischer Dienste und Verfahren im Außenverhältnis zwischen Behörde und Bürger (Art. 2 bis 6 BayEGovG, s. o.), sondern enthält auch **Regelungen zu verwaltungsinternen** und **zur zwischenbehördlichen elektronischen Kommunikation** (E-Administration, Art. 7 bis 8 und Art. 9 bis 17, a. F.: Art. 7 bis 9 BayEGovG).

Eine Schlüsselstellung in medienbruchfreien elektronischen Verwaltungsprozessen nimmt die elektronische Aktenführung ein. Diese findet ihren Rechtsrahmen in **Art. 7 BayEGovG**.

Abb. 14: Schlüsselstellung der elektronischen Aktenführung im „medienbruchfreien" E-Government

1. Welche Behörde muss ihre Akten elektronisch führen? – Zum „Ob" der elektronischen Aktenführung

Art. 7 Abs. 1 Satz 1 BayEGovG des Gesetzes verpflichtet **alle staatlichen Behörden** grundsätzlich dazu, ihre Akten bis 1.7.2017 (zur Frist siehe Art. 19 Abs. 2 BayEGovG, a. F.: Art. 10 Abs. 2) **elektronisch zu führen**.

Sonstigen Behörden, also insbesondere den Kommunen (einschließlich der Landratsämter) **stellt der Gesetzgeber** dagegen in Art. 7 Abs. 1 Satz 1, Halbsatz 2 **frei, ob sie ihre Akten elektronisch führen.**

Hinweis

Nicht-staatliche Behörden (einschließlich der Landratsämter) müssen gem. Art. 7 Abs. 1 Satz 1 BayEGovG ihre Akten zwar nicht elektronisch führen. **Soweit sich aber z. B. eine Gemeinde** oder ein Landratsamt **(freiwillig) zur Einführung der elektronischen Akte** entschließt, **muss sich die Behörde an** die übrigen Vorschriften des **Art. 7** zu den Standards der elektronischen Aktenführung **halten**. Art. 7 ist daher für alle Behörden in Bayern von Belang, die elektronische Akten führen oder deren Einführung erwägen.

Die (gesetzlich vorgeschriebene oder freiwillige) Einführung der elektronischen Akte stellt die Behörde vor **grundlegende organisatorische Herausforderungen**, die u. a. Fragen der

- Definition von Prozessteilnehmern und Zugriffsrechten,
- der elektronischen Vorgangsbearbeitung und des elektronischen Umlaufs,
- der Digitalisierung von Dokumenten (ersetzendes Scannen),
- der elektronischen Registratur,
- der Langzeitspeicherung,
- der Einbindung von Fachverfahren,
- der Behördenzusammenarbeit und zwischenbehördlichen Kommunikation und
- (auf allen Ebenen und in allen Prozessen) der IT-Sicherheit

aufwerfen.

In der Gesetzesbegründung hat der Gesetzgeber klargestellt, dass auch den staatlichen Behörden bei der **Art der Umsetzung der Einführung der elektronischen Akte Spielräume** verbleiben sollen.

Die Behörde kann daher z. B. die gesamte Behördenorganisation, inklusive der **Vorgangsbearbeitung auf elektronische Aktenführung umstellen**. Ausreichend ist es aber auch, **lediglich eine elektronische Registratur zu führen** und die Vorgangsbearbeitung ganz oder teilweise „analog" zu betreiben.

Hinweis

Die allgemeine Verpflichtung zur E-Aktenführung bezieht sich nur auf die Einführung eines „**Basis-DMS**", das eine elektronische Aktenführung (in Form der Registrierung und/oder Vorgangsbearbeitung) ermöglicht. Die Verpflichtung zur **Digitalisierung aller Fachverfahren** folgt hieraus **nicht**.

2. Nach welchen Standards muss eine Behörde Akten elektronisch führen? – Zum „Wie" der elektronischen Aktenführung

Art. 7 BayEGovG enthält neben der elektronischen Aktenführungspflicht für staatliche Behörden auch Anforderungen an die **Standards der elektronischen Aktenführung**, die **von allen Behörden zu beachten** sind, **wenn und soweit sie Akten elektronisch** führen.

Zu diesen Standards zählen insbesondere

- Pflicht zur Beachtung der **Grundsätze ordnungsgemäßer Aktenführung**, insbesondere der **Manipulationssicherheit** der Akten und zur **Einhaltung des Datenschutzes** (Art. 7 Abs. 1 Satz 2 und 3),
- Regelungen zur **sicheren elektronischen Aktenübermittlung** zwischen Behörden, die Akten elektronisch führen (Art. 7 Abs. 2) sowie
- Regelungen zum **rechtssicheren und beweiswerterhaltenden „ersetzenden Scannen"** (Überführung von Papier in digitale Fassung, Art. 7 Abs. 3).

Hinweis

Die Regeln zum „wie" der E-Akte gelten für **alle Behörden**, die sich – auch freiwillig – zur Einführung der E-Akte entschließen, wie z. B. Kommunen. Zu den Anforderungen im Einzelnen siehe unten Teil F III.

VII. E-Administration II: Informationssicherheitskonzepte und das LSI

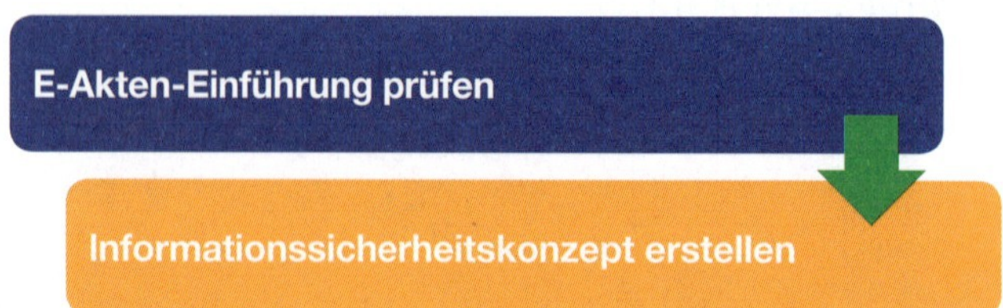

In dem Maße, in dem die Behörden ihre Datenbestände und Kommunikationsprozesse immer umfassender digitalisieren, gewinnt die Gewährleistung von IT-Sicherheit einen immer größeren Stellenwert. Auch Bürger, Unternehmen und Öffentlichkeit erwarten, dass ihre Daten bei der Verwaltung „sicher" sind.

Im Bayerischen E-Government-Gesetz hat IT-Sicherheit daher einen besonderen Stellenwert. Die Regelung zur IT-Sicherheit in Art. 9–17 (a. F.: Art. 8) setzen einerseits

- auf der „**dezentralen Ebene**", bei den **Pflichten der einzelnen Behörden** zur **Erstellung von Informationssicherheitskonzepten** (Art. 11, a. F. Art. 8 Abs. 1) und zum anderen
- auf der „**zentralen Ebene**" bei der Schaffung eines Rechtsrahmen für ein Landesamt für Sicherheit in der Informationstechnik an, dass die **IT-Sicherheit im Bayerischen Behördennetz** gewährleisten soll (Art. 9–10, 12–14; a. F.: „Bayern-CERT" gem. Art. 8 Abs. 2).

1. Dezentrale Ebene der IT-Sicherheit: Welche Pflichten haben Behörden im Bereich der IT-Sicherheit?

Art. 11 (a. F.: Art. 8 Abs. 1) enthält die Regelungen zur effektiven Gewährleistung der Informationssicherheit auf der „dezentralen" Ebene der einzelnen Behörden. Mit Abs. 1 Satz 1 wird die **Gewährleistung von Informationssicherheit** als **öffentliche Aufgabe** festgelegt.

Zur Umsetzung dieser Aufgabe verpflichtet Abs. 1 Satz 2 die Behörden, die Sicherheit ihrer informationstechnischen Systeme

- durch angemessene technisch-organisatorische **Maßnahmen im Sinne von Art. 7 Abs. 2 Bayerisches Datenschutzgesetz (BayDSG)**
- im Rahmen der **Verhältnismäßigkeit** und die
- hierzu erforderlichen **Informationssicherheitskonzepte**

zu erstellen.

 **Hinweis**

Art. 11 erfasst **alle Behörden i.S.d. Art. 1 BayEGovG** (vgl. Art. 11 Abs. 1 Satz 1).

1.1 Maßnahmen im Sinne von Art. 7 Abs. 2 Bayerisches Datenschutzgesetz

Die **Verweisung auf das BayDSG** hat zur Folge, dass die in Art. 7 BayDSG genannten technisch-organisatorische Maßnahmen (im Sinne Zugangskontrolle, Speicherkontrolle etc.) unabhängig vom Personenbezug der betroffenen Daten **generell** zum Schutz der Sicherheit informationstechnischer Systeme ergriffen werden müssen.

1.2 Grundsatz der Verhältnismäßigkeit

- Der **Grundsatz der Verhältnismäßigkeit** hat zur Folge, dass die Behörden gerade **nicht zu Maximalstandards** verpflichtet sind. Die Behörde muss lediglich ein „angemessenes Sicherheitsniveau" gewährleisten.

- Die Behörde kann im **Rahmen der Verhältnismäßigkeit insbesondere berücksichtigen:**
  - **Art und Ausmaß des Risikos**
  - **Wahrscheinlichkeit des Risikoeintritts**
  - **Kosten der Risikovermeidung**
  - **Leistungsfähigkeit der jeweiligen Behörde**

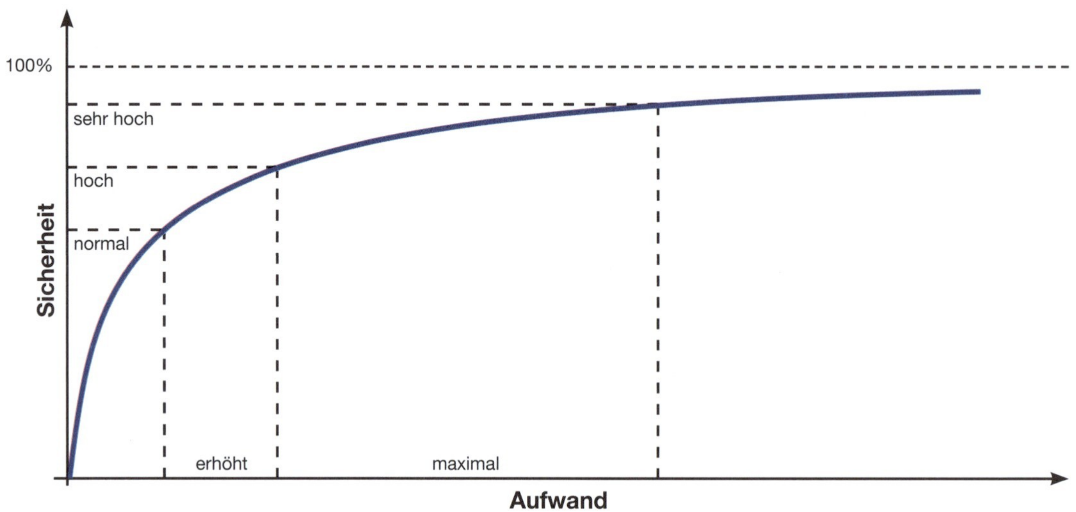

Abb. 15: IT-Sicherheit: Verhältnis von Aufwand und Ertrag
Quelle: Vgl. BSI-Standard 100-2, S. 32

1.3 Anforderungen an Informationssicherheitskonzepte

- Um die Umsetzung der Verpflichtungen zur IT-Sicherheit sicherzustellen, verpflichtet das Gesetz alle Behörden i.S.d. Art. 1 BayEGovG ausdrücklich, bis spätestens 1. Januar 2019 (vgl. Art. 19 Abs. 2 BayEGovG) behördliche Informationssicherheitskonzepte **zu erstellen**, **anzuwenden** und regelmäßig **fortzuschreiben**.
- Da Informationssicherheitskonzepte nur im Rahmen der Verhältnismäßigkeit (siehe oben) erstellt werden müssen, können die Behörden auf verschiedene Standards und Hilfsmittel zurückgreifen, um ein angemessenes Konzept zu erstellen. Zu den anerkannten Standards der IT-Sicherheit zählen insbesondere
  - BSI-Grundschutz
  - ISO 27001
  - ISIS12 (Bayerisches Verfahren für kleinere/mittlere Behörden)
  - VdS 3473

Hinweis

Die Frist für die Einführung von Informationssicherheitskonzepten wird mit der Novelle des BayEGovG durch das LSI-Gesetz von 1.1.2018 auf **1.1.2019** verlängert (vgl. unten Teil D VII 2).

Abb. 16: Aufwand von Informationssicherheitskonzepten

 **Hinweis**

Bei der Erstellung des Informationssicherheitskonzepts sollte auf internen oder externen professionellen Sachverstand zurückgegriffen werden. Der Freistaat fördert das Verfahren ISIS 12, das auf kleine bis mittlere Behörden ausgerichtet ist (siehe: https://www.it-sicherheit-bayern.de/produkte-dienstleistungen/isis12.html.). Daneben stellt die Innovationstiftung Bayerische Kommune Handlungsempfehlungen bereit (siehe: http://www.bay-innovationsstiftung.de/projekte/).

2. Zentrale Ebene der IT-Sicherheit: Welche Aufgaben und Befugnisse hat das Landesamt für Sicherheit in der Informationstechnik (LSI)?

Maßnahmen zur Gewährleistung von IT-Sicherheit allein auf Behördenebene reichen angesichts des hohen Grades der Vernetzung der Verwaltungs-IT zur Gewährleistung von Informationssicherheit nicht aus. Das **BayEGovG** enthielt daher schon in seiner **Fassung von 2015** Regelungen zu den Aufgaben und Befugnissen eines zentralen Computersicherheits-Ereignis- und Reaktionsteams (**Bayern-CERT**) in Art. 8 Abs. 2 BayEGovG a. F.

Aufgrund des weiter gestiegenen Stellenwerts hat sich der Freistaat entschlossen, zur effektiven Gewährleistung von Informationssicherheit ein eigenes **Landesamt für Sicherheit in der Informationstechnik (LSI)** mit erweiterten Aufgaben und Befugnissen einzurichten. Das LSI übernimmt dabei auch die bisherigen Aufgaben des **Bayern-CERT**.

2.1 Aufgaben des LSI

Art. 10 BayEGovG regelt als **Aufgaben des LSI**, insbesondere die

- **Abwehr von Gefahren** für die Sicherheit in der Informationstechnik im Bayerischen Behördennetz (Abs. 1 und Abs. 4)
- Unterstützung und Beratung von staatlichen und kommunalen Stellen, öffentlichen Unternehmen und Betreibern kritischer Infrastrukturen (Abs. 2)

- Unterstützung und Beratung von Polizei, Strafverfolgungsbehörden und Verfassungsschutz bei technischen Untersuchungen (Abs. 3)

2.2 Befugnisse des LSI

Die **Art. 12 bis 15 BayEGovG** regeln die zugehörigen Befugnisse des LSI.

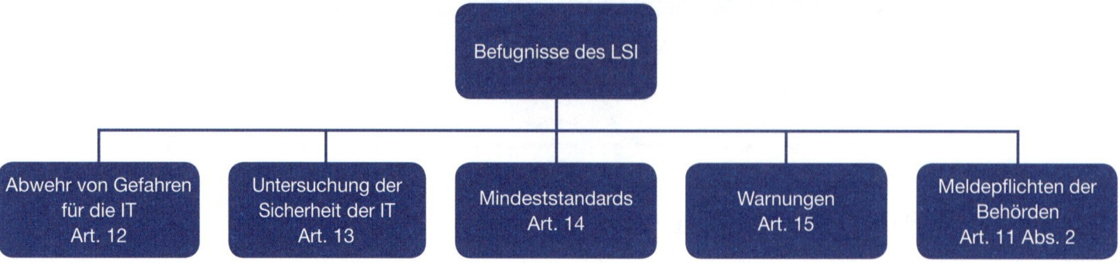

Abb. 16a: Befugnisse des LSI

Die Befugnisse des LSI umfassen,

- **Befugnisse zur Abwehr von Gefahren**, etwa durch Schadprogramme oder Sicherheitslücken oder unbefugte Datennutzung. Das LSI darf zur Gefahrenabwehr insbesondere Protokolldaten erheben und automatisiert auswerten, die an den Schnittstellen von Behördennetz und anderen Netzen anfallen (**Art. 12 BayEGovG**).
- Befugnis zur **Untersuchung der Sicherheit der Informationstechnik im Bayerischen Behördennetz** (nur staatliche Behörden) sowie zur Sicherheit von am Markt angebotenen IT-Produkten (**Art. 13 BayEGovG**).
- Befugnis zur Festlegung von **Mindeststandards** in der IT-Sicherheit für staatliche Behörden nach Maßgabe von **Art. 14 BayEGovG**.
- Befugnis zu **Warnungen und Empfehlungen** im Falle von Gefahren für die Sicherheit der Informationstechnik nach Maßgabe von **Art. 15 BayEGovG**.

 **Hinweis**

Unterstützung des LSI durch die Behörden

Die an das Behördennetz angeschlossenen Stellen melden dem LSI gem. Art. 11 Abs. 2 BayEGovG sicherheitsrelevante Vorfälle und unterstützen das LSI gem. Art. 11 Abs. 3 BayEGovG bei seinen Aufgaben nach Art. 10 Abs. 1 Nr. 1, 2, 4 und 5, soweit keine gesetzlichen Vorschriften (z. B. Datenschutz) entgegenstehen.

VIII. Grundbausteine und To-do-Liste für das E-Government in Bayern

1. Grundbausteine für das E-Government

Die bisherige Darstellung zeigt, dass von der Verwaltung eine ganze Reihe von technischen Voraussetzungen geschaffen werden müssen, um die Verpflichtungen aus dem BayEGovG zu erfüllen und Bürgern und Unternehmen E-Government in effektiver Form anzubieten.

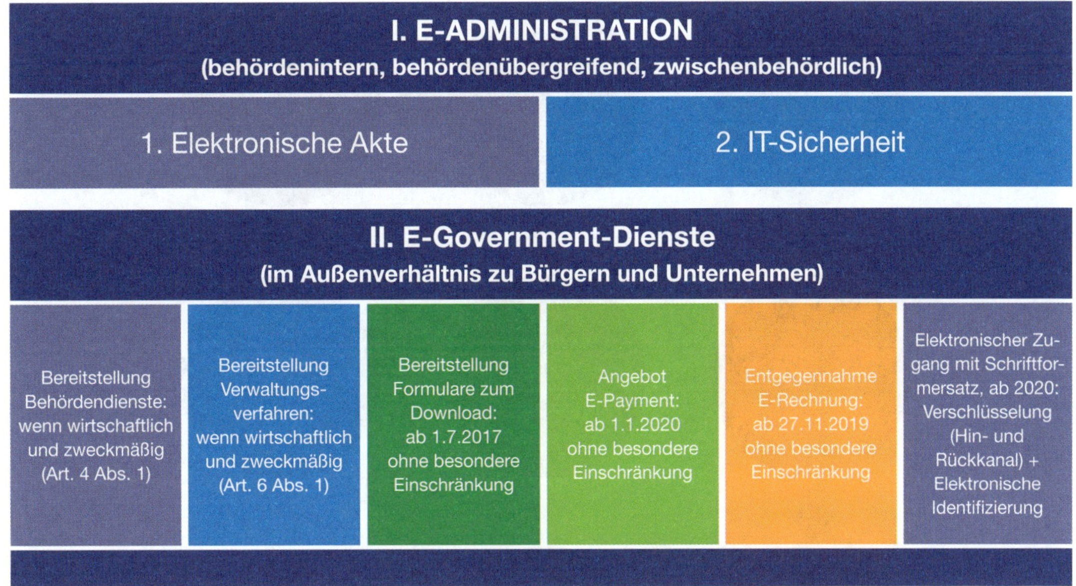

Abb. 17: Notwendige Bausteine zur Ermöglichung von E-Government für Bürger und Unternehmen

Die Behörden müssen

- (unabhängig von konkreten einzelnen Diensten) **Strukturen für die elektronische Kommunikation**, insbesondere
  - die Möglichkeit für eine **sichere, Schriftform ersetzende Kommunikation** und
  - **elektronische Identifizierung** schaffen.
- Darüber hinaus müssen **im Verhältnis zum Bürger/zu den Nutzern**
  - **konkrete Behördendienste** (z. B. Geodaten, Touristeninformationen) und
  - **konkrete Verwaltungsverfahren** (Ummeldung, KFZ-Zulassung) angeboten werden.
- Weiter müssen E-Payment-Angebote für den bargeldlosen Zahlungsverkehr und Dienste zur Entgegennahme von E-Rechnungen bereitgestellt werden.
- Schließlich muss auch die innere Behördenorganisation in Angriff genommen werden. Hierzu zählt
  - die Einführung der elektronischen Akte
  - die Erstellung von Informationssicherheitskonzepten.

2. Timeline: To-do-Liste für die Behörden in Bayern

Unter Berücksichtigung der im Gesetz geregelten Übergangsfristen ergibt sich folgende To-do-Liste für die Behörden in Bayern:

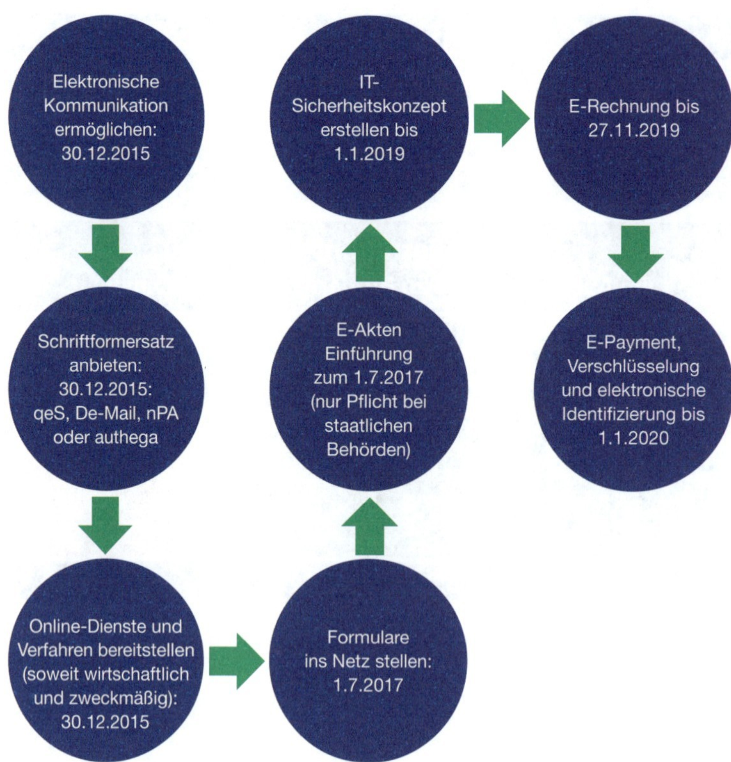

Abb. 18: „Timeline" für das E-Government in Bayern

Die einzelnen Bausteine zur Ermöglichung von E-Government sollen nun in der Folge im Einzelnen etwas näher betrachtet und erläutert werden.

Teil E
Vom Antrag zum Bescheid

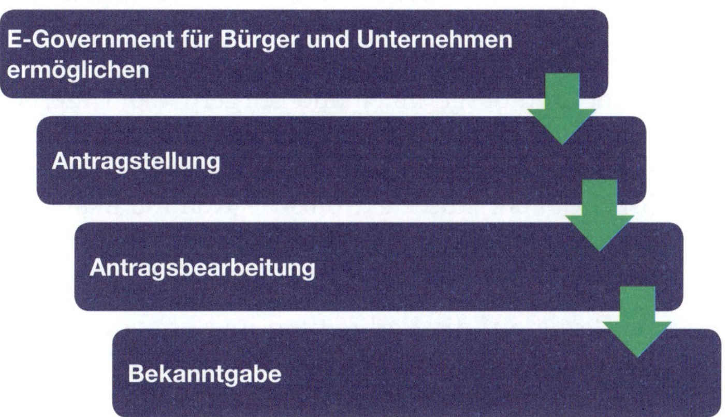

Abb. 19: Schritte der elektronischen Kommunikation zwischen Bürger und Behörde

I. E-Government für Bürger und Unternehmen ermöglichen

1. Behörde muss elektronisch erreichbar sein

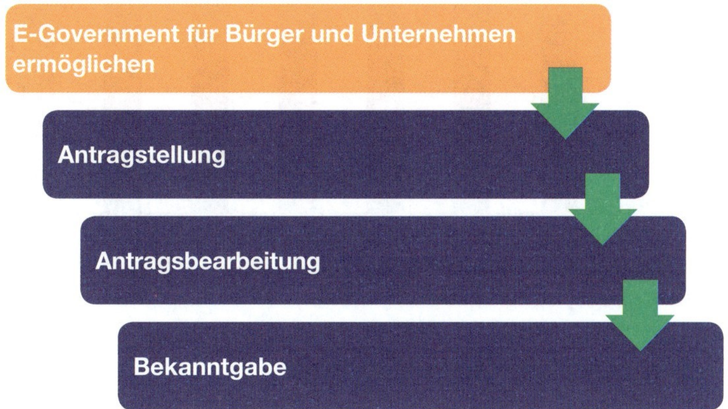

1.1 Elektronische Erreichbarkeit im Wandel

Die Behörden waren für Bürger und Unternehmen bereits weit vor den E-Government-Gesetzgebungen in Bund und Ländern in der Regel persönlich, telefonisch, schriftlich und per Telefax erreichbar. Während die persönliche und telefonische Erreichbarkeit zeitlich (durch Öffnungszeiten) begrenzt ist, kann man sich papiergebunden (Briefpost, Telefax) auch unabhängig von Öffnungszeiten an die Behörden wenden.

Die elektronische Erreichbarkeit der Behörden hat sich erst in den letzten Jahren durchgesetzt. So ging die Bayerische Staatsregierung im Gesetzentwurf zur Stärkung elektronischer Verwaltungstätigkeit vom 9.7.2002 noch davon aus, dass die „neuen Kommunikationstechniken … noch nicht allgemein verbreitet" sind und zieht daraus die Schlussfolgerung: „Der Gesetzentwurf trifft deshalb keine Regelungen, die einen rechtlichen oder tatsächlichen Zwang auf Bürger und/oder Behörde zur Schaffung der Voraussetzungen für eine moderne elektronische Kommunikation ausüben sollen." (LT-Drs. 14/9960, S. 10 f.). Bereits 10 Jahre später geht die Bundesregierung im Gesetzentwurf zur Förderung der elektronischen Verwaltung sowie zur Änderung weiterer Vorschriften vom 14.11.2012 von der gegenteiligen Annahme aus: „Die elektronische Kommunikation ist im privaten und im wirtschaftlichen Handeln bereits sehr verbreitet. Die Erwartungen an die Verwaltung, den Bürgerinnen und Bürgern, den Unternehmen sowie anderen Verwaltungen elektronische Dienste zu eröffnen, sind daher hoch." (BT-Drs. 17/11473, S. 1). Nur drei Jahre später ist es 2015 das erklärte Ziel des Bayerischen E-Government-Gesetzes (BayEGovG), „die elektronische Kommunikation als Leitmedium des Verwaltungsverfahrens zu etablieren („Vom Blatt zum Byte")." (LT-Drs. 17/7537, S. 39).

Die Einschätzungen in Bezug auf die Verbreitung und Nutzung elektronischer Kommunikationsmittel in der Gesellschaft und die daraus abgeleiteten Erwartungshaltungen an die Behörden haben sich damit in einem relativ kurzen Zeitraum nachhaltig verändert. Im Wesentlichen spiegelt sich darin das veränderte Nutzungsverhalten der Bevölkerung wider, insbesondere beim meistgenutzten elektronischen Kommunikationsmittel, der E-Mail. So hat sich der Anteil der E-Mail-Nutzer an der Gesamtbevölkerung in Deutschland im Zeitraum 2002 (38 %) bis 2016 (83 %) mehr als verdoppelt:

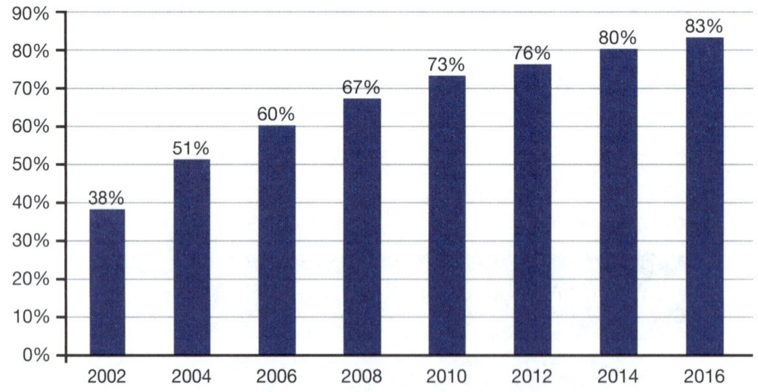

Basis: repräsentative Befragung von Personen im Alter von 16 bis 74 Jahren in 31 Ländern (Quelle: Eurostat)

Abb. 20: Anteil der E-Mail-Nutzer an der Bevölkerung in Deutschland 2002 bis 2016

1.2 Allgemeine Pflichten zur elektronischen Erreichbarkeit

Vor dem Hintergrund dieser dargestellten Entwicklungen sind auch die behördlichen Verpflichtungen zur Zugangseröffnung zu sehen. Diese zielen darauf ab, dass die Behörden **zusätzlich** zu den bereits etablierten Erreichbarkeiten nunmehr auch **elektronisch erreichbar** sein müssen. Art. 2 Satz 3 BayEGovG stellt in diesem Zusammenhang ausdrücklich klar, dass Bürger und Unternehmen auch weiterhin die Möglichkeit haben müssen, die sie betreffenden Verfahren **auch nichtelektronisch** zu erledigen. Die (verpflichtende) elektronische Erreichbarkeit der Behörde tritt damit neben – und nicht an Stelle – der bereits angebotenen Möglichkeiten der Kontaktaufnahme:

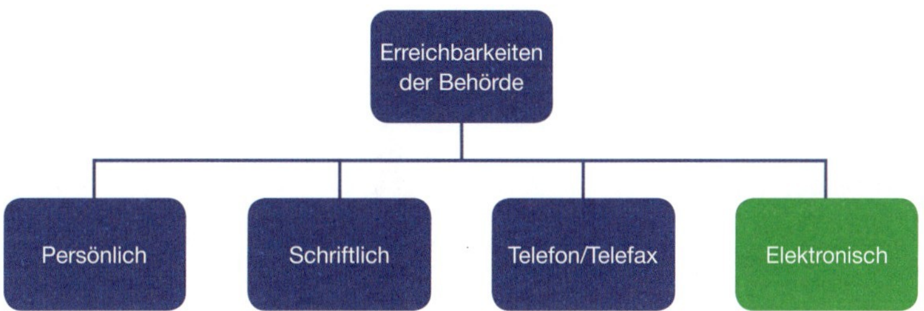

Abb. 21: Erreichbarkeiten der Behörden im Überblick

Nach der zum 1.2.2003 in Kraft getretenen allgemeinen Regelung zur elektronischen Zugangseröffnung im Bayerischen Verwaltungs- und Verfahrensgesetz (BayVwVfG) ist die Übermittlung elektronischer Dokumente zulässig, soweit der Empfänger hierfür einen Zugang eröffnet (Art. 3a Abs. 1 BayVwVfG). Die elektronische Kommunikation mit den Behörden ist hiernach nur dann möglich, „soweit" diese einen entsprechenden Zugang eröffnet. Diese bewusst flexible Ausgestaltung der Vorschrift ermöglicht den Behörden eine Ermessensausübung sowohl hinsichtlich des „ob", als auch hinsichtlich des „wie" der elektronischen Zugangseröffnung. Ein rechtlicher oder tatsächlicher Zwang zur Zugangseröffnung sollte durch diese Regelung gerade nicht ausgeübt werden (*Denkhaus/Geiger*, Bayerisches E-Government-Gesetz, 2016, Art. 3 Rn. 4 f.).

	Art. 3a Abs. 1 BayVwVfG
Entschließungsermessen („ob")	✓
Auswahlermessen („wie")	✓

Das E-Government-Gesetz des Bundes hat diesen Ermessensspielraum zum 1.7.2014 eingeschränkt. Die Behörden wurden verpflichtet, einen Zugang für die Übermittlung elektronischer Dokumente zu eröffnen und zwar auch für den Fall, dass diese mit einer qualifizierten elektronischen Signatur versehen sind (§ 2 Abs. 1 EGovG). Diese Verpflichtung zur Zugangseröffnung gilt jedoch nur dann, wenn die Behörden Bundesrecht ausführen (§ 1 Abs. 2 EGovG). Durch die Verpflichtung zur Zugangseröffnung beim Vollzug von Bundesrecht wurde das durch Art. 3a Abs. 1 BayVwVfG eingeräumte Entschließungsermessen der Behörden („ob") auf Null reduziert und auch das Auswahlermessen („wie") wurde dahingehend eingeschränkt, dass qualifiziert elektronisch signierte Dokumente (bei Vollzug von Bundesrecht) entgegengenommen werden müssen. Sofern die Behörden dagegen Landesrecht vollzogen haben, blieb es beim Anwendungsbereich von Art. 3a Abs. 1 BayVwVfG. Insoweit war es weiterhin in das Ermessen der Behörden gestellt, ob sie elektronisch erreichbar sein wollen und wenn ja, ob sie ihren elektronischen Zugang auch für qualifiziert elektronisch signierte Dokumente eröffnen wollen (vgl. *Denkhaus/Geiger*, Bayerisches E-Government-Gesetz, 2016, Art. 3 Rn. 6 ff.).

	Vollzug von Bundesrecht (§ 2 Abs. 1 EGovG)	Vollzug von Landesrecht (Art. 3a Abs. 1 BayVwVfG)
Entschließungsermessen („ob")	✗	✓
Auswahlermessen („wie")	☑ Möglichkeit zur Entgegennahme qualifiziert elektronisch signierter Dokumente (z. B. E-Mail)	✓

Mit dem Bayerischen E-Government-Gesetz (BayEGovG) wurde daher auch das Ziel verfolgt, dieses Nebeneinander von unterschiedlichen Regelungen auf Bundes- und Landesebene soweit möglich zu beseitigen und einen einheitlichen Rechtsrahmen für die digitale Verwaltung auf allen Verwaltungsebenen in Bayern zu schaffen (LT-Drs. 17/7537, S. 3). In diesem Sinne schränkt das BayEGovG den Anwendungsbereich des E-Government-Gesetzes des Bundes auf die Fälle der Bundesauftragsverwaltung ein (Art. 1 Abs. 3 BayEGovG). Die Regelungen zur elektronischen Zugangseröffnung in Art. 3 Abs. 1 Satz 1 BayEGovG gelten daher im Grundsatz sowohl beim Vollzug von Bundesrecht (ohne Bundesauftragsverwaltung) und von Landesrecht.

Vergleicht man die Reichweite der Verpflichtungen zur elektronischen Zugangsöffnung im E-Government-Gesetz des Bundes (§ 2 Abs. 1 EGovG) mit denen im Bayerischen E-Government-Gesetz (Art. 3 Abs. 1 Satz 1 BayEGovG), stellt man darüber hinaus fest, dass die bayerische Regelung den Behörden mehr Spielraum bei der Umsetzung belässt. Während § 2 Abs. 1 EGovG dazu verpflichtet, den Zugang für ein bestimmtes schriftformersetzendes Verfahren zu eröffnen, nämlich für die qualifizierte elektronische Signatur, belässt es Art. 3 Abs. 1 Satz 1 BayEGovG bei einer allgemeineren Verpflichtung zur Eröffnung des Zugangs für schriftformersetzende Dokumente im Sinn des Art. 3a Abs. 2 BayVwVfG. Im Rahmen des ihr nach Art. 3 Abs. 1 Satz 4 BayEGovG zustehenden Auswahlermessens kann die Behörde daher entweder den Zugang eröffnen für

- Dokumente, die mit einer qualifizierten elektronischen Signatur versehen sind (Art. 3a Abs. 2 Sätze 1 und 2 BayVwVfG)
- die unmittelbare Abgabe der Erklärung in einem elektronischen Formular über öffentlich zugängliche Netze in Verbindung mit einem sicheren Identitätsnachweis mittels neuem Personalausweis (§ 18 PAuswG) oder elektronischem Aufenthaltstitel (§ 78 Abs. 5 AufenthG), Art. 3a Abs. 2 Satz 4 Nr. 1, Satz 5 BayVwVfG
- De-Mails (Art. 3a Abs. 2 Satz 4 Nr. 2 BayVwVfG)
- sonstige sichere Verfahren, die durch Rechtsverordnung der Staatsregierung nach Art. 3a Abs. 2 Satz 4 Nr. 4 BayVwVfG festgelegt worden sind.

Die nachfolgende Abbildung stellt die unterschiedlichen Geltungsbereiche und Reichweiten dieser Regelungen zur Zugangsöffnung gegenüber:

	Vollzug von Bundesrecht (ohne Bundesauftragswartung) und von Landesrecht (Art. 3 Abs. 1 Satz 1 BayEGovG)	Bundesauftragsverwaltung (Art. 1 Abs. 3 BayEGovG i. V. m. § 2 Abs. 1 EGovG)	„Auffangregelung" Art. 3a Abs. 1 BayVwVfG
Entschließungsermessen („ob")	✗ Es muss ein Zugang für die Übermittlung elektronischer und schriftformersetzender Dokumente (i. S. v. Art. 3a Abs. 2 BayVwVfG) eröffnet werden	✗ Es muss ein Zugang für die Übermittlung elektronischer Dokumente, auch soweit sie mit einer qualifizierten elektronischen Signatur versehen sind, eröffnet werden.	✓
Auswahlermessen („wie")	☐ E-Mail-Postfach (auch zur Entgegennahme qualifiziert elektronisch signierter Dokumente) ☐ Elektronische Formulare mit der Möglichkeit eines elektronischen Identitätsnachweises (z. B. mit neuem Personalausweis) ☐ De-Mail ☐ Sonstige sichere Verfahren (insbesondere § 2 BayBITV) ☐ etc.	☑ Möglichkeit zur Entgegennahme qualifiziert elektronisch signierter Dokumente (z. B. E-Mail)	✓

Die Verpflichtungen zur elektronischen Zugangseröffnung aus § 2 Abs. 1 EGovG und Art. 3 Abs. 1 Satz 1 BayEGovG schließen sich daher nicht gegenseitig aus, sondern **ergänzen** sich:

	Landesrecht einschließlich kommunaler Satzungen	Bundesrecht (ohne Bundesauftrags-verwaltung)	Bundesauftrags-verwaltung
Art. 3 Abs. 1 Satz 1 BayE-GovG	✓	✓	✗
§ 2 Abs. 1 EGovG	✗	✗	✓

Für **De-Mail** trifft Art. 3 Abs. 2 BayEGovG eine Regelung, unter welchen Voraussetzungen ausnahmsweise eine Verpflichtung besteht, einen entsprechenden Zugang zu eröffnen. Hiernach hat jede Behörde den Zugang auch über eine De-Mail-Adresse zu eröffnen, soweit sie an einen Basisdienst für De-Mail im Sinn von Art. 8 Abs. 2 BayEGovG (a. F. Art. 9 Abs. 2 BayEGovG) angeschlossen ist. Die Verpflichtung steht damit insbesondere unter einem „**Infrastrukturvorbehalt**". Erst wenn ein Basisdienst für De-Mail (z. B. zentrales Gateway) eingerichtet ist und sich eine Behörde daran anschließt, besteht eine Verpflichtung zur Zugangseröffnung durch De-Mail. Es ist derzeit nicht absehbar, wann mit der Errichtung eines entsprechenden Basisdienstes für De-Mail gerechnet werden kann. Mangels dieser zentralen De-Mail-Infrastruktur **läuft** die **Verpflichtung** aus Art. 3 Abs. 2 BayEGovG damit aktuell **ins Leere**. Unabhängig davon besteht für die Behörden gleichwohl die Möglichkeit, ihren Verpflichtungen aus Art. 3 Abs. 1 BayEGovG durch Eröffnung eines De-Mail-Zugangs nachzukommen.

1.3 Verpflichtung, schriftformersetzende Dokumente entgegenzunehmen

Die Behörden müssen nicht nur (formlose) elektronische Dokumente entgegennehmen, sondern auch **schriftformersetzende Dokumente** im Sinn des Art. 3a Abs. 2 BayVwVfG (Art. 3 Abs. 1 Satz 1 BayEGovG). Diese Verpflichtung deckt sich mit der allgemeinen Zielsetzung des Bayerischen E-Government-Gesetzes, den Bürgern und der Wirtschaft ein **durchgängig medienbruchfreies elektronisches Verfahren** zu ermöglichen (LT-Drs. 17/7537, S. 17 ff.). Ohne Schriftformersatz müsste bei rechtlich vorgegebenen Schriftformerfordernissen ein von der Behörde elektronisch bereitgestellter Antrag ausgedruckt und eigenhändig unterschrieben an die Behörde übermittelt werden. Dieser Medienbruch soll vermieden werden:

Abb. 22: Medienbruchfreie elektronische Antragstellung

Nach Art. 3a Abs. 2 BayVwVfG kann die Schriftform ersetzt werden durch:

- ein elektronisches Dokument, das mit einer **qualifizierten elektronischen Signatur** versehen ist (Art. 3a Abs. 2 Sätze 1 und 2 BayVwVfG).
- unmittelbare Abgabe der Erklärung in einem elektronischen Formular, das von der Behörde in einem Eingabegerät oder über öffentlich zugängliche Netze zur Verfügung gestellt wird; bei einer Eingabe über öffentlich zugängliche Netze muss ein sicherer Identitätsnachweis mittels **neuem Personalausweis** (§ 18 PAuswG) oder **elektronischem Aufenthaltstitel** (§ 78 Abs. 5 AufenthG) erfolgen (Art. 3a Abs. 2 Satz 4 Nr. 1, Satz 5 BayVwVfG);
- den Versand eines elektronischen Dokuments mit **absenderbestätigter De-Mail** (Art. 3a Abs. 2 Satz 4 Nr. 2 BayVwVfG), oder durch
- **sonstige sichere Verfahren**, die durch **Rechtsverordnung der Staatsregierung** festgelegt werden, welche den Datenübermittler (Absender der Daten) authentifizieren und die Integrität des elektronisch übermittelten Datensatzes sowie die Barrierefreiheit gewährleisten (Art. 3a Abs. 2 Satz 4 Nr. 4 BayVwVfG).

Diese Möglichkeiten des elektronischen Schriftformersatzes sind nachfolgend im Überblick dargestellt:

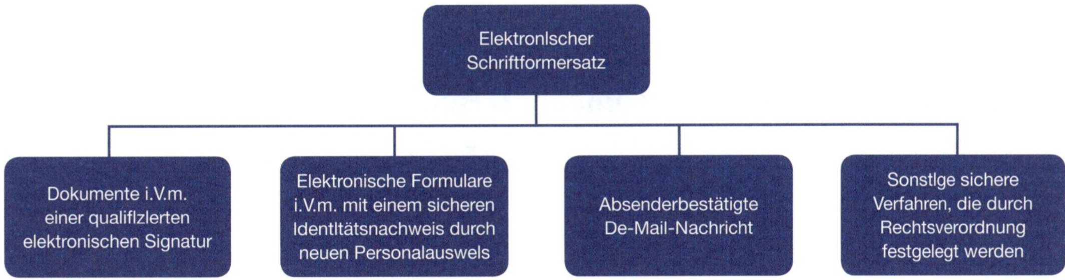

Abb. 23: Möglichkeiten des elektronischen Schriftformersatzes im Überblick

Die Behörden entscheiden dabei grundsätzlich selbst darüber, für welche Form des elektronischen Schriftformersatzes sie den Zugang eröffnen (Art. 3 Abs. 1 Satz 4 BayEGovG). Für die Umsetzung der Verpflichtung aus Art. 3 Abs. 1 Satz 1 BayEGovG ist es ausreichend, wenn die Behörde **ein** schriftformersetzendes Verfahren anbietet.

Zugangseröffnung für schriftformersetzende Dokumente z. B. durch	Erläuterung	
E-Mail-Postfach	Über ein „normales" E-Mail-Postfach können auch elektronische Dokumente empfangen werden, die mit einer qualifizierten elektronischen Signatur versehen sind (Schriftformersatz nach Art. 3a Abs. 2 Sätze 1 und 2 BayVwVfG).	

De-Mail-Postfach	Die Zugangseröffnung für ein behördliches De-Mail-Postfach ermöglicht die Entgegennahme von Dokumenten, die mit der Versandart nach § 5 Abs. 5 De-Mail-Gesetz übermittelt werden (Schriftformersatz nach Art. 3a Abs. 2 Satz 4 Nr. 2 BayVwVfG)	De De-Mail
Elektronisches Formular in einem E-Government-Portal	Bei Anbindung des elektronischen Formulars an den Dienst „Bayern-ID" wird der Schriftformersatz über den neuen Personalausweis bzw. den elektronischen Aufenthaltstitel (Schriftformersatz nach Art. 3a Abs. 2 Satz 4 Nr. 1, Satz 5 BayVwVfG) sowie im Anwendungsbereich des BayVwVfG über das Verfahren „authega" (Schriftformersatz nach Art. 3a Abs. 2 Satz 4 Nr. 4 BayVwVfG i. V. m. § 2 BayBITV) ermöglicht	Ihre Nachricht Betreff: * Nachricht: * Noch 1000/1000 Zeichen Ihr Zeichen: Mein Zeichen: weitere Anlagen: Datei(en) zum Hochladen auswählen Mit Mobilgerät fotografieren

1.4 Erreichbarkeit im elektronischen Rechtsverkehr

Neben den E-Government-Gesetzen verpflichtet auch das Gesetz zur Förderung des elektronischen Rechtsverkehrs mit den Gerichten (E-Justice-Gesetz) vom 10.10.2013 (BGBl. I S. 3786) die Behörden dazu, elektronisch erreichbar zu sein. Während die E-Government-Gesetze darauf abzielen, Bürgern und Unternehmen eine medienbruchfreie elektronische Durchführung von Verwaltungsverfahren zu ermöglichen, will das E-Justice-Gesetz insbesondere den elektronischen Austausch von Dokumenten zwischen Behörden und Gerichten befördern. Durch das Gesetz sind die Behörden grundsätzlich **ab 1.1.2018** dazu verpflichtet, einen sicheren Übermittlungsweg für die Zustellung elektronischer Dokumente zu eröffnen (§ 174 Abs. 3 Satz 4 ZPO). Zu diesem Zeitpunkt treten auch § 130a Abs. 4 ZPO (sowie die entsprechenden Parallelnormen in § 14 FamFG, § 46c ArbGG, § 65a SGG, § 55a VwGO und § 52a FGO) in Kraft, mit denen diese „sicheren Übermittelungswege" näher bestimmt werden.

Als sichere Übermittlungswege kommen aus Sicht der Behörden grundsätzlich in Betracht:

- absenderbestätigte De-Mail (§ 130a Abs. 4 Nr. 1 ZPO),
- besonderes elektronisches Behördenpostfach (§ 130a Abs. 4 Nr. 3 ZPO i. V. m. §§ 6 ff. Entwurf Elektronischer-Rechtsverkehr-Verordnung – ERVVE –)
- sonstige bundeseinheitliche Übermittlungswege, die durch Rechtsverordnung der Bundesregierung mit Zustimmung des Bundesrates festgelegt werden, bei denen die Authentizität und Integrität der Daten sowie die Barrierefreiheit gewährleistet sind (§ 130a Abs. 4 Nr. 4 ZPO).

Derzeit ist keine Rechtsverordnung der Bundesregierung zur Festlegung sonstiger bundeseinheitlicher Übermittlungswege (§ 130a Abs. 4 Nr. 4 ZPO) geplant. Die Behörden können ihre grundsätzlich ab 1.1.2018 bestehende Verpflichtung, einen sicheren Übermittlungsweg für die Zustellung elektronischer Dokumente bereitzustellen, erfüllen durch

- die Eröffnung des elektronischen Zugangs über ein De-Mail-Postfach **oder**
- die Zugangseröffnung über das sog. besondere elektronische Behördenpostfach.

Entscheidet sich die Behörde dafür, ihre Verpflichtungen nach Art. 3 Abs. 1 BayEGovG durch die Eröffnung eines De-Mail-Zugangs zu erfüllen, kommt sie damit zugleich den oben dargestellten Verpflichtungen nach dem E-Justice-Gesetz nach.

Das besondere elektronische Behördenpostfach basiert auf dem Elektronischen Gerichts- und Verwaltungspostfach (EGVP). Der dabei verwendete Protokollstandard OSCI (Online Services Computer Interface) gewährleistet, dass die Kommunikation über das besondere elektronische Behördenpostfach Ende-zu-Ende-verschlüsselt erfolgt. Die Identität der Behörde als Postfachinhaber muss zudem in einem Identifizierungsverfahren geprüft und bestätigt worden sein, bevor sie mit den Gerichten über diesen sicheren Übermittlungsweg kommunizieren kann. Die Einzelheiten des durchzuführenden Identifizierungsverfahrens sind in § 7 ERVV-E geregelt. Schließlich muss der Postfachinhaber in ein sicheres elektronisches Verzeichnis eingetragen sein, in dem nach § 7 ERVV-E seine Identität bestätigt wird (§ 6 Abs. 1 ERVV-E). Das besondere elektronische Behördenpostfach muss zudem

- über eine Suchfunktion verfügen, die es ermöglicht, andere Inhaber von besonderen elektronischen Postfächern aufzufinden,
- für andere Inhaber von besonderen elektronischen Postfächern adressierbar sein und
- barrierefrei sein im Sinne der Barrierefreie-Informationstechnik-Verordnung vom 12.9.2011 (BGBl. I S. 1843) in der jeweils geltenden Fassung.

Die Behörden werden künftig jedoch nicht nur berechtigt, sondern auch verpflichtet sein, Dokumente nach Maßgabe von § 130a ZPO bzw. den jeweiligen Parallelvorschriften sicher elektronisch zu übermitteln. Das folgt aus § 130d ZPO, § 55d VwGO sowie den jeweiligen Bestimmungen der anderen Prozessordnungen. Diese Regelungen treten **spätestens am 1.1.2022** in Kraft. Die nachfolgende Abbildung stellt die zeitliche Abfolge dieser Verpflichtungen dar:

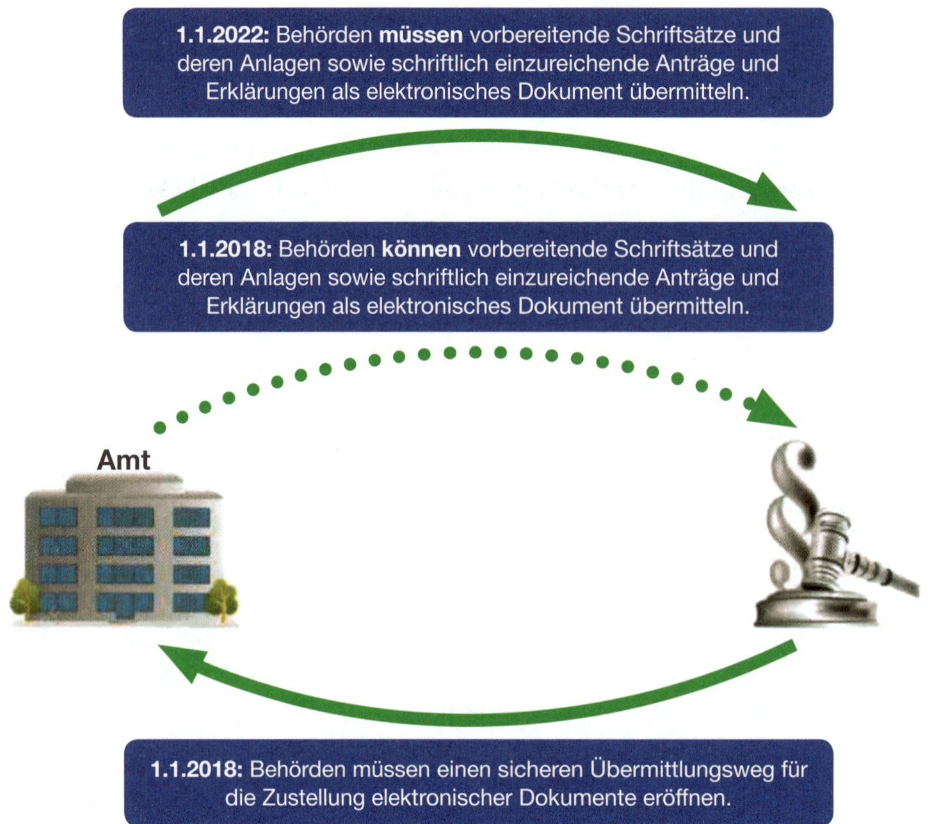

Abb. 24: Behördliche Pflichten aus dem E-Justice-Gesetz im Überblick

1.5 Sonderregelung für E-Rechnungen

Für die Entgegennahme **elektronischer Rechnungen** durch Auftraggeber trifft Art. 5 Abs. 2 BayEGovG eine Sonderregelung. Der Empfang solcher Rechnungen muss erst **ab 27.11.2019** sichergestellt werden. Der Begriff der elektronischen Rechnung wird in Art. 5 Abs. 2 Satz 2 BayEGovG legal definiert. Eine Rechnung ist elektronisch, wenn sie in einem strukturierten elektronischen Format ausgestellt, übermittelt und empfangen wird, das ihre automatische und elektronische Verarbeitung ermöglicht.

Ein Anspruch des Rechnungsstellers auf Akzeptanz der elektronischen Rechnung durch die öffentliche Verwaltung bzw. sonstige Auftraggeber entsteht daher lediglich dann, wenn die Rechnung sämtliche relevanten Daten zumindest auch in **strukturierter Form** vorhält. Dabei werden durch die hier vorgesehene Definition der elektronischen Rechnung hybride Rechnungsformate jedenfalls dann nicht ausgeschlossen, wenn ein Teil der Rechnung den Vorgaben der Legaldefinition entspricht. Rechtlich zulässig sind daher Rechnungsformate, die ausschließlich aus strukturierten Daten bestehen sowie Rechnungsformate, die teilweise aus einem strukturierten Format und teilweise aus einer Bilddatei bestehen. Lediglich **reine Bilddateien** erfüllen die Begriffsdefinition **nicht** (vgl. zur vergleichbaren Regelung § 4a EGovG, BT-Drs. 18/9945, S. 15 f.). Art. 5 Abs. 2 BayEGovG regelt die Voraussetzungen, unter denen eine „elektronische Rechnung" entgegengenommen werden muss, abschließend. Rechnungen, die diesen Voraussetzungen nicht genügen (insbesondere reine Bilddateien), müssen daher auch nicht nach Art. 3 Abs. 1 Satz 1 BayEGovG entgegengenommen werden.

Anders als die Regelungen zur elektronischen Zugangseröffnung in Art. 3 Abs. 1 BayEGovG knüpft Art. 5 Abs. 2 BayEGovG **nicht** an den **Behördenbegriff**, sondern an den Begriff des **Auftraggebers** im Sinne von § 98 GWB an. Auftraggeber sind hiernach

- öffentliche Auftraggeber im Sinne des § 99 GWB,
- Sektorenauftraggeber im Sinne des § 100 GWB und
- Konzessionsgeber im Sinne des § 101 GWB.

Auch hinsichtlich der Rechtsnatur des Handelns sind die Regelungen zur elektronischen Rechnung weiter gefasst. Während die Pflicht zur Zugangseröffnung nach Art. 3 Abs. 1 BayEGovG „nur" die öffentliche-rechtliche Verwaltungstätigkeit der Behörden umfasst (vgl. Art. 1 Abs. 1 BayEGovG), soll mit Art. 5 Abs. 2 BayEGovG gerade auch das fiskalische Handeln der öffentlichen Hand erfasst werden (LT-Drs. 17/7537, S. 32).

Die nachfolgende Übersicht stellt die unterschiedliche Reichweite der Verpflichtungen zur elektronischen Zugangseröffnung nach Art. 3 Abs. 1 BayEGovG sowie zum Empfang elektronischer Rechnungen zusammenfassend dar:

	Elektronische Dokumente (Art. 3 Abs. 1 BayEGovG)	**Elektronische Rechnung (Art. 5 Abs. 2 BayEGovG)**
Persönlicher Anwendungsbereich	Behörden	Auftraggeber
Sachlicher Anwendungsbereich	Elektronische Dokumente (weites Begriffsverständnis)	Elektronische Rechnung i. S. v. Art. 5 Abs. 2 Satz 2 BayEGovG.
Rechtsnatur des Handelns	öffentlich-rechtliche Verwaltungstätigkeit	auch privatrechtliches Handeln wird erfasst.
Inkrafttreten	30.12.2015	27.11.2019

1.6 Zugangseröffnung

Die Verpflichtung zur Zugangseröffnung nach Art. 3 Abs. 1 Satz 1 BayEGovG macht es erforderlich, einen Zugang

- für die Übermittlung von elektronischen Dokumenten sowie
- von schriftformersetzenden Dokumenten i. S. v. Art. 3a Abs. 2 BayVwVfG

zu eröffnen (Art. 3 Abs. 1 Satz 1 BayEGovG).

Dabei ist es ausreichend, wenn die Behörde **einen Zugangskanal** eröffnet, der die o.g. Anforderungen erfüllt. Das Ermessen bei der Auswahl des Kanals wird durch Art. 3 Abs. 1 Satz 4 BayEGovG ausdrücklich abgesichert.

Die Zugangseröffnung als solche erfordert, dass

- die technischen und organisatorischen Voraussetzungen für den Zugang vorliegen (**objektive** Komponente) und
- die Behörde darüber hinaus ihren Willen zum Ausdruck bringt, diesen Zugang zu eröffnen (**subjektive** Komponente).

Für die Umsetzung kommen insbesondere folgende technische Möglichkeiten in Betracht:

Technische Voraussetzung	Zugangseröffnung für elektronische Dokumente	Zugangseröffnung für schriftformersetzende Dokumente	Anmerkung zum Schriftformersatz
E-Mail-Postfach	✓	✓	Schriftformersatz möglich durch Übermittlung eines elektronischen Dokuments, das mit einer qualifizierten elektronischen Signatur versehen ist (Art. 3a Abs. 2 Sätze 1 und 2 BayVwVfG)
De-Mail-Postfach	✓	✓	Schriftformersatz möglich nach Art. 3a Abs. 2 Satz 4 Nr. 2 BayVwVfG.
Elektronisches Kontaktformular mit Upload-Möglichkeit	✓	✓	Schriftformersatz möglich durch Hochladen (Upload) eines elektronischen Dokuments, das mit einer qualifizierten elektronischen Signatur versehen ist (Art. 3a Abs. 2 Sätze 1 und 2 BayVwVfG)
Elektronisches Kontaktformular mit Anbindung an den Dienst „BayernID" (Bürgerkonto)	✓	✓	Schriftformersatz möglich durch die Online-Ausweisfunktion des neuen Personalausweises (Art. 3a Abs. 2 Satz 4 Nr. 1, Satz 5 BayVwVfG) sowie (nach erfolgter technischer Integration im Anwendungsbereich des BayVwVfG) über das Authentifizierungsverfahren authega (Art. 3a Abs. 2 Satz 4 Nr. 4 BayVwVfG i. V. m. § 2 BayBITV).

Neben den technischen Voraussetzungen für den zu eröffnenden Zugangskanal müssen auch die erforderlichen **organisatorischen Voraussetzungen** geschaffen werden. Insbesondere muss sichergestellt sein, dass die **Eingänge** über den eröffneten Zugangskanal **regelmäßig abgefragt** werden.

Zusätzlich zu den technischen und organisatorischen Voraussetzungen muss der **behördliche Wille** hinzukommen, den elektronischen Zugang durch eine entsprechende Widmung zu eröffnen (subjektive Komponente). Die Behörde muss also ihre Bereitschaft zum Ausdruck bringen, elektronische und schriftformersetzende Dokumente entgegenzunehmen. Der behördliche Wille zur Zugangseröffnung kann durch eine **ausdrückliche Erklärung** oder **konkludent** erfolgen.

In der Praxis geschieht dies regelmäßig dadurch, dass die Behörden auf ihren Briefköpfen im allgemeinen Schriftverkehr eine **E-Mail- bzw. De-Mail-Adresse** angeben, diese auf der eigenen Internetseite veröffentlichen oder auf ihrer Internetseite oder ihrem E-Government-Portal ein **elektronisches Kontaktformular** bereitstellen. Bei der **De-Mail** kann die Zugangseröffnung auch über den **Verzeichnisdienst** nach § 7 De-Mail-Gesetz erfolgen.

Darüber hinaus kann es sich in der Praxis empfehlen, in öffentlich zugänglicher Weise die **technischen Rahmenbedingungen** der Zugangseröffnung festzulegen. Insbesondere kann die Behörde den Zugang auf gängige Dateitypen (z. B. Office-Dateien, pdf-Dateien) einschränken, die sie problemlos weiter bearbeiten kann. Solche ausdrücklichen **Einschränkungen** des elektronischen Zugangs müssen jedoch **klar erkennbar** und insbesondere auf der Internetseite (z. B. auf der Startseite in unmittelbarer Nähe der behördlichen E-Mailadresse oder dem elektronischen Kontaktformular) und dem Briefkopf (ggf. auch Verweis auf die Zugangsbeschränkungen auf der Internetseite) angegeben werden (zur Zugangseröffnung insgesamt: *Denkhaus/Geiger*, Bayerisches E-Government-Gesetz, Art. 3 Rn. 52 ff.).

2. Verschlüsselte Kommunikation

2.1 Verpflichtung, Verschlüsselungsverfahren bereitzustellen

Das Bayerische E-Government-Gesetz verpflichtet die Behörden auch dazu, sowohl für die Kommunikation des Bürgers mit der Behörde (sog. Hinkanal) als auch für die Kommunikation der Behörde mit dem Bürger (sog. Rückkanal) jeweils ein geeignetes Verschlüsselungsverfahren bereitzustellen (Art. 3 Abs. 1 Satz 3 BayEGovG). Die Verpflichtung tritt mit einer **Übergangsfrist** zum **1.1.2020** in Kraft. Verpflichtungen nach Telemedienrecht, Datenschutzrecht oder sonstigen vorrangig anzuwendenden Rechtsvorschriften bleiben hiervon unberührt. So wird für den Hinkanal bei elektronischen Kontaktformularen auf der behördlichen Internetseite eine TLS/SSL-Verschlüsselung bereits datenschutzrechtlich als „unumgänglich" angesehen, wenn mit diesen personenbezogene Daten übertragen werden [Der Bayerische Landesbeauftragte für den Datenschutz (Hrsg.), 26. Tätigkeitsbericht für den Berichtszeitraum 2013/2014, S. 49 f.].

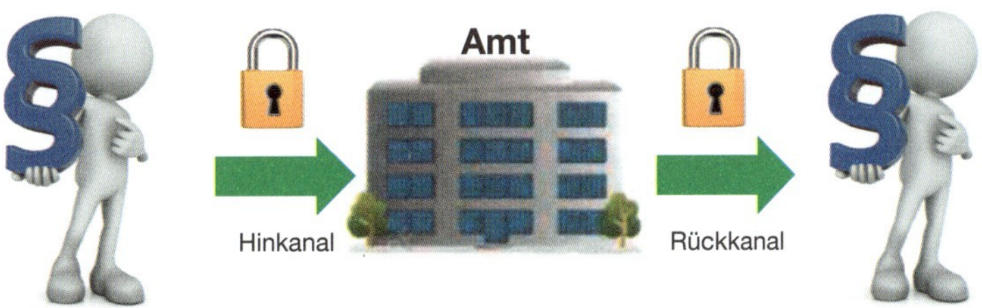

Abb. 25: Verschlüsselte Kommunikation mit der Behörde im Überblick

Die Verpflichtung der Behörden, geeignete Verschlüsselungsverfahren bereitzustellen, folgt der gesetzgeberischen Zielsetzung, eine grundsätzlich medienbruchfreie Kommunikation zu ermöglichen (LT-Drs. 17/7537, S. 18). So verlangen datenschutzrechtliche Vorschriften u. a., dass bei der elektronischen Übertragung von Dokumenten mit personenbezogenen Daten diese nicht unbefugt gelesen werden können (Art. 7 Abs. 2 Nr. 9 BayDSG). Bei einer Übertragung von personenbezogenen Daten oder sonstigen vertraulichen Informationen über das Internet kann dies dadurch gewährleistet werden, dass diese auf dem Transportweg verschlüsselt werden. Eine fehlende Möglichkeit zur Verschlüsselung kann daher insbesondere aus datenschutzrechtlicher Sicht ein wesentliches Hindernis für den Ausbau des E-Governments darstellen. Dies soll durch die Verpflichtung verhindert werden.

Art. 3 Abs. 1 Satz 3 BayEGovG schreibt dabei kein bestimmtes Verschlüsselungsverfahren vor. Das bereitzustellende Verschlüsselungsverfahren muss vielmehr „geeignet" im Sinne der o.g. gesetzgeberischen Zielsetzung sein. Die Gesetzesbegründung nennt verschlüsselte Internetverbindungen oder verschlüsselte Dokumente/Online-Formulare als Beispiele, wie diese Verpflichtung in der Praxis umgesetzt werden kann. Auch E-Mail-Dienste, z. B. in Verbindung mit einer PGP-Verschlüsselung, erfüllen die gesetzlichen Anforderungen. Zumindest bei Daten mit normalem Schutzbedarf ist auch eine Transportverschlüsselung – wie sie standardmäßig bei De-Mail vorgesehen ist – ausreichend (LT-Drs. 17/7537, S. 28 f.; s. hierzu ausführlich *Denkhaus/Geiger*, Bayerisches E-Government-Gesetz, 2016, Art. 3 Rn. 96 ff. und Rn. 103 ff.).

Die Wahl des Verschlüsselungsverfahrens liegt damit grundsätzlich im Organisationsermessen der jeweils zuständigen Behörde (Art. 3 Abs. 1 Satz 4 BayEGovG). Insbesondere hat der Bürger keinen Anspruch darauf, dass ihm die Behörde ein bestimmtes Verschlüsselungsverfahren bereitstellt. Hat der Bürger beispielsweise ein De-Mail-Postfach eingerichtet, kann er von der Behörde nicht verlangen, dass diese ebenfalls ein entsprechendes Postfach bereitstellt, um eine verschlüsselte De-Mail-Kommunikation zu ermöglichen, wenn diese die gesetzliche Verpflichtung aus Art. 3 Abs. 1 Satz 3 BayEGovG bereits anderweitig (z. B. auf dem Hinkanal durch ein sicheres Kontaktformular) erfüllt hat. Dadurch soll gewährleistet werden, dass eine Behörde nicht zur Bereitstellung von Verfahren verpflichtet ist, die mit Blick auf Art und Umfang der betroffenen Verwaltungstätigkeit mit unverhältnismäßig hohen Kosten oder Organisationsaufwand verbunden sind.

2.2 Geeignete Verschlüsselungsverfahren

Art. 3 Abs. 1 Satz 3 BayEGovG schreibt kein bestimmtes Verschlüsselungsverfahren vor. Die Entscheidung darüber liegt grundsätzlich im Organisationsermessen der jeweils zuständigen Behörde (Art. 3 Abs. 1 Satz 4 BayEGovG). „Geeignete" Verschlüsselungsverfahren sind beispielsweise sichere Internetverbindungen (SSL/TLS), E-Mail in Verbindung mit einer PGP-Verschlüsselung sowie grundsätzlich De-Mail:

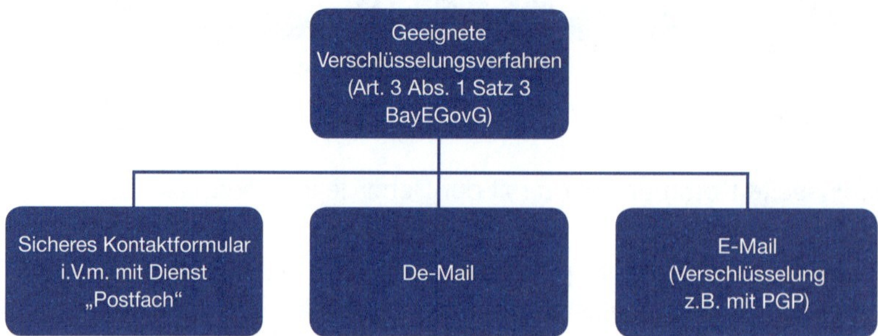

Abb. 26: Geeignete Verschlüsselungsverfahren im Überblick

Nach dem Willen des Gesetzgebers dienen die bereitzustellenden Verschlüsselungsverfahren insbesondere dazu, dass der Bürger auch dann mit der Behörde elektronisch medienbruchfrei kommunizieren kann, wenn es um personenbezogene Daten oder sonstige vertrauliche Informationen geht. Er soll in diesen Fällen nicht gezwungen sein, auf

Papier auszuweichen (vgl. LT-Drs. 17/7537, S. 18). Verschlüsselungsverfahren sind daher nur dann „geeignet" im Sinne von Art. 3 Abs. 1 Satz 3 BayEGovG, wenn sie diesen Anforderungen genügen. Diese „Eignung" ist dabei kein statischer Zustand, den man einmal erreicht hat und der dann für immer gegeben ist. Sie ist vielmehr ein Prozess, der immer wieder Korrekturen in den bereitgestellten Verschlüsselungsverfahren erfordern wird (z. B. Behebung bekannt gewordener Schwachstellen bzgl. der eingesetzten Verschlüsselungsalgorithmen), s. hierzu auch Der Bayerische Landesbeauftragte für den Datenschutz (Hrsg.), 26. Tätigkeitsbericht für den Berichtszeitraum 2013/2014, S. 48 ff.

2.3 Verschlüsselung in der Praxis

Wie bereits ausgeführt, liegt die Entscheidung über die bereitzustellenden Verschlüsselungsverfahren grundsätzlich im Organisationsermessen der jeweils zuständigen Behörde. Am häufigsten wird die Verpflichtung aus Art. 3 Abs. 1 Satz 3 BayEGovG in der Praxis durch die Bereitstellung von Verschlüsselungsverfahren im Rahmen eines E-Government-Portals oder die Eröffnung eines De-Mail-Zugangs umgesetzt, weshalb hierauf nachfolgend besonders eingegangen werden soll.

2.3.1 E-Government-Portale

Für die sichere Kommunikation des Bürgers mit der Behörde über ein E-Government-Portal **(Hinkanal)** kommen insbesondere Kontaktformulare in Betracht, die über eine verschlüsselte Internetverbindung bereitgestellt werden. Der Freistaat Bayern stellt den Kommunen hierzu ein sicheres Kontaktformular bereit, das die gesetzlichen Anforderungen erfüllt. Meldet sich der Bürger für die Nutzung dieses Formulars mit dem neuen Personalausweis oder mit dem Authentifizierungsverfahren authega an, ist über dieses elektronische Formular auch ein **Schriftformersatz** möglich:

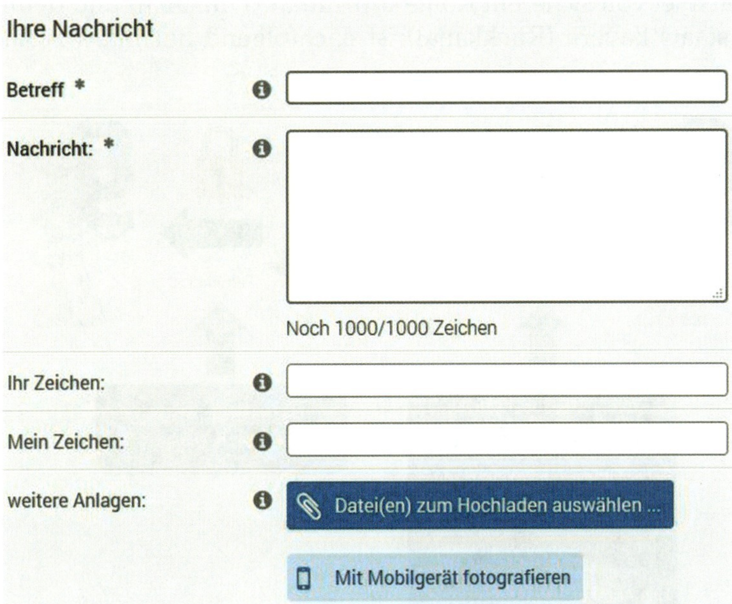
Ihre Nachricht

Betreff *

Nachricht: *

Noch 1000/1000 Zeichen

Ihr Zeichen:

Mein Zeichen:

weitere Anlagen:

Datei(en) zum Hochladen auswählen ...

Mit Mobilgerät fotografieren

Für die verschlüsselte Kommunikation der Behörde mit dem Bürger **(Rückkanal)** stellt der Freistaat Bayern den **Dienst „Postfach" (Postkorb)** bereit. Damit der Dienst in diesem Sinne genutzt werden kann, muss sich der Bürger registrieren und eine **BayernID (Bürgerkonto) einrichten:**

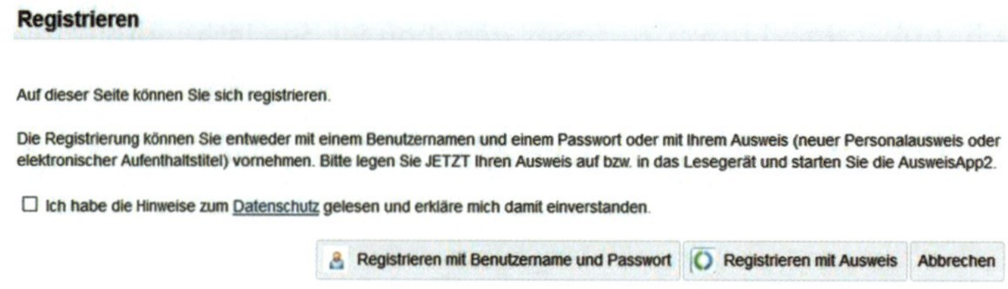

Registrieren

Auf dieser Seite können Sie sich registrieren.

Die Registrierung können Sie entweder mit einem Benutzernamen und einem Passwort oder mit Ihrem Ausweis (neuer Personalausweis oder elektronischer Aufenthaltstitel) vornehmen. Bitte legen Sie JETZT Ihren Ausweis auf bzw. in das Lesegerät und starten Sie die AusweisApp2.

☐ Ich habe die Hinweise zum Datenschutz gelesen und erkläre mich damit einverstanden.

Registrieren mit Benutzername und Passwort | Registrieren mit Ausweis | Abbrechen

Darüber hinaus muss er seinen Willen zum Ausdruck bringen, den elektronischen Zugang über diesen Postfach-Dienst zu eröffnen (Art. 3 Abs. 1 Satz 2 BayEGovG). Die Dienste „Postfach" und „BayernID" werden den Kommunen vom Freistaat Bayern dauerhaft und betriebskostenfrei zur Verfügung gestellt.

Die Behörde kann anschließend elektronische Nachrichten über eine verschlüsselte Internetverbindung an das Postfach des Bürgers übermitteln. Dort liegen sie zur Abholung bereit und können vom Bürger nach Anmeldung an seiner BayernID über eine verschlüsselte Verbindung abgerufen werden. Aus der Sicht des Bürgers stellt sich eine eingegangene Nachricht wie folgt dar:

Postkorb (0 ungelesen, 6 gelesen, 6 insgesamt)						
	♦	♦	OnlineDienst ♦	Absender ♦	Betreff ♦	Eingangsdatum ▾
☐		✉	Sicherer Kontakt	Bayern	AW: Sicherer Kontakt / 20170301589290294309	02.03.2017 10:57:27
☐		✉	Sicherer Kontakt	Bayern	AW: Sicherer Kontakt / 20170301589290294309	02.03.2017 09:14:44
☐	📎	✉	Sicherer Kontakt	Bayern	Kopie: Sicherer Kontakt / 20170301589290294309	01.03.2017 16:23:36
☐	📎	✉	Sicherer Kontakt	Bayern	WG: Sicherer Kontakt / 20170123572320451508	24.01.2017 07:40:44
☐	📎	✉	Sicherer Kontakt	Bayern	Kopie: Sicherer Kontakt / 20170123572320451508	23.01.2017 15:54:42
☐		✉	Registrierung	Bayern	BayernPortal: Bestätigung Ihrer Registrierung	08.12.2015 08:25:40

Das Zusammenspiel von sicherem Kontaktformular (Hinkanal) und dem Dienst „Postfach" des Freistaats Bayern (Rückkanal) ist nachfolgend nochmals zusammenfassend dargestellt:

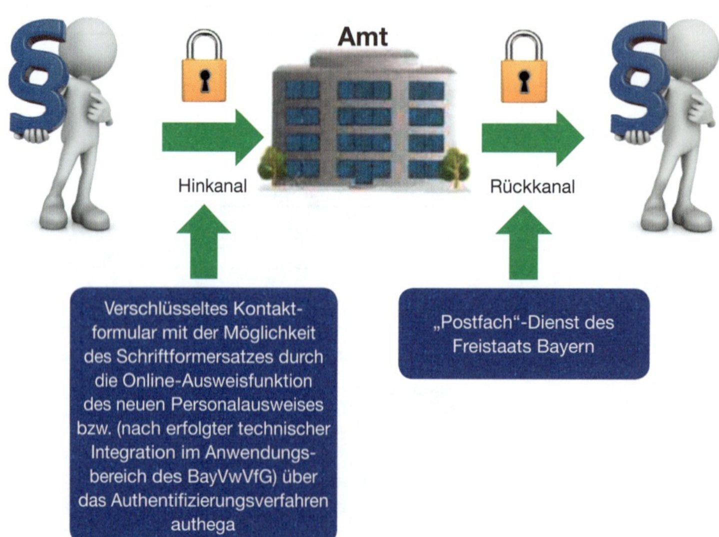

Abb. 27: Zusammenspiel von sicherem Kontaktformular (Hinkanal) und dem Dienst „Postfach" des Freistaates Bayern (Rückkanal)

2.3.2 De-Mail

Die Verpflichtung zur Bereitstellung geeigneter Verschlüsselungsverfahren kann grundsätzlich auch dadurch erfüllt werden, dass die Behörde ein De-Mail-Postfach eröffnet. De-Mail ermöglicht eine verschlüsselte Kommunikation auf dem Hin- und Rückkanal und bietet darüber hinaus sowohl für den Bürger als auch für die Behörde die Möglichkeit des Schriftformersatzes:

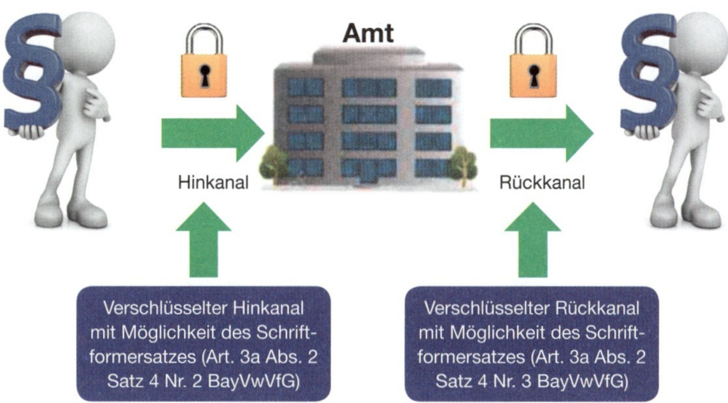

Abb. 28: Verschlüsselte De-Mail-Kommunikation mit der Behörde

Datenschutzrechtlich relevant ist insbesondere die Frage, ob bei De-Mail die standardmäßig vorgesehene **Transport-Verschlüsselung** ausreicht oder eine durchgängige Verschlüsselung zwischen Sender und Empfänger **(Ende-zu-Ende-Verschlüsselung)** notwendig ist. Die nachfolgende Abbildung stellt den standardmäßigen Versand mittels Transport-Verschlüsselung schematisch dar [Quelle: Bundesamt für Sicherheit in der Informationstechnik (Hrsg.), De-Mail: Sicherer elektronischer Nachrichtenverkehr – einfach, nachweisbar und vertraulich, 2016, S. 18].

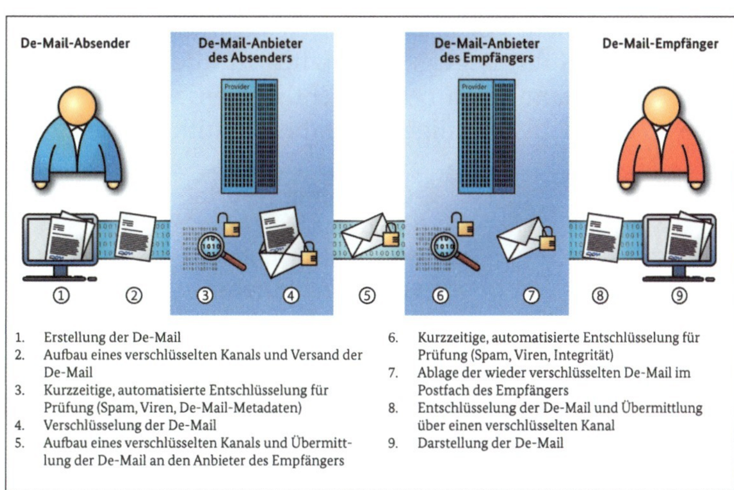

Abb. 29: Transportverschlüsselung beim De-Mail-Versand

Aufgrund der (zweimaligen) Entschlüsselung der De-Mail zum Zweck der Prüfung auf Schadsoftware (Schritte 3 und 6 in der obigen Abbildung) erfolgt standardmäßig keine durchgängige Verschlüsselung zwischen Sender und Empfänger (Ende-zu-Ende-Verschlüsselung). Da die De-Mails auf den Servern des De-Mail-Anbieters damit (kurzzeitig) entschlüsselt vorliegen, wird ein Restrisiko insbesondere darin gesehen, dass Administratoren des Anbieters vom Nachrichteninhalt Kenntnis nehmen könnten (Die Bundesbeauftragte für den Datenschutz und die Informationsfreiheit, Handreichung zur datenschutzgerechten Nutzung von De-Mail vom 22.3.2017, S. 4). Ob eine Ende-zu-Ende-Verschlüsselung notwendig ist oder eine Transport-Verschlüsselung ausreicht, orientiert sich am **Schutzbedarf** der zu übermittelnden Daten. Je schützenswerter die Daten sind, desto strenger sind die technisch-organisatorischen Maßnahmen, die die öffentliche Stelle nach Art. 7 Abs. 2 BayDSG einhalten muss. Während bei „normalem" Schutzbedarf (Schadensauswirkungen sind begrenzt und überschaubar) eine Transport-Verschlüsselung ausreicht, wird beispielsweise für die behördliche Übermittlung von Gesundheitsdaten grundsätzlich eine Ende-zu-Ende-Verschlüsselung als erforderlich angesehen (hierzu ausführlich: Die Bundesbeauftragte für den Datenschutz und die Informationsfreiheit, Handreichung zur datenschutzgerechten Nutzung von De-Mail vom 22.3.2017, S. 5 ff.; *Denkhaus/Geiger*, Bayerisches E-Government-Gesetz, 2016, Art. 3 Rn. 97 ff.).

Für die Praxis empfiehlt es sich, dem Bürger auch die Möglichkeit einer Ende-zu-Ende-verschlüsselten De-Mail-Kommunikation anzubieten. Die Verschlüsselung wird dabei mit einem auf „Pretty Good Privacy" (PGP) basierenden Verschlüsselungsverfahren umgesetzt. Um dem Bürger eine Ende-zu-Ende-Verschlüsselung zu ermöglichen, muss ihm die Behörde innerhalb der De-Mail-Infrastruktur ihren öffentlichen Schlüssel zur Verfügung stellen. Dem Bürger steht es dann in Ausübung seines Rechts auf informationelle Selbstbestimmung frei, dieses Angebot zur Ende-zu-Ende-verschlüsselten Kommunikation zu nutzen oder stattdessen auf die Transportverschlüsselung bzw. auf „normale" E-Mail-Kommunikation zurückzugreifen.

2.3.3 E-Government-Portale versus De-Mail

Ob die Behörde ihre Verpflichtung zur Bereitstellung geeigneter Verschlüsselungsverfahren über ein E-Government-Portal oder durch Eröffnung eines De-Mail-Zugangs (oder auf andere Weise) erfüllt, liegt grundsätzlich in ihrem Ermessen (Art. 3 Abs. 1 Satz 4 BayEGovG). Dabei kann auch berücksichtigt werden, welche Verpflichtungen aus Art. 3 BayEGovG durch die jeweiligen Verfahren erfüllt werden:

	E-Government-Portal (Hinkanal: Sicheres Kontaktformular, Rückkanal: Dienst „Postfach")	**De-Mail**
Zugang für elektronische Dokumente (Art. 3 Abs. 1 Satz 1 BayEGovG)	✓	✓
Zugang für schriftformersetzende Dokumente (Art. 3 Abs. 1 Satz 1 BayEGovG)	✓	✓

	E-Government-Portal (Hinkanal: Sicheres Kontaktformular, Rückkanal: Dienst „Postfach“)	**De-Mail**
Verschlüsselungsverfahren (Art. 3 Abs. 1 Satz 3 BayEGovG)	✓	✓
Elektronische Identifizierung (Art. 3 Abs. 3 BayEGovG für deutsche Staatsangehörige und Drittstaatenangehörige) sowie nach eIDAS-Verordnung für EU-Bürger	✓ Bei Anbindung des sicheren Kontaktformulars an die BayernID	✗

2.3.4 Mitwirkung des Bürgers erforderlich

Nach Art. 3 Abs. 1 Satz 3 BayEGovG muss der Bürger (ab 1.1.2020) die **Möglichkeit** haben, insbesondere personenbezogene Daten oder sonstige vertrauliche Informationen an die Behörde verschlüsselt zu übermitteln bzw. von dieser verschlüsselt zu empfangen. Er ist jedoch grundsätzlich nicht verpflichtet, diese Möglichkeiten der verschlüsselten Kommunikation auch tatsächlich in Anspruch zu nehmen. So steht es ihm in Ausübung seines Rechts auf informationelle Selbstbestimmung frei, das Angebot auf verschlüsselte Kommunikation nicht zu nutzen und stattdessen auf die „normale" E-Mail-Kommunikation zurückzugreifen. Auch die Übermittlung personenbezogener Daten seitens der Behörde an den Bürger ist nur möglich, wenn der Bürger hierfür einen elektronischen Zugang eröffnet (Art. 3 Abs. 1 Satz 2 BayEGovG).

Die **behördliche Verpflichtung** beschränkt sich daher auf das **Bereitstellen** von Verschlüsselungsverfahren. Damit die verschlüsselte Kommunikation in der Praxis tatsächlich gelingt, muss der **Bürger** aktiv **mitwirken**:

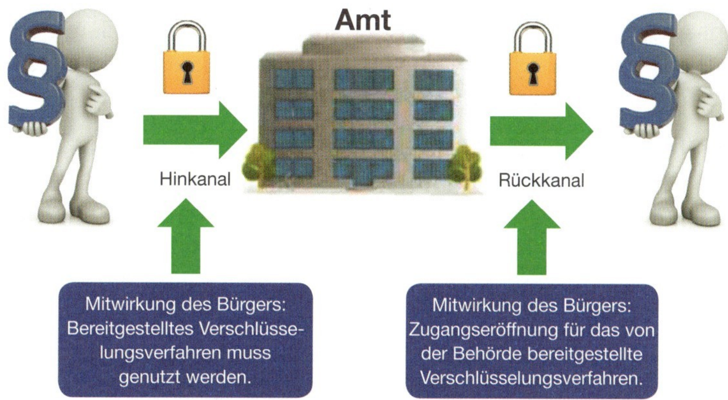

Abb. 30: Mitwirkung des Bürgers bei der verschlüsselten Kommunikation mit der Behörde

3. Elektronische Behördendienste

Ein gemeinsames Hauptanliegen der E-Government-Gesetze liegt in der **Beseitigung von bisher bestehenden rechtlichen Hürden für die digitale Verwaltung**. Daher werden die Behörden z. B. zur Eröffnung des elektronischen Zugangs verpflichtet (vgl. Art. 3 Abs. 1 BayEGovG) und der Ersatz der Schriftform erleichtert (vgl. Art. 3 a Abs. 2 BayVwVfG). Die bloße Erleichterung oder Ermöglichung der elektronischen Kommunikation ist allerdings noch **kein Garant die flächendeckende** Bereitstellung von E-Government-**Angeboten** auf allen Verwaltungsebenen.

3.1 Elektronische Dienste online bereitstellen

Die **Behörden** müssen vielmehr die neu geschaffenen rechtlichen Spielräume für E-Government ausnutzen und **ihre Dienstleistungen und Verwaltungsverfahren auch tatsächlich elektronisch anbieten**, insbesondere auch online abrufbar bereitstellen. Daher verpflichtet das BayEGovG die Behörden bundesweit erstmals, grundsätzlich **alle** in ihren Zuständigkeitsbereich fallenden **Verwaltungsdienstleistungen** und förmlichen Verwaltungsverfahren grundsätzlich **auch elektronisch bereitzustellen**, sofern dies zweckmäßig und wirtschaftlich ist.

Art. 4 Abs. 1 BayEGovG normiert ein **Gebot** an die Behörden, ihre **Dienste** grundsätzlich auch **über das Internet** bereitzustellen, soweit dies zweckmäßig und wirtschaftlich ist. Die Vorschrift begründet kein originäres Informations- oder Datenzugangsrecht, sondern setzt die Eröffnung eines analogen oder digitalen Zugangs zu Informationen oder Daten aufgrund des Fachrechts bereits voraus.

Hinweis

Folgende Voraussetzungen werden definiert:

Satz 1 verpflichtet die Behörden, Dienste der Verwaltung grundsätzlich auch elektronisch über öffentliche Netze bereitzustellen.

Durch Satz 1 werden die Behörden verpflichtet, das gesetzgeberische Ziel des Ausbaus der E-Government-Angebote im Rahmen der von ihnen zu beurteilenden Möglichkeiten aktiv umzusetzen. Die Bereitstellung kann je nach Art des Dienstes und Leistungsfähigkeit der Behörde ganz oder teilweise erfolgen.

Satz 1 normiert hierzu einen ausdrücklichen **Wirtschaftlichkeits- und Zweckmäßigkeitsvorbehalt** und trägt der Vielfalt der erfassten Verfahren Rechnung. So sinnvoll ein Ausbau des E-Government, bei bestimmten Diensten und Verfahren sein kann, sind andererseits auch viele Dienste und Verfahren dem E-Government nicht oder nur teilweise zugänglich.

Daher ist den Behörden ein **Beurteilungsspielraum** einzuräumen.

Mit dem **Begriff der Dienste** werden sämtliche Dienstleistungen der Verwaltung erfasst, unabhängig davon, ob diese im Rahmen oder auf Grundlage eines Verwaltungsverfahrens erbracht werden. Hierzu zählen neben verfahrensgebundenen Diensten unter anderem auch Beratungs- oder Informationsangebote, die Bereitstellung von Daten oder sonstige Serviceleistungen für Bürger oder Unternehmen.

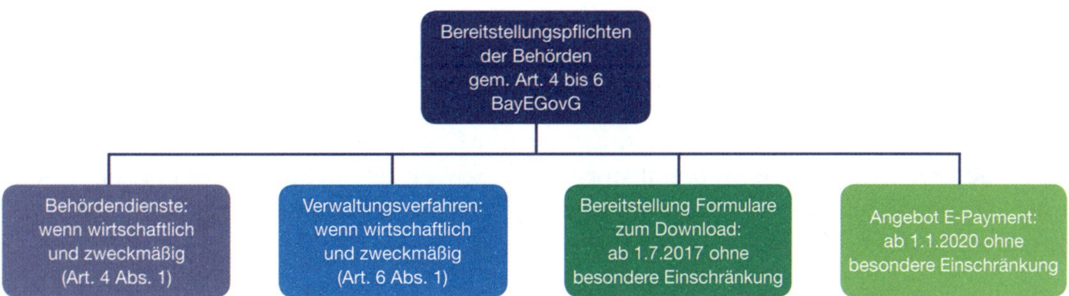

Abb. 30a: Pflicht zur Bereitstellung von Diensten und Verfahren

Der Begriff der Dienste ist dabei **weit zu verstehen.**

Erfasst werden unter anderem

- alle Arten von Informations-, Auskunfts- und Datenbereitstellungsdiensten der Behörden, einschließlich
- Open (Government) Data Dienste und
- Geodatendiensten
- sämtliche Verwaltungsservice im Zuständigkeitsbereich der Behörde, z. B.
- im Meldewesen,
- Ausweisangelegenheiten,
- Familienangelegenheiten und Personenstandswesen, einschließlich Kinderbetreuung,
- Ferienpass, Familienpass,
- Leistungen im Bereich Schulen und Bildung,
- Soziales sowie
- Wirtschaft und Tourismus.

Erfasst werden schließlich auch verfahrensübergreifende Dienstleistungen, wie

- elektronische Bürger- und Unternehmenskonten,
- elektronische Postfachdienste oder
- E-Payment-Dienste

Satz 2 begründet für staatliche Behörden die Verpflichtung über öffentlich zugängliche Netze die Informationen bereitzustellen, die für die sachgerechte elektronische Inanspruchnahme ihrer Dienste erforderlich sind. Anders als in Satz 1 wird durch Satz 2 eine **originäre, vom Fachrecht unabhängige Informationsbereitstellungspflicht** normiert.

Hierunter können je nach Art des Dienstes oder des Verfahrens insbesondere

- **Informationen über die Aufgaben und Zuständigkeitsbereich einer Behörde,**
- **anfallende Gebühren,**
- **beizubringende Unterlagen,**
- **die zuständige Ansprechstelle und**
- **ihre Erreichbarkeit**

fallen.

Die Regelung korrespondiert mit § 3 Abs. 1 und 2 des EGovG Bund, verzichtet aber angesichts der Vielzahl und Verschiedenartigkeit der erfassten Dienste auf die ausdrückliche Normierung von Katalogtatbeständen.

Die Möglichkeit von Behörden, im Rahmen ihrer Organisationsverantwortung zentrale Ansprechstellen zu schaffen, bleibt unberührt. Soweit der Behördenkontakt über zentrale Ansprechstellen erfolgt, genügt die Angabe der Kontaktdaten der zentralen Ansprechstelle über das Netz.

Satz 3 begründet eine Verpflichtung der Behörden, für die elektronische Bereitstellung von Diensten **keine zusätzlichen Kosten zu erheben.**

Insbesondere den Kommunen wird jedoch die Möglichkeit eröffnet, durch Rechtsvorschriften, insbesondere **in Kostensatzungen, abweichende Regelungen** zu treffen.

3.2 Elektronische amtliche Publikationen

Im **amtlichen Publikationswesen** vollzieht sich **grundlegender Wandel** von der papiergebundenen **hin zur elektronischen Veröffentlichung.** Die Zahl der zusätzlich oder ausschließlich elektronischen Veröffentlichungen nimmt auf der Bundes-, Landes- und Kommunalebene zu.

Mit der am 1.4. April 2012 in Kraft getretenen Änderung des Verkündungs- und Bekanntmachungsgesetzes (**VkBkmG**) vom 22.12. Dezember 2011 (BGBl. I S. 3044) wurde bereits die Überführung des Bundesanzeigers in die ausschließlich elektronische Ausgabe vollzogen. **§ 15 EGovG des Bundes** ermöglicht für sonstige Veröffentlichungen in amtlichen Mitteilungs- und Verkündungsblättern die Bekanntgabe in ausschließlich elektronischer Form.

Art. 4 Abs. 2 BayEGovG regelt die **Zulässigkeit von zusätzlich und ausschließlich elektronischen** Ausgaben von veröffentlichungspflichtigen **Mitteilungen und amtlichen Verkündungen**.

Art. 4 Abs. 2 Satz 1 BayEGovG **stellt klar**, dass veröffentlichungspflichtige Mitteilungen und amtliche Verkündungen **„auch", d. h. zusätzlich zur analogen Fassung, elek-**

tronisch veröffentlicht werden können. Die Vorschrift erfasst alle aufgrund von Bundes-, Landes- oder Kommunalrecht veröffentlichungspflichtigen Mitteilungen und amtlichen Verkündungen. Die **Regelung tritt** für die bayerischen Behörden (mit Ausnahme der Bundesauftragsverwaltung) **an die Stelle des § 15 EGovG Bund**, der eine in der Zielsetzung ähnliche Regelung für Veröffentlichungspflichten aufgrund von Bundesrecht vorsieht.

Satz 1 lässt die **Anwendung des BayDSG unberührt**. Eine elektronische Veröffentlichung personenbezogener Daten soll daher nur erfolgen, wenn und soweit hierzu eine gesetzliche Verpflichtung besteht. Sind in einer Publikation personenbezogene Daten enthalten, ist datenschutzrechtlich zu prüfen, ob diese dauerhaft über öffentlich zugängliche Netze angeboten werden können.

Art. 4 Abs. 2 Satz 2 BayEGovG regelt die besonderen **Voraussetzungen für eine ausschließlich elektronische Bekanntmachung**. Eine ausschließlich elektronische Bekanntmachung ist möglich, wenn eine **Veränderung** der veröffentlichten Inhalte **ausgeschlossen** ist und die **Einsichtnahme** auch unmittelbar **bei der die Veröffentlichung veranlassenden Stelle** für jede Person auf Dauer gewährleistet.

Satz 2 ist nicht anwendbar, wenn Rechtsvorschriften der ausschließlich elektronischen Bekanntmachung entgegenstehen, also ausdrücklich eine papiergebundene Bekanntmachung vorschreiben (z. B. Art. 76 der Bayerischen Verfassung). Die Tatsache, dass Rechtsvorschriften über Veröffentlichungspflichten bisher in der Regel von einer papiergebundenen Form ausgingen, steht der ausschließlich elektronischen Bekanntmachung dagegen nicht entgegen.

Die Regelung zur **Unveränderbarkeit des Inhalts** trägt dem Umstand Rechnung, dass es eine wesentliche Vorbedingung für die Authentizität der verkündeten Fassung ist, dass veröffentlichte **Dokumente nachträglich nicht mehr geändert oder gar gelöscht werden können**.

Amtsblatt der Verwaltungsgemeinschaft Aub

Stadt Aub - Markt Gelchsheim - Gemeinde Sonderhofen

38. Jahrgang | 1. Juli 2016 | Nummer 7

Nächster Abgabetermin
am Dienstag, dem 19. Juli 2016 um 18.30 Uhr

Annahmestelle für redaktionelle Beiträge:
VGem Aub, **Frau Anke Hofmann**, Marktplatz 1, 97239 Aub
Tel. 09335/97100, E-Mail: **a.hofmann@vgem-aub.bayern.de**

Für unsere Anzeigenkunden:
Um weiterhin günstige Anzeigenpreise im Amtsblatt der VGem Aub gewährleisten zu können, bitten wir Sie, Anzeigenvorlagen nicht nur als Papierdruck, sondern zusätzlich in digitaler Form (PDF, JPEG, Doc) einzureichen.

Redaktionsschluss:
Wir weisen darauf hin, dass nach dem im Amtsblatt angegebenen Redaktionsschluss keine Unterlagen bzw. Anzeigen mehr angenommen bzw. weitergeleitet werden.

Robert Melber, Gemeinschaftsvorsitzender

Die Verwaltungsgemeinschaft Aub, Landkreis Würzburg mit ca. 3200 Einwohnern, bestehend aus der Stadt Aub, der Marktgemeinde Gelchsheim und der Gemeinde Sonderhofen, erledigt für die vorgenannten Kommunen alle Arbeiten einer modernen Verwaltung. Zehn Mitarbeiterinnen und Mitarbeiter kümmern sich um die Belange der Gemeinden und ihren Bürgern.

Zur Verstärkung unseres Teams suchen wir zum 01.09.2017

eine/n Auszubildende/n zur/m Verwaltungsfachangestellten Fachrichtung Kommunalverwaltung

Wenn Sie Freude daran haben in einem kleinen Team zu arbeiten und auch den direkten Kontakt mit den Bürgern pflegen wollen, sind Sie bei uns richtig.
Die ausführliche Stellenausschreibung steht im Internet unter www.stadt-aub.de

VERWALTUNGSGEMEINSCHAFT AUB

Ferienpass und Sommerferienprogramm 2016

Der Landkreis Würzburg bietet während der Sommerferien vom 30. Juli bis 12. September 2016 ein umfangreiches Ferienprogramm und den Ferienpass.
Kinder und Jugendliche aus dem Landkreis Würzburg ab 6 Jahren bis zum vollendeten 18. Lebensjahr sowie Kinder und Jugendliche, die ihre Ferien im Landkreis Würzburg verbringen oder als Gastschüler untergebracht sind (nicht jedoch Kinder und Jugendliche aus den dem Landkreis Würzburg angrenzenden Gemeinden), können den Ferienpass zum Preis von 5,00 € über die örtliche Gemeindeverwaltung erhalten. Der Ferienpass beinhaltet eine Vielzahl von Vergünstigungen, kostenlosen Eintritten und Gutscheinen.
Der Ferienpass ist nicht übertragbar und nur mit eingeklebtem Lichtbild gültig (ein selbst gemachtes oder auch ausgeschnittenes Foto genügt).
Ausgabetermin der Ferienpässe in der Verwaltungsgemeinschaft Aub ab 18. Juli 2016.
Aktuelle und ausführliche Informationen im Internet: www.kreisjugendamt-wuerzburg.de (Ferienpässe)

Grundsteuerzahlung 2016

Stadt Aub – Markt Gelchsheim – Gemeinde Sonderhofen
Am 01.07.2016 ist die Zahlung für die Jahreszahler der Grundsteuer A und B 2016 fällig.

Hochwasserhilfen nun auch für den Landkreis Würzburg

Gemeinden nehmen Anträge entgegen
In seiner Sitzung hat das bayerische Kabinett nun auch den Landkreis Würzburg in die Kategorie „Jahrhunderthochwasser" aufgenommen. „Somit stehen den von den Unwetterschäden betroffenen Privatpersonen, Gewerbetreibenden und Landwirten umfangreiche finanzielle Hilfen der bayerischen Staatsregierung zur Verfügung", freut sich Landrat Eberhard Nuß, der sich selbst vor Ort ein Bild von den immensen Schäden, die vor allem im südlichen Landkreis durch den Starkregen des 29. Mai entstanden sind, gemacht hat.

Art. 4 Abs. 2 begründet in Verbindung mit Art. 2 Satz 1 BayEGovG ein **Recht auf angemessenen Zugang zu elektronischen amtlichen Veröffentlichungen**, soweit die Behörde den elektronischen Weg gewählt hat. Die Zugangsnorm erfasst alle veröffentlichungspflichtigen Mitteilungen und amtlichen Verkündungsblätter, also z. B. öffentliche und ortsübliche Bekanntmachungen (Art. 27 a BayVwVfG), aber auch elektronische Veröffentlichungen in amtlichen Mitteilungs- und Verkündungsblättern (vgl. § 15 EGovG).

Das Zugangsrecht gilt daher sowohl für Bekanntmachungen im Rahmen des **Verwaltungsverfahrens** i. S. v. Art. 9 BayVwVfG als auch für elektronische amtliche Bekanntmachungen im Rahmen des **Normerlasses**, für die es etwa in der Gemeindeordnung, Landkreisordnung und Bezirksordnung sowie im LStVG Sondervorschriften gibt.

Der Zugang ist **angemessen auszugestalten**, z. B. durch die Möglichkeit, einen elektronischen Hinweis auf die Veröffentlichung zu erhalten bzw. diese elektronisch zu abonnieren, Ausdrucke zu bestellen oder in öffentlichen Einrichtungen auf die Bekanntgabe zuzugreifen. Das Gebot der effektiven Zugänglichkeit bedingt, dass von Anfang an ein zukunftssicheres Format für die elektronischen Dokumente gewählt werden muss, welches deren Interpretierbarkeit auch auf zukünftigen IT-Systemen gewährleistet.

Satz 2 letzter Halbsatz stellt in diesem Zusammenhang klar, dass die **Einsichtnahme auch unmittelbar** bei der die Veröffentlichung veranlassenden Stelle auf Dauer für jede Person zu gewährleisten ist. Dadurch kann sichergestellt werden, dass auch der Teil der Bevölkerung, der zur Nutzung öffentlich zugänglicher Netze mangels der erforderlichen technischen Infrastruktur oder mangels persönlicher Fähigkeiten nicht in der Lage ist, auf die Veröffentlichung zugreifen kann.

Hierzu kann z. B. ein **papiergebundenes Exemplar zur Einsicht** durch jedermann bereitgehalten werden oder eine **Einsichtnahme über einen Bürger-PC** ermöglicht werden. Nach **Satz 3** wird das Nähere durch **Bekanntmachung der Staatsregierung** geregelt. Hierbei sind insbesondere auch Regelungen zur Gewährleistung des Datenschutzes zu treffen.

Abs. 2 lässt die Vorschriften des BayDSG hinsichtlich des „Ob", des „Wie" und des „Wie lange" der elektronischen Veröffentlichung unberührt. Eine elektronische **Veröffentlichung personenbezogener Daten soll daher nur erfolgen, wenn und soweit hierzu eine gesetzliche Verpflichtung** besteht. Sind in einer Publikation personenbezogene Daten enthalten, ist datenschutzrechtlich zu prüfen, ob diese dauerhaft über öffentlich zugängliche Netze angeboten werden können. Ebenso sind Zugriffsmöglichkeiten und Löschungspflichten datenschutzkonform auszugestalten.

4. Elektronische Verwaltungsverfahren

Die aus rechtlicher Sicht **bedeutsamsten Verwaltungsdienste sind die förmlichen Verwaltungsverfahren.** Von daher **steht und fällt das E-Government** mit der Online-Bereitstellung einer **möglichst großen Zahl von Verwaltungsverfahren** in sicherer, datenschutzkonformer und dennoch nutzerfreundlicher Art und Weise.

Im BayEGovG enthält Art. 6 BayEGovG die hierzu erforderlichen Regelungen zur Gewährleistung eines grundsätzlich medienbruchfreien **elektronischen Verwaltungsverfahrens**, einschließlich elektronischer **Formulare,** elektronischer **Nachweise** und der elektronischen **Bekanntgabe** von Bescheiden über Verwaltungsportale.

Erfasst wird nur das **nach außen gerichtete Verwaltungshandeln** im Sinn des BayVwVfG, nicht aber die Verwaltungsorganisation (zum Begriff des Verwaltungsverfahrens siehe Art. 9 BayVwVfG). Rein **behördeninterne Vorgänge**, wie die Art und Weise der elektronischen Aktenführung, werden daher **nicht** erfasst.

Absatz 1 Satz 1 begründet eine **grundsätzliche Verpflichtung** der Behörden zur vollständigen oder teilweisen **elektronischen Durchführung des Verwaltungsverfahrens.** Satz 1 stellt klar, dass eine derartige **Verpflichtung der Behörden** (und der entsprechende Anspruch des Bürgers) **nicht** bestehen, soweit dies **unzweckmäßig oder unwirtschaftlich** ist.

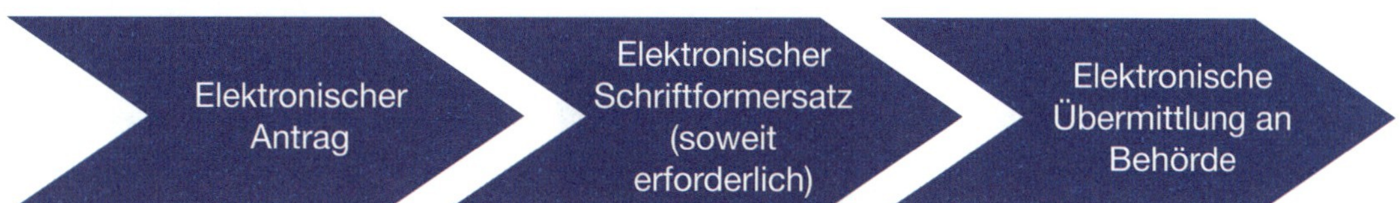

Abb. 30b: Schritte im elektronischen Verwaltungsverfahren

Satz 1 sichert den diesbezüglichen **Beurteilungsspielraum** der Behörde ausdrücklich ab. Von der Verfahrensdurchführung in elektronischer Form kann damit auch weiterhin teilweise, aber auch vollständig abgesehen werden, wenn dies **im Einzelfall oder bei bestimmten Verfahrensarten** unzweckmäßig oder unwirtschaftlich ist.

Soweit eine elektronische Verfahrensdurchführung zumindest **teilweise zweckmäßig und auch wirtschaftlich** ist, wie z. B. die elektronische Antragstellung, ist die Behörde **verpflichtet, das Verfahren teilweise elektronisch anzubieten**.

Die elektronische Durchführung muss gemäß Art. 3 BayEGovG rechtlich möglich sein; erforderlich ist also u. a. eine Zugangseröffnung durch die Beteiligten. Besondere Rechtsvorschriften bleiben unberührt. Die **datenschutzrechtlichen Anforderungen** an die elektronische Verfahrensdurchführung **sind zu beachten**. Bei Störungen in der elektronischen Kommunikation gilt Art. 3 a Abs. 3 BayVwVfG.

5. Elektronische Formulare

Die meisten **Verwaltungsverfahren sind formulargebunden**. Von daher ist es von zentraler Bedeutung, dass die Beteiligten auf alle **Formulare auch online zurückgreifen** können, die zur Durchführung eines Verwaltungsverfahrens notwendig sind.

Art. 6 Abs. 2 Satz 1 BayEGovG regelt hierzu eine **Mindestverpflichtung** zur Bereitstellung von elektronischen Formularen über das Internet als Teil des elektronischen Verwaltungsverfahrens. Die Regelung dient der teilweisen elektronischen Durchführung des Verwaltungsverfahrens.

Die Vorschrift greift nur bei formulargebundenen Verfahren. Sie setzt voraus, dass Behörden zur Durchführung von Verwaltungsverfahren bereits Formulare bereithalten. Diese sind auch in elektronischer Form über das Internet bereitzustellen.

Die Regelung findet unabhängig von der Bezeichnung als Formular, Vordruck, Formblatt oder ähnlichen Begriffen Anwendung. Die Verpflichtung nach Satz 1 greift ihrem Sinn und Zweck nicht, wenn **Online-Formulare** zur unmittelbar elektronischen Verfahrensabwicklung bereitgehalten werden oder wenn **Urheberechte Dritter** (an Musterformularen) entgegenstehen.

Zur Erfüllung der **Mindestverpflichtung** aus Art. 6 Abs. 2 genügt die Bereitstellung eines Formulars z. B. als **PDF** zum Download. Eine weitergehende Pflicht zur Bereitstellung von **elektronisch ausfüllbaren und übermittelbaren Online-Formularen** kann sich aus der Pflicht zur teilweisen elektronischen Verfahrensdurchführung gem. Art. 6 Abs. 1 BayEGovG ergeben, **soweit** dies **wirtschaftlich** möglich und zweckmäßig ist.

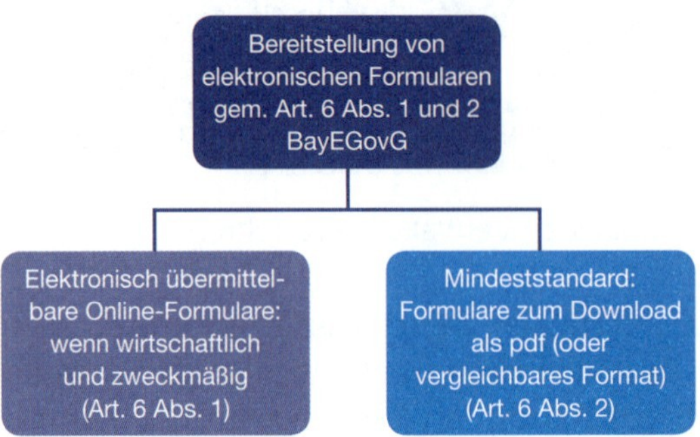

Abb. 31: Optionen zur Bereitstellung von elektronischen Formularen

Mit **Art. 6 Abs. 2 Satz 2** BayEGovG wird klargestellt, dass nur dann ein **Schriftformerfordernis** vorliegt, wenn dies **explizit in der Norm angeordnet** wird. Ein **bloßes Unterschriftsfeld** in einem Formular begründet dagegen noch **kein Schriftformerfordernis**. Sofern die dem Formular zugrundeliegende Rechtsnorm für die Erklärung explizit Schriftform anordnet, ist auch künftig die Nutzung eines elektronischen Schriftformsurrogats gemäß Art. 3 a Abs. 2 BayVwVfG erforderlich.

Für alle anderen durch Rechtsvorschrift angeordneten Formulare ist klargestellt, dass auch eine Übermittlung des elektronischen Formulars an die Behörde beispielsweise als ausgefülltes pdf-Dokument ohne Unterschrift möglich ist.

II. Antragstellung

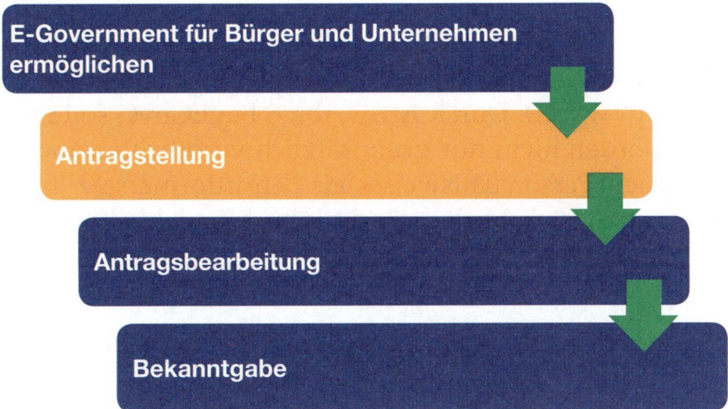

1. Elektronische Identifizierung bei Verwaltungsverfahren

1.1 Allgemeines

Die sichere Identifizierung eines Beteiligten spielt auch bei Verwaltungsverfahren eine Rolle, die elektronisch (z. B. über ein E-Government-Portal) durchgeführt werden sollen. Selbst wenn sich Behördenmitarbeiter und Bürger nicht persönlich gegenüberstehen, muss die Behörde wissen, mit wem sie es zu tun hat bzw. wer einen Antrag stellt.

Art. 3 Abs. 3 BayEGovG verpflichtet die Behörden daher dazu, in elektronischen Verwaltungsverfahren,

- in denen sie die Identität einer Person aufgrund einer Rechtsvorschrift festzustellen haben oder
- aus anderen Gründen eine Identifizierung für notwendig erachten,

einen elektronischen Identitätsnachweis mittels neuem Personalausweis (§ 18 PAuswG) bzw. elektronischem Aufenthaltstitel (§ 78 Abs. 5 AufenthG) anzubieten. Entsprechend dieser behördlichen Verpflichtung haben die Bürger auch das Recht, sich bei Vorliegen der genannten Voraussetzungen elektronisch zu identifizieren (Art. 2 Satz 1 i. V. m. Art. 3 Abs. 3 BayEGovG). Die Verpflichtung bzw. das Recht gilt **nur** für die **Identifizierung über öffentlich zugängliche Netze** (Internet, Mobilfunk etc.); die Identifizierung unter Anwesenden ist nicht erfasst (LT-Drs. 17/7537, S. 30). Die Verpflichtung tritt mit einer **Übergangsfrist** zum **1.1.2020** in Kraft und kann damit vom Bürger erst ab diesem Zeitpunkt rechtlich eingefordert werden.

In einigen verwaltungsrechtlichen Vorschriften wird das **persönliche Erscheinen** des Bürgers angeordnet. Dies kann unterschiedliche Gründe haben. Einerseits soll dies (lediglich) der sicheren Identifizierung des Erschienenen dienen, andererseits können mit der Anordnung des persönlichen Erscheinens auch weitere, über die Identifikation hinausgehende Zwecke verfolgt werden, beispielsweise die Gewinnung eines persönlichen Eindrucks oder das Führen eines persönlichen Beratungsgesprächs. Zudem wird ein persönliches Erscheinen auch zur Durchführung förmlicher Verfahren wie Beurkundungen, zur Anfertigung von Niederschriften, zu Prüfungs- und Ausbildungszwecken sowie zur Durchführung eines Sprachtests oder einer ärztlichen Untersuchung angeordnet. Diese Zwecke gehen über die (bloße) sichere Identifizierung hinaus und scheiden damit als Anwendungsfälle für die elektronische Identifizierung i. S. v. Art. 3 Abs. 3 BayEGovG aus.

Die Verpflichtung korrespondiert mit dem **elektronischen Schriftformersatz** durch Einsatz der Online-Ausweisfunktion des neuen Personalausweises (Art. 3a Abs. 2 Satz 4 Nr. 1, Satz 5 BayVwVfG). Durch Art. 3 Abs. 3 BayEGovG soll daher sichergestellt werden, dass die Behörden nicht nur grundsätzlich verpflichtet sind, die Online-Ausweisfunktion des neuen Personalausweises als Schriftformersatz anzuerkennen, sondern dass die Bürger auch tatsächlich die technische Möglichkeit haben, diese Form des Schriftformersatzes zu nutzen.

1.2 Elektronische Identifizierung über die BayernID

Im Rahmen des sog. E-Government-Pakts haben die Kommunalen Spitzenverbände mit dem Freistaat vereinbart, dass die zentralen Dienste des BayernPortals nicht nur von den staatlichen Behörden genutzt werden können, sondern auch den Kommunen dauerhaft und betriebskostenfrei zur Verfügung gestellt werden. Zu diesen Diensten zählt auch die sog. BayernID (auch als Bürgerkonto bezeichnet), die eine sichere elektronische Identifizierung der Nutzer ermöglicht. Aus Sicht der Bürger besteht der besondere Vorteil der BayernID darin, dass sie mit nur einer Registrierung sämtliche angebundenen Online-Verfahren nutzen können und zwar unabhängig davon, ob diese von einer staatlichen Behörde über das BayernPortal oder einer Kommune über ein kommunales E-Government-Portal bereitgestellt werden. Dieses „ein-Konto-für-alles"-Prinzip soll die nachfolgende Abbildung verdeutlichen:

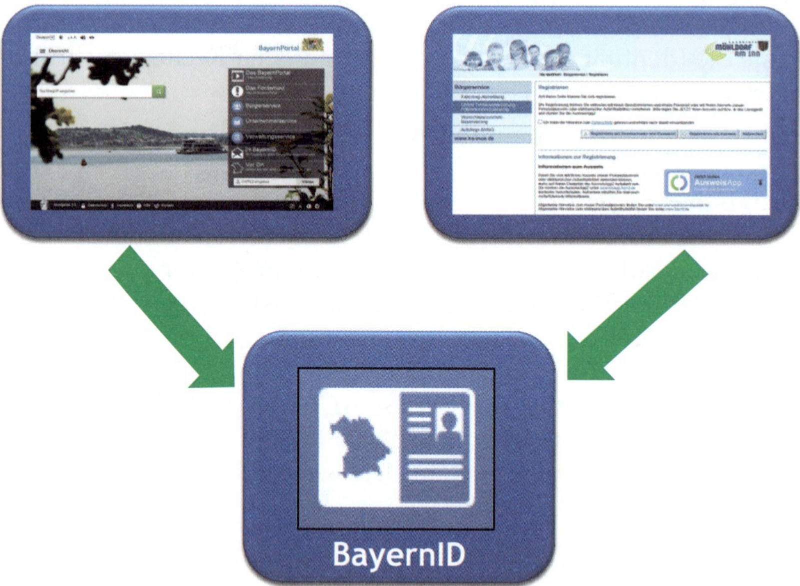

Die BayernID ermöglicht derzeit die elektronische Identifizierung durch die Online-Ausweisfunktion des neuen Personalausweises sowie mittels Benutzername/Passwort und soll bis Ende 2017 um authega erweitert werden:

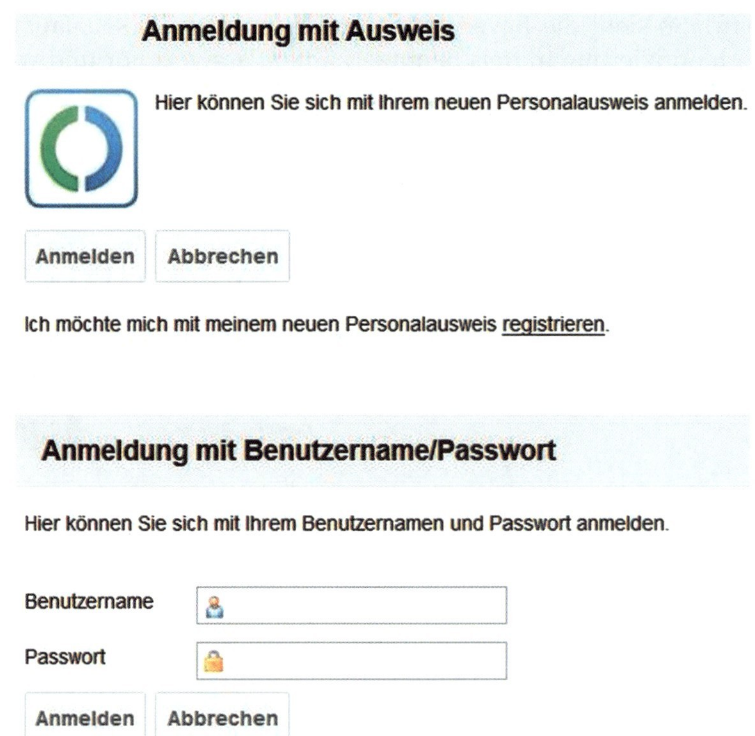

Die Behörden können ihre Verpflichtung nach Art. 3 Abs. 3 BayEGovG damit dadurch erfüllen, dass sie die zur Eröffnung eines elektronischen Verwaltungsverfahrens notwendigen Anträge im erforderlichen Umfang an die BayernID anbinden.

1.3 Vertrauensniveau der elektronischen Identifizierung

Art. 3 Abs. 3 BayEGovG regelt die Voraussetzungen, unter denen die Behörden verpflichtet sind, einen elektronischen Identitätsnachweis mittels neuem Personalausweis bzw. elektronischem Aufenthaltstitel anzubieten. Anders ausgedrückt: Bei Vorliegen dieser Voraussetzungen müssen mit dem neuen Personalausweis bzw. dem elektronischen Aufenthaltstitel Verfahren angeboten werden, die die elektronische Identifizierung einer Person auf einem hohen Vertrauensniveau ermöglichen (BSI TR-03107-1, S. 46).

Vertrauensniveaus sollen ganz generell den Grad der Vertrauenswürdigkeit eines elektronischen Identifizierungsmittels hinsichtlich der Feststellung der Identität einer Person beschreiben und damit Gewissheit schaffen, dass es sich bei der Person, die eine bestimmte Identität beansprucht, tatsächlich um die Person handelt, der diese Identität zugewiesen wurde (Erwägungsgrund 16 der eIDAS-Verordnung vom 23.7.2014, ABl. L 257 vom 28.8.2014, S. 73). Je höher das Vertrauensniveau, desto sicherer ist das elektronische Identifizierungssystem und desto stärker kann die Behörde davon ausgehen, dass derjenige, der sich ihr gegenüber elektronisch identifiziert auch tatsächlich derjenige ist, der er behauptet zu sein.

Die Tatsache, dass Art. 3 Abs. 3 BayEGovG mit dem neuen Personalausweis bzw. dem elektronischen Aufenthaltstitel „nur“ Identifizierungsverfahren mit hohem Vertrauensniveau regelt, schließt dabei nicht aus, dass eine Behörde weitere Verfahren zur elektronischen Identifizierung anbietet (*Denkhaus/Geiger*, Bayerisches E-Government-Gesetz,

Art. 3 Rn. 136 ff.). So sieht die BayernID neben dem neuen Personalausweis auch die elektronische Identifizierung mittels Benutzername/Passwort vor und wird zusätzlich um das Authentifizierungsverfahren authega erweitert. Die einzelnen Verfahren weisen dabei unterschiedliche Vertrauensniveaus auf, wie die nachfolgende Übersicht verdeutlicht:

Vertrauensniveau	Authentifizierungsverfahren	
hoch	Neuer Personalausweis	
substanziell	authega (Ziff. 1 der Bekanntmachung des Bayerischen Staatsministeriums der Finanzen, für Landesentwicklung und Heimat vom 24.03.2017, Az. 76-C 2000-19/9)	
niedrig	Benutzername/Passwort	

Sofern im Einzelfall keine bestimmten Verfahren der elektronischen Identifizierung vorgeschrieben sind (z. B. der elektronische Identitätsnachweis mittels neuem Personalausweis bzw. elektronischem Aufenthaltstitel für elektronische Anträge nach § 150e Abs. 2 Satz 1 GewO), kann die Behörde beispielsweise

- ergänzend zur Identifizierung über den neuen Personalausweis auch die Authentifizierung mittels authega zulassen, um z. B. den elektronischen Schriftformersatz für den Bürger zu vereinfachen oder
- anstelle der Authentifizierung mittels Benutzername/Passwort die Anmeldung über authega fordern, weil ihr das Vertrauensniveau der Anmeldung über Benutzername/Passwort für eine bestimmte Verwaltungsleistung zu „niedrig" ist.

Die Festlegung hängt maßgeblich vom jeweils erforderlichen Vertrauensniveau ab. Relevante Fragestellungen sind in diesem Zusammenhang zum Beispiel:

- Welche Schäden können entstehen, wenn es gelingt, sich mit falscher Identität zu identifizieren bzw. anzumelden?
- Besteht für Dritte ein konkreter Täuschungsanreiz (bspw. Erlangung von Geld- oder Sachleistungen bzw. geldwerter Vorteile) und damit eine bedeutsame Täuschungswahrscheinlichkeit?

Der IT-Planungsrat hat eine „Handreichung mit Empfehlungen für die Zuordnung von Vertrauensniveaus in der Kommunikation zwischen Verwaltung und Bürgerinnen und Bürger bzw. der Wirtschaft“ herausgegeben, die insoweit als Hilfestellung herangezogen werden kann. Die Handreichung ist über den Internetauftritt des IT-Planungsrats (www.it-planungsrat.de) abrufbar.

1.4 Elektronische Identifizierung für EU-Bürger

Art. 3 Abs. 3 BayEGovG enthält Regelungen zur elektronischen Identifizierung von Inhabern eines neuen Personalausweises sowie eines elektronischen Aufenthaltstitels. Der persönliche Anwendungsbereich der Vorschrift umfasst mithin deutsche Staatsangehörige sowie Personen, die nicht die Staatsangehörigkeit eines Mitgliedstaats der Europäischen Union besitzen (Drittstaatsangehörige):

	Persönlicher Anwendungsbereich	**Beispiel**
Neuer Personalausweis	Deutsche Staatsangehörige	
Elektronischer Aufenthaltstitel	Drittstaatsangehörige, d. h. Personen, die nicht die Staatsangehörigkeit eines Mitgliedstaats der Europäischen Union besitzen.	

Für EU-Bürger ist ergänzend die Verordnung (EU) Nr. 910/2014 über elektronische Identifizierung und Vertrauensdienste für elektronische Transaktionen im Binnenmarkt und zur Aufhebung der Richtlinie 1999/93/EG (kurz: **eIDAS-Verordnung**) heranziehen, die am 17.9.2014 in Kraft getreten ist. Als Verordnung ist die eIDAS-Verordnung in allen ihren Teilen verbindlich und gilt unmittelbar in jedem Mitgliedstaat (Art. 288 Abs. 2 Satz 2 AEUV).

Wesentliches Element der Vorschriften zur elektronischen Identifizierung ist die **grenzüberschreitende Anerkennung** der in den Mitgliedstaaten bereits vorhandenen oder künftig in den Mitgliedsländern noch einzuführenden Identifizierungsmittel. Elektronische Identifizierungssysteme müssen dann von anderen Mitgliedstaaten verbindlich anerkannt werden, nachdem diese bei der EU-Kommission notifiziert wurden. Die Notifizierung eines elektronischen Identifizierungssystems wird vom jeweiligen Mitgliedstaat vorgenommen und erfolgt auf freiwilliger Basis. Die grenzüberschreitende Anerkennung notifizierter Identifizierungssysteme ist verpflichtend und bis zum **29.9.2018** sicherzustellen. Ab diesem Zeitpunkt

- können sich deutsche Bürger grundsätzlich mit den in Deutschland verfügbaren und bei der EU-Kommission notifizierten Identifizierungsmitteln (z. B. neuer Personalausweis) gegenüber Behörden anderer EU-Staaten elektronisch identifizieren.
- müssen die Behörden in Deutschland die in anderen EU-Mitgliedstaaten bereitgestellten und notifizierten elektronischen Identifizierungsmittel unter bestimmten Voraussetzungen auch bei deutschen Verwaltungsdienstleistungen anerkennen.

Die nachfolgende Abbildung stellt dies zusammenfassend dar:

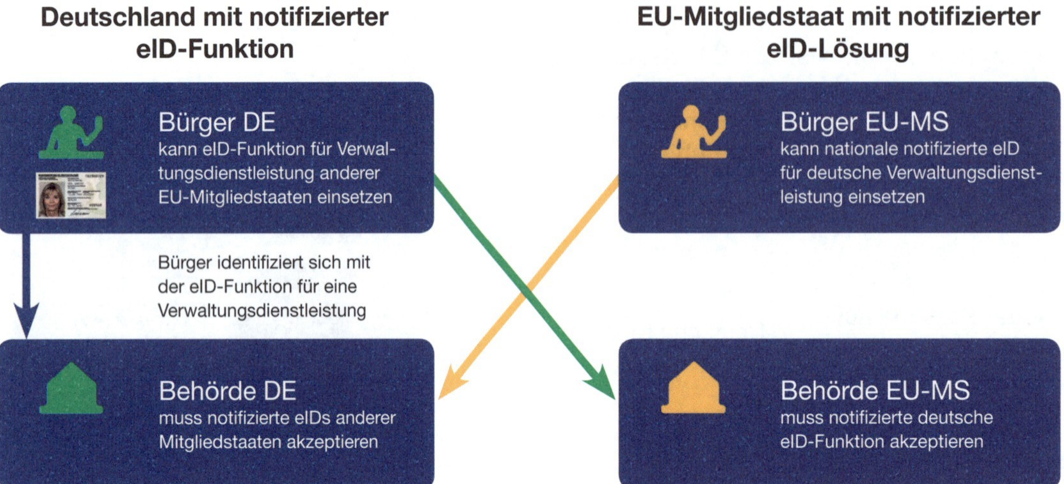

Abb. 32: Grenzüberschreitende Anerkennung notifizierter Identifizierungssysteme im Überblick
Quelle: Bundesministerium des Innern

Konkret fordert Art. 6 Abs. 1 eIDAS-Verordnung von jedem Mitgliedstaat, der für einen nationalen Online-Dienst (aufgrund einer nationalen Rechtsvorschrift oder aufgrund der Verwaltungspraxis) die Verwendung eines elektronischen Identifizierungssystems verlangt, auch die Identifizierungssysteme aus anderen Mitgliedstaaten anzuerkennen, wenn

- dieses bei der Kommission notifiziert und in der gemäß Art. 9 eIDAS-Verordnung veröffentlichten Liste aufgeführt ist,
- das Vertrauensniveau des notifizierten elektronischen Identifizierungsmittels mindestens dem von der Behörde für den Zugang zu diesem Online-Dienst geforderten Vertrauensniveau entspricht und
- die betreffende Behörde für den Zugang zu diesem Online-Dienst das Vertrauensniveau „substanziell" oder „hoch" verwendet.

Zusammenfassend lässt sich dies wie folgt darstellen:

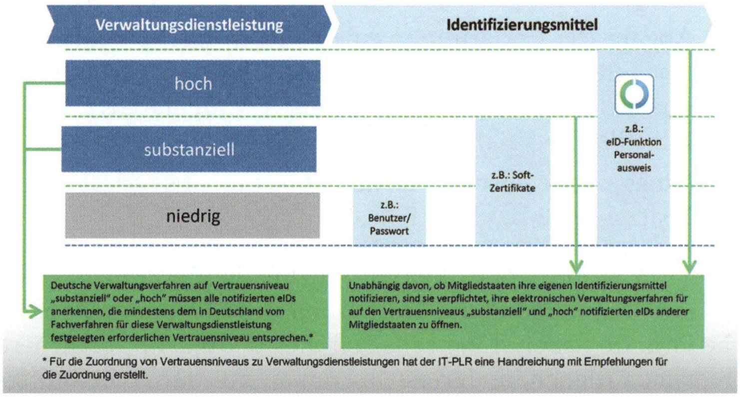

Abb. 33: Pflicht zur Anerkennung notifizierter Identifizierungssysteme abhängig vom Vertrauensniveau
Quelle: Bundesministerium des Innern

Die technische Umsetzung dieser Anforderungen erfolgt im Rahmen des von der Connect Europe Facility (CEF) der EU geförderten Projekts TREATS (TRans-European AuThentication Services). Als Ergebnis dieses Projekts werden die deutschen eID-Server „eIDAS-fähig" sein. Der vom Freistaat Bayern bereitgestellte Dienst „BayernID" ist in diese eID-Infrastruktur eingebunden. Behörden, die die BayernID anbieten, erfüllen damit nicht nur die Verpflichtung, einen elektronischen Identitätsnachweis nach Art. 3 Abs. 3 BayEGovG anzubieten, sondern ermöglichen zugleich, dass die an die BayernID angebundenen Verwaltungsleistungen künftig auch von Europäern mit den von ihren jeweiligen Mitgliedstaaten notifizierten elektronischen Identitäten genutzt werden können.

2. Schriftformersatz

Im Rahmen dieses Kapitels werden zunächst der Anwendungsbereich sowie die Notwendigkeit eines elektronischen Schriftformersatzes aufgezeigt und anschließend die soeben dargestellten schriftformersetzenden Verfahren näher erläutert.

2.1 Anwendungsbereich und Notwendigkeit des elektronischen Schriftformersatzes

Zum allgemeinen Anwendungsbereich der im Verwaltungs- und Verfahrensrecht geregelten Verfahren des elektronischen Schriftformersatzes ist zunächst festzustellen, dass das Bayerische Verwaltungsverfahrensgesetz nur für die öffentlich-rechtliche Verwaltungstätigkeit gilt (vgl. Art. 1 Abs. 1 BayVwVfG). **Privatrechtliche Schriftformerfordernisse** können durch diese Verfahren daher nicht ersetzt werden.

Die Verfahren des elektronischen Schriftformersatzes ersetzen grundsätzlich „nur" die durch Rechtsvorschrift angeordneten Schriftformerfordernisse und sind in erster Linie dazu gedacht, den entsprechenden verfahrensbezogenen Schriftverkehr mit der Behörde auch in elektronischer Form zu ermöglichen, beispielsweise durch

- die Übermittlung eines elektronischen Dokuments, das mit einer **qualifizierten elektronischen Signatur** versehen ist (Art. 3a Abs. 2 Sätze 1 und 2 BayVwVfG),
- unmittelbare Abgabe der Erklärung in einem elektronischen Formular, das von der Behörde über das Internet zur Verfügung gestellt wird in Verbindung mit einem sicheren Identitätsnachweis mittels des **neuen Personalausweises** (Art. 3a Abs. 2 Satz 4 Nr. 1, Satz 5 BayVwVfG) oder
- den Versand eines elektronischen Dokuments mit **absenderbestätigter De-Mail** (Art. 3a Abs. 2 Satz 4 Nr. 2 BayVwVfG).

Ein elektronischer Schriftformersatz kommt regelmäßig dann nicht in Betracht, wenn eine Rechtsvorschrift das **persönliche Erscheinen** des Beteiligten anordnet. Dies kann unterschiedliche Gründe haben. Einerseits soll dies (lediglich) der sicheren Identifizierung des Erschienenen dienen, andererseits können mit der Anordnung des persönlichen Erscheinens auch weitere, über die Identifikation hinausgehende Zwecke verfolgt werden, beispielsweise die Gewinnung eines persönlichen Eindrucks oder das Führen eines persönlichen Beratungsgesprächs. Zudem wird ein persönliches Erscheinen auch zur Durchführung förmlicher Verfahren wie Beurkundungen, zur Anfertigung von Niederschriften oder zu Prüfungs-, Untersuchungs- und Ausbildungszwecken angeordnet. Beispielsweise setzt die Anmeldung der Eheschließung grundsätzlich ein persönliches Erscheinen der Eheschließenden beim Standesamt voraus (§ 28 Abs. 1 PStV).

Die Schriftform muss darüber hinaus **durch Rechtsvorschrift angeordnet** sein. Beispielsweise wurden durch das Gesetz zum Abbau verzichtbarer Anordnungen der Schriftform im Verwaltungsrecht des Bundes vom 29.3.2017 (BGBl. I S. 626) Schriftformerfordernisse in 182 Bundesgesetzen und -verordnungen abgebaut. Allein die Tatsache, dass ein aufgrund einer Rechtsvorschrift zwingend zu verwendendes Formular ein Unterschriftsfeld vorsieht, begründet zudem noch kein Schriftformerfordernis (Art. 6 Abs. 2 Satz 2 BayEGovG). Anders als im Zivilrecht (§ 126 BGB) ist im Verwaltungsrecht die Schriftform nicht gesetzlich definiert. Dieser Umstand trägt den Besonderheiten des Verwaltungsverfahrens Rechnung. Das hat zur Folge, dass anders als bei § 126 Abs. 1 BGB die Anordnung der Schriftform nicht immer eine Unterschrift erfordert, sondern nur, wenn dies nach dem Zweck der Schriftform im jeweiligen Regelungskontext notwendig ist. Wenn in einer Rechtsvorschrift Begriffe wie „Schriftstück" oder „schriftlich" verwendet werden, ist dies daher noch nicht zwingend mit dem Erfordernis einer eigenhändigen Unterschrift bzw. eines elektronischen Schriftformersatzes nach Art. 3a Abs. 2 BayVwVfG gleichzusetzen (vgl. etwa zum Widerspruch Urteil des BVerwG vom 26.5.1978, Az.4 C 11/78, NJW 1979, 120). Es ist vielmehr durch Auslegung zu ermitteln, welche Anforderungen an die verlangte Schriftform zu stellen sind. In manchen Fällen wollte der Gesetzgeber mit der Formulierung „schriftlich" in verwaltungsrechtlichen Regelungen etwa vor allem dem Anliegen gerecht werden, in Abgrenzung zur Mündlichkeit den genauen Inhalt von Erklärungen zu dokumentieren. Die Schriftform dient hier deshalb primär dem aus dem Rechtsstaatsprinzip resultierenden Erfordernis der ordnungsgemäßen Aktenführung. Zur Erfüllung dieses behördlichen Dokumentationsinteresses kommt es daher vorwiegend auf die Verkörperung der Erklärung in archivierbarer Form an. Solche Schriftformerfordernisse verlangen daher häufig nicht die eigenhändige Unterzeichnung einer Erklärung (vgl. hierzu sowie zu den Funktionen der Schriftform *Denkhaus/Geiger*, Bayerisches E-Government-Gesetz, Art. 3 Rn. 15 ff.).

Liegt hiernach ein „echtes“ Schriftformerfordernis vor, muss weiter geprüft werden, ob die **Anwendung der Vorschriften zum elektronischen Schriftformersatz** durch eine Rechtsvorschrift **ausgeschlossen** ist. Ein elektronischer Schriftformersatz nach Art. 3a Abs. 2 BayVwVfG ist beispielsweise nicht möglich bei der Baugenehmigung (Art. 68 Abs. 2 Satz 1 BayBO), dem Enteignungsverfahren (Art. 23 Satz 2 BayEG) oder der Heranziehung zum Feuerwehrdienst (Art. 13 Abs. 2 Satz 1 BayFwG).

Die nachfolgende Abbildung stellt Anwendungsbereich und Notwendigkeit der schriftformersetzenden Verfahren nach Art. 3a Abs. 2 BayVwVfG im Überblick dar:

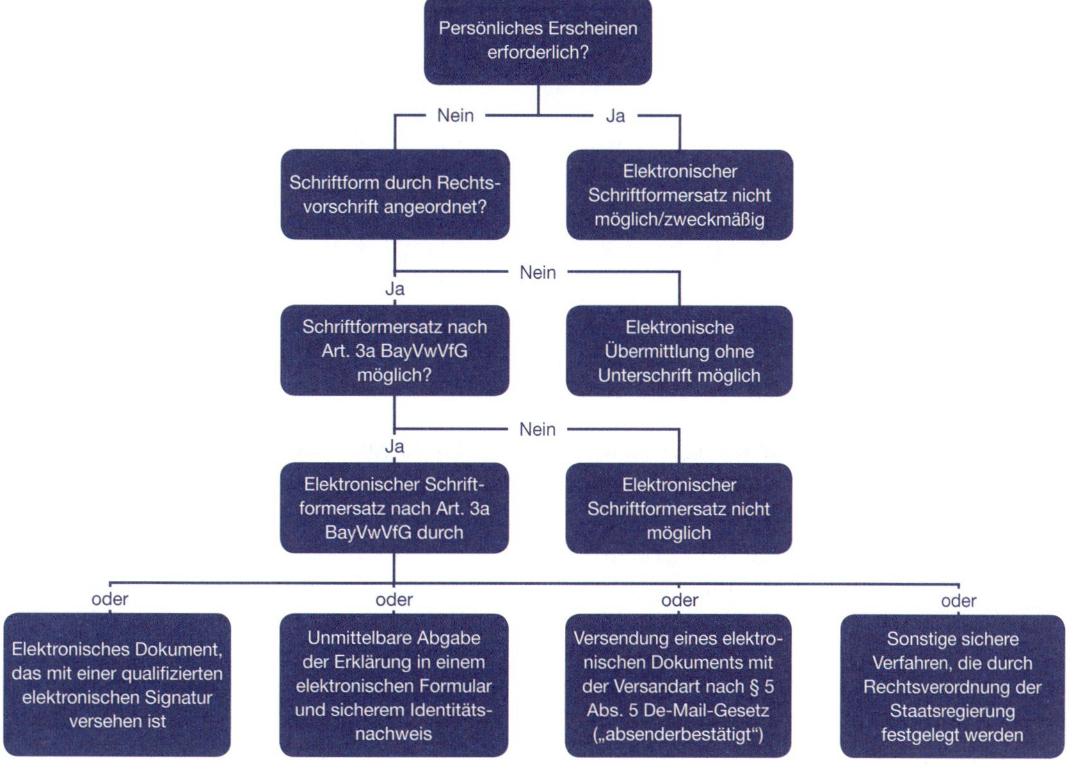

Abb. 34: Anwendungsbereich und Notwendigkeit des elektronischen Schriftformersatzes
Quelle: Denkhaus/Geiger, Bayerisches E-Government-Gesetz, Art. 3 Rn. 14.

Die verschiedenen schriftformersetzenden Verfahren unterscheiden sich auch hinsichtlich ihrer Einsatzmöglichkeiten. Während die qualifizierte elektronische Signatur und die Verwendung einer absenderbestätigten De-Mail-Nachricht einen Schriftformersatz für Formulare ermöglichen, die als Datei (z. B. im pdf-Format) heruntergeladen und weiter ausgefüllt werden können, kommen die Online-Ausweisfunktion des neuen Personalausweises sowie schriftformersetzende Verfahren auf der Basis von authega bei Online-Formularen mit „Direktausfüllung“ zum Einsatz:

	Online-Formulare mit „Direktausfüllung“	Formulare zum Herunterladen (z. B. pdf-Formulare)
Qualifizierte elektronische Signatur		✓
Absenderbestätigte De-Mail		✓
Online-Ausweisfunktion des neuen Personalausweises	✓	
Schriftformersatz auf Basis von authega	✓	

2.2 Qualifizierte elektronische Signatur

Eine durch Rechtsvorschrift angeordnete Schriftform kann – soweit nicht durch Rechtsvorschrift etwas anderes bestimmt ist – durch die elektronische Form ersetzt werden (Art. 3a Abs. 2 Satz 1 BayVwVfG). Die „elektronische Form“ ist dabei als Gegenstück zur „Schriftform“ zu verstehen. „Elektronische Form“ meint danach ein elektronisches Dokument, das mit einer qualifizierten elektronischen Signatur versehen ist (Art. 3a Abs. 2 Satz 2 BayVwVfG). Die gesetzliche Begriffsdefinition soll vor allem Missverständnissen vorbeugen. Denn im allgemeinen Sprachgebrauch wird die Bezeichnung „elektronische Form“ überwiegend als Oberbegriff zur Abgrenzung sämtlicher elektronischer Dokumente zu verkörperten (schriftlichen) Dokumenten und nicht im Sinne der vorgenannten gesetzlichen Definition verwendet (LT-Drs. 17/7537, S. 42):

Art. 3a Abs. 2 Satz 3 BayVwVfG dient der Klarstellung. Die Signierung mit einem Pseudonym ist nur zulässig, wenn es der Behörde „unmittelbar“ möglich ist, die Person des Signaturschlüsselinhabers zu identifizieren. Es genügt beispielsweise nicht, dass lediglich der Zertifizierungsdienstanbieter in der Lage ist, den Signaturschlüsselinhaber zu identifizieren (LT-Drs. 17/7537, S. 42).

Der Bürger kann die qualifizierte elektronische Signatur beispielsweise in Verbindung mit der sog. **Unterschriftsfunktion** des neuen Personalausweises nutzen:

Hierzu muss die Online-Ausweisfunktion (eID-Funktion) des neuen Personalausweises freigeschaltet sein und der Bürger benötigt für die praktische Nutzung neben dem erforderlichen Signaturzertifikat insbesondere ein kontaktloses Komfortlesegerät.

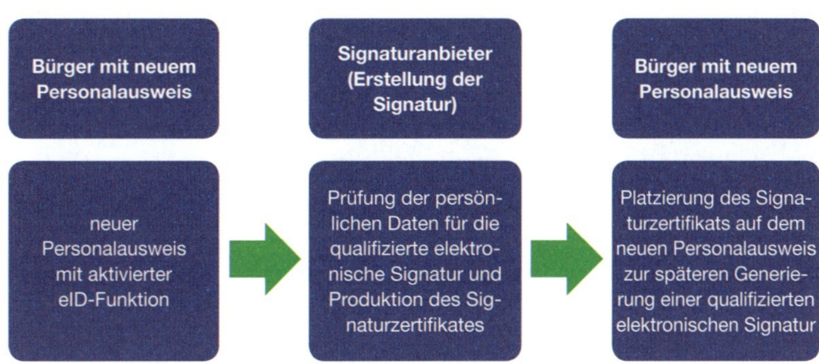

Abb. 35: Unterschriftsfunktion des neuen Personalausweises
Quelle: http://die-unterschriftsfunktion.de

2.3 Online-Ausweisfunktion des neuen Personalausweises

Neben der qualifizierten elektronischen Signatur kann eine durch Rechtsvorschrift angeordnete Schriftform auch durch unmittelbare Abgabe einer Erklärung in einem elektronischen Formular erfüllt werden, das mittels eines Eingabegeräts bei der Behörde oder über öffentlich zugängliche Netze zur Verfügung gestellt wird (Art. 3a Abs. 2 Satz 4 Nr. 1, Satz 5 BayVwVfG). Die Regelung sieht daher zwei Möglichkeiten des elektronischen Schriftformersatzes vor:

- Behörde stellt bei ihr ein Eingabegerät (z. B. Bürgerterminal) zur unmittelbaren Abgabe der Erklärung in einem elektronischen Formular zur Verfügung.
- Behörde stellt das elektronische Formular zur unmittelbaren Abgabe der Erklärung über öffentlich zugängliche Netze (Internet, mobile Anwendungen etc.) zur Verfügung.

In beiden Fällen muss ein sicherer Identitätsnachweis durch den Erklärenden erfolgen. Bei der Nutzung von Eingabegeräten (z. B. Bürgerterminals) in einer Behörde kann die Identität auch durch einen Behördenmitarbeiter geprüft werden. Sofern die Eingabe über öffentlich zugängliche Netze (z. B. Internet oder mobile Anwendungen) erfolgt, muss der sichere Identitätsnachweis über den neuen Personalausweis bzw. den elektronischen Aufenthaltstitel erfolgen (Art. 3a Abs. 2 Satz 5 BayVwVfG). Die Behörde muss dabei für eine sichere und nachvollziehbare Verknüpfung von Erklärung mit dem elektronischen Identitätsnachweis des Erklärenden sorgen.

Für die Praxis wichtig ist, dass sich dieser Schriftformersatz **nicht** auf die Verwendung elektronischer Formulare (z. B. in **pdf-Form**) erstreckt, die heruntergeladen und nach dem Ausfüllen an die Behörde gesendet werden. In diesen Fällen werden elektronische Dokumente versandt, sodass ein Schriftformersatz durch die qualifizierte elektronische Signatur (Art. 3a Abs. 2 Sätze 1 und 2 BayVwVfG) oder den Versand dieses Dokuments an die Behörde mit der Versandart nach § 5 Abs. 5 De-Mail-Gesetz (Art. 3a Abs. 2 Satz 4 Nr. 2 BayVwVfG) in Betracht kommt. Die Formulierung „durch unmittelbare Abgabe" in Art. 3a Abs. 2 Satz 4 Nr. 1 BayVwVfG soll klarstellen, dass sich die Regelung nur auf elektronische Formulare bezieht, die vom Verwender nicht verändert werden können, und die die Behörde über das Internet oder Bürgerterminals bereitstellt (**Online-Formulare mit „Direktausfüllung"**). Ohne diese besondere technische Anforderung erfüllt der sichere Identitätsnachweis mittels neuem Personalausweis nicht alle Funktionen einer Schriftform, wie sie z. B. durch eine qualifizierte elektronische Signatur erfüllt werden (z. B. Echtheitsfunktion); hierzu ausführlich *Denkhaus/Geiger*, Bayerisches E-Government-Gesetz, Art. 3 Rn. 36 ff. Ziel der Regelung ist, dass die Behörde durch die technische Ausgestaltung der zur Verfügung gestellten Anwendung und die eröffneten Auswahl- oder Ausfüllfelder selbst steuert, welche Erklärungen abgegeben werden können, und so Manipulationen ausschließen kann. Daher bedarf es dieser Formulare mit „Direktausfüllung", wie in der nachfolgenden Abbildung anhand eines entsprechenden Online-Formulars zur Außerbetriebsetzung eines Kraftfahrzeugs dargestellt:

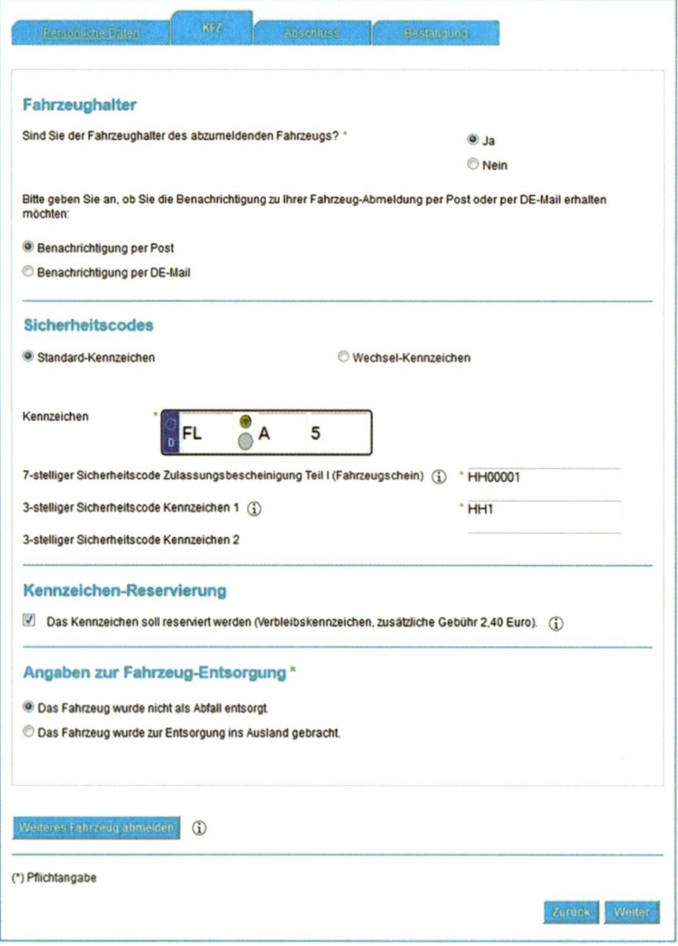

Persönliche Daten | KFZ | Abschluss | Bestätigung

Fahrzeughalter

Sind Sie der Fahrzeughalter des abzumeldenden Fahrzeugs? *

- (●) Ja
- ( ) Nein

Bitte geben Sie an, ob Sie die Benachrichtigung zu Ihrer Fahrzeug-Abmeldung per Post oder per DE-Mail erhalten möchten:

- (●) Benachrichtigung per Post
- ( ) Benachrichtigung per DE-Mail

Sicherheitscodes

(●) Standard-Kennzeichen   ( ) Wechsel-Kennzeichen

Kennzeichen * D FL A 5

7-stelliger Sicherheitscode Zulassungsbescheinigung Teil I (Fahrzeugschein) * HH00001

3-stelliger Sicherheitscode Kennzeichen 1 * HH1

3-stelliger Sicherheitscode Kennzeichen 2

Kennzeichen-Reservierung

[✓] Das Kennzeichen soll reserviert werden (Verbleibskennzeichen, zusätzliche Gebühr 2,40 Euro).

Angaben zur Fahrzeug-Entsorgung *

- (●) Das Fahrzeug wurde nicht als Abfall entsorgt.
- ( ) Das Fahrzeug wurde zur Entsorgung ins Ausland gebracht.

Weiteres Fahrzeug abmelden

(*) Pflichtangabe

Zurück | Weiter

Quelle: AKDB

Die konkrete technische und organisatorische Ausgestaltung wird gesetzlich nicht vorgegeben, um der Verwaltung den erforderlichen Gestaltungsspielraum zu belassen. Zulässig sind daher z. B. auch Bürgerkonto-Lösungen, bei der nach einer einmaligen Anmeldung mit der eID-Funktion mehrere Vorgänge schriftformersetzend durchgeführt werden können.

Während bei der qualifizierten elektronischen Signatur die sog. **Unterschriftsfunktion** des neuen Personalausweises zum Einsatz kommen kann, reicht für den Schriftformersatz bei Online-Formularen mit „Direktausfüllung" die **Online-Ausweisfunktion (eID-Funktion)** aus. Die nachfolgende Abbildung stellt beide Funktionen sowie die unterschiedlichen Einsatzmöglichkeiten gegenüber:

	Erläuterung	**Anwendungsmöglichkeit Schriftformersatz**
Unterschriftsfunktion	Der neue Personalausweis ermöglicht das elektronische „Unterschreiben" mittels qualifizierter elektronischer Signatur. Um diese Funktion zu nutzen, muss ein Signaturzertifikat erworben und auf den Ausweis geladen werden. Während für die Nutzung der Online-Ausweisfunktion ein sog. Basisleser ausreicht, ist für die Unterschriftsfunktion ein sog. Komfortleser erforderlich.	Herunterladen und Ausfüllen eines pdf-Formulars, das anschließend mittels der qualifizierten elektronischen Signatur „unterschrieben" wird.

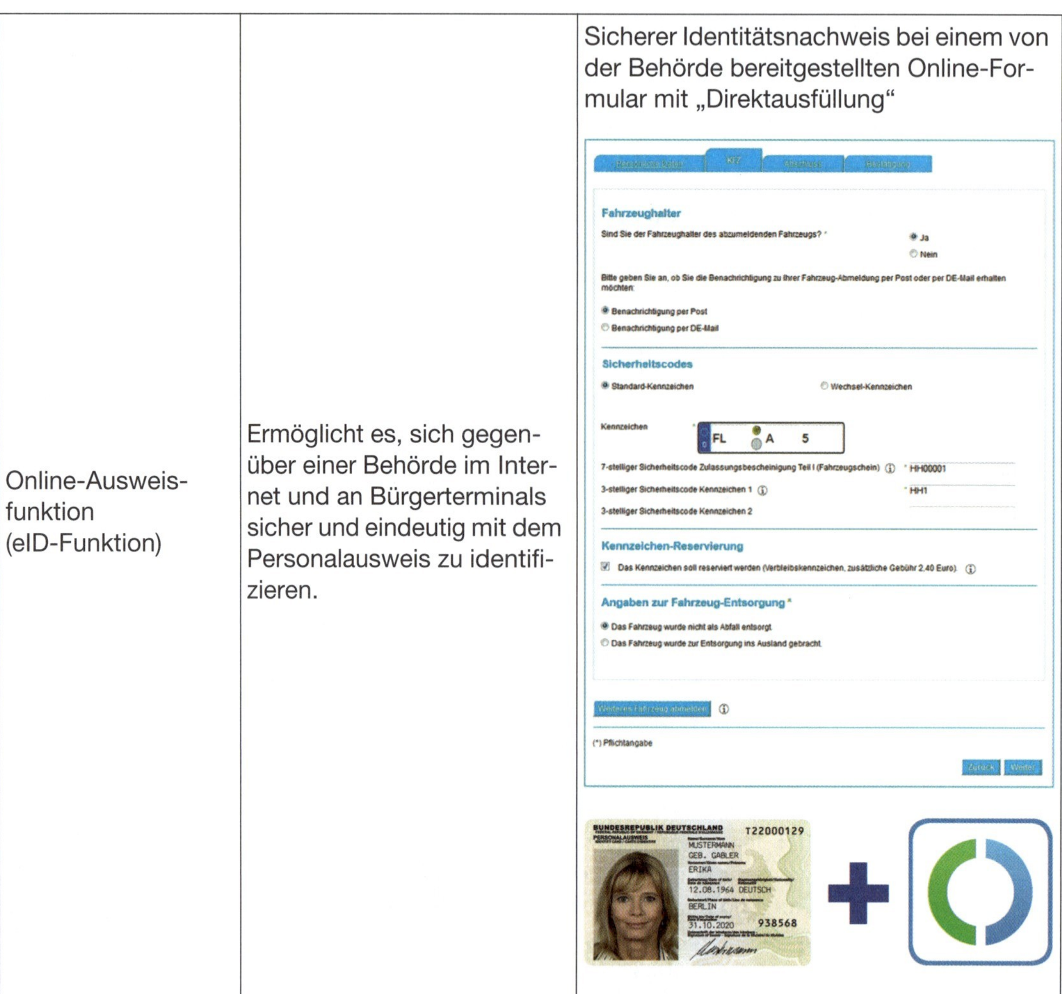

Online-Ausweis-funktion (eID-Funktion)	Ermöglicht es, sich gegenüber einer Behörde im Internet und an Bürgerterminals sicher und eindeutig mit dem Personalausweis zu identifizieren.	Sicherer Identitätsnachweis bei einem von der Behörde bereitgestellten Online-Formular mit „Direktausfüllung“

Die Nutzung dieser Funktionen des neuen Personalausweises setzt grundsätzlich ein Lesegerät voraus, wobei abhängig von Funktionsumfang und Sicherheitsmerkmalen zwischen drei Kategorien von Lesegeräten unterschieden werden kann:

Eigenschaften	Basisleser	Standardleser	Komfortleser
unterstützt die Online-Ausweisfunktion	✓	✓	✓
Sicherheitsgewinn zum herkömmlichen Log-in	✓	✓	✓
hat eine eigene Tastatur	✗	✓	✓

Eigenschaften	Basisleser	Standardleser	Komfortleser
hat ein eigenes Display	✗	optional	✓
hat eine PIN-Verschlüsselung, d.h. einen Sicherheitschip im Lesegerät	✗	✗	✓
unterstützt die Unterschriftsfunktion mit kostenloser Chipkarte	✗	✗	✓

Quelle: www.personalausweisportal.de

Während für die Nutzung der Online-Ausweisfunktion ein sog. Basisleser ausreicht, ist für die Unterschriftsfunktion ein sog. Komfortleser erforderlich. Die im März 2017 zertifizierte mobile AusweisApp2 ermöglicht es dem Nutzer mit geeigneten Smartphones und Tablets darüber hinaus, die Online-Ausweisfunktion auch unter Verwendung der sog. NFC-Schnittstelle zu nutzen. Ein separater Kartenleser wird somit nicht mehr benötigt. Die mobile AusweisApp2 soll künftig auch die Verwendung des Smartphones als Kartenlesegerät für die stationäre Nutzung der Online-Ausweisfunktion über einen PC ermöglichen, sodass dann auch insoweit auf einen separaten Kartenleser verzichtet werden könnte.

2.4 De-Mail

Eine weitere Möglichkeit des elektronischen Schriftformersatzes besteht für den Bürger bei Anträgen und Anzeigen darin, ein elektronisches Dokument mittels **De-Mail** an die Behörde mit der Versandart nach § 5 Abs. 5 De-Mail-Gesetz zu übermitteln.

Um diese Versandart nutzen zu können, muss sich ein De-Mail-Nutzer zunächst **sicher** im Sinne von § 4 De-Mail-Gesetz an seinem De-Mail-Konto **anmelden**. Die bloße Anmeldung mittels Benutzername und Passwort reicht hierzu nicht aus. Vielmehr ist zusätzlich zu Benutzername und Passwort (Wissen) ein weiteres Sicherungsmittel im Besitz des Nutzers erforderlich. Man spricht daher auch von einer Zwei-Faktor-Authentifizierung (Wissen + Besitz). Abhängig vom jeweiligen De-Mail-Anbieter können dabei unterschiedliche Verfahren zum Einsatz kommen, beispielsweise

- neuer Personalausweis mit eID-Funktion
- USB-Gerät in der Größe eines Speicher-Sticks, das eine mit PIN oder Passwort geschützte Authentisierungsfunktion enthält,
- One-Time-Password-Generator (OTP, Einmalpasswortverfahren), mit dem bei Bedarf ein Passwort angefordert wird, das nur für eine Anmeldung genutzt werden kann.

Wählt der De-Mail-Nutzer für den Versand eines Antrags anschließend die Versandoption „absenderbestätigt" aus, versieht der akkredierte De-Mail-Anbieter die Nachricht mit einer dauerhaft überprüfbaren qualifizierten elektronischen Signatur. Sind der Nachricht eine oder mehrere Dateien beigefügt, bezieht sich die qualifizierte elektronische Signatur auch auf diese. Die schriftformersetzende Wirkung einer mittels absenderbestätigter De-Mail übermittelten Nachricht erstreckt sich damit auf alle mit einer De-Mail übermittelten Dokumente. Sie tritt auch unabhängig davon ein, ob die Behörde ihre De-Mail-Nachrichten über eine Browser- oder eine Gateway-Lösung abruft. Durch die qualifizierte elektronische Signatur wird gewährleistet, dass die Nachricht samt Anhängen nach dem Versand nicht unerkannt verändert werden kann und dies auch später jederzeit nachprüfbar ist. Um diese Nachprüfbarkeit (also die Signierfunktion) zu erhalten, dürfen auf Empfängerseite De-Mail-Nachricht und die Anhänge (z. B. pdf-Dokumente) nicht getrennt werden, sondern müssen als Ganzes aufbewahrt werden. Dies ist auch mit Blick auf die Beweisregeln nach § 371a Abs. 2, 3 Satz 3 ZPO erforderlich. Die Tatsache, dass der Absender die Versandart „absenderbestätigt" genutzt hat, muss sich aus der Nachricht in der Form, wie sie der Behörde ankommt, ergeben (§ 5 Abs. 5 Satz 5 De-Mail-Gesetz). Die in Art. 3a Abs. 2 Satz 4 Nr. 2 BayVwVfG verwendeten Begriffe „Anträge und Anzeigen" sind dabei weit zu verstehen und umfassen auch sonstige schriftformbedürftige Erklärungen gegenüber einer Behörde (LT-Drs. 17/7537, S. 43).

Der Schriftformersatz durch die Versendung eines elektronischen Dokuments an die Behörde mit der Versandart nach § 5 Abs. 5 De-Mail-Gesetz lässt sich schematisch wie folgt darstellen:

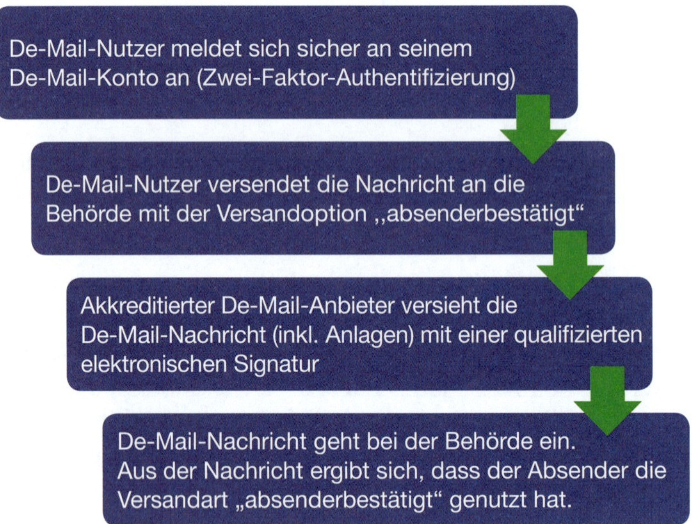

Abb. 36: Schriftformersatz mit „absenderbestätigter De-Mail"

2.5 Weitere Möglichkeiten des elektronischen Schriftformersatzes

2.5.1 Hintergrund und Regelungskonzept

Die rechtlich für den elektronischen Schriftformersatz in Bayern **bislang zugelassenen Verfahren** haben sich in der Praxis noch nicht durchsetzen können. Dies gilt sowohl für die seit 1.2.2003 im Bayerischen Verwaltungsverfahrensgesetz (BayVwVfG) bestehende Möglichkeit, die Schriftform durch **qualifiziert elektronisch signierte Dokumente** zu ersetzen (Art. 3a Abs. 2 Sätze 1 und 2 BayVwVfG; s. auch LT-Drs. 17/7537, S. 1), als auch für den im Zuge des Gesetzgebungsverfahrens für das Bayerische E-Government-Gesetz zugelassenen Schriftformersatz über die Online-Ausweisfunktion des **neuen Personalausweises** bzw. des elektronischen Aufenthaltstitels (Art. 3a Abs. 2 Satz 4 Nr. 1, Satz 5 BayVwVfG) sowie mittels **De-Mail-Verfahren** (Art. 3a Abs. 2 Satz 4 Nr. 2 BayVwVfG): Mitte 2016 verfügten nur 4 % der Internetnutzer in Deutschland über die Voraussetzungen, den neuen Personalausweis für den elektronischen Schriftformersatz nutzen zu können, lediglich 8 % verfügten über ein De-Mail-Konto [Initiative D21 e. V. (Hrsg.), E-Government Monitor 2016, S. 20, 23].

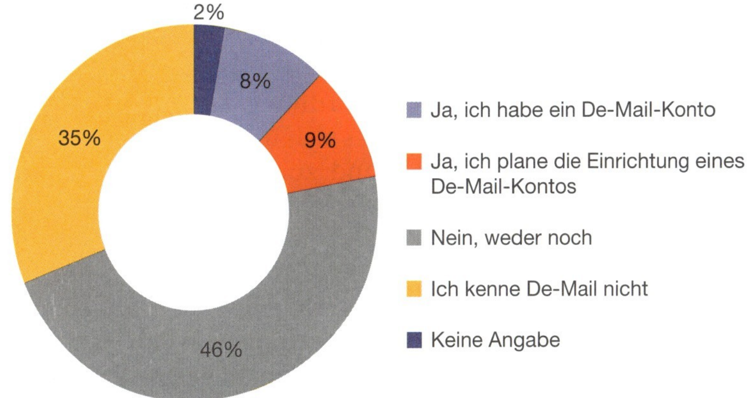

Abb. 37: Verbreitung und Bekanntheit von De-Mail
Quelle: Initiative D21 e. V. (Hrsg.), E-Government Monitor 2016, S. 23 (eigene Darstellung)

Durch Rechtsvorschrift angeordnete Schriftformerfordernisse stellen in der Praxis daher ein echtes Hindernis für die digitale Verwaltung dar. Die Bayerische Staatsregierung hat daher von ihrer Ermächtigung in Art. 3a Abs. 2 Satz 4 Nr. 4 BayVwVfG Gebrauch gemacht, durch Rechtsverordnung sonstige sichere Verfahren als elektronischen Schriftformersatz zuzulassen. Dabei wurde **keine neue Rechtsverordnung** geschaffen, sondern die bereits bestehende **Bayerische Verordnung zur Schaffung barrierefreier Informationstechnik** (BayBITV) um Regelungen zum elektronischen Schriftformersatz **ergänzt**. Am 16.11.2016 ist die neugefasste BayBITV in Kraft getreten (GVBl. S. 314). Die maßgebliche Regelung für den elektronischen Schriftformersatz findet sich in § 2 BayBITV. Nach den Regelungen in § 2 Abs. 1 BayBITV kann die Schriftform ersetzt werden, wenn

- der Beteiligte anhand der dazu erforderlichen Daten sicher identifiziert ist,
- das verwendete Authentifizierungsverfahren vom Staatsministerium der Finanzen, für Landesentwicklung und Heimat zertifiziert und als solches bekannt gemacht ist,

- die Erklärung unmittelbar in einem elektronischen Formular oder über eine elektronische Schnittstelle abgegeben wird, die von der Behörde zur Verfügung gestellt werden,
- die Integrität und Vertraulichkeit des übermittelten Datensatzes durch technische Maßnahmen gewährleistet wird, die die gesetzlichen Anforderungen an die Sicherheit der verarbeiteten Daten erfüllen, und
- die Barrierefreiheit (§ 1 Abs. 1 Satz 1 BayBITV) gewährleistet ist.

Die Anforderungen an ein schriftformersetzendes Verfahren werden darin **bewusst allgemein festgelegt**. Die Regelung ist damit offen für technische Neuerungen. Auch könnte ein zu starrer Zuschnitt der Regelung auf ein einzelnes Verfahren bei Änderungen des Produkts zu sicherheitstechnischen Lücken führen. Durch die allgemein gehaltenen Vorgaben an ein schriftformersetzendes Verfahren soll darüber hinaus sichergestellt werden, dass es dem Stand der Technik entsprechend anzupassen ist.

Das im Rahmen des elektronischen Schriftformersatzes vorgesehene Authentifizierungsverfahren darf dabei nur dann **zertifiziert** werden, wenn es dem Stand der Technik entspricht (§ 2 Abs. 2 Satz 1 BayBITV). Die Einhaltung des Stands der Technik wird vermutet, wenn das Authentifizierungsverfahren die Anforderungen an das Sicherheitsniveau „substanziell" der Nrn. 2.2 und 2.3 des Anhangs der Durchführungsverordnung (EU) 2015/1502 (Durchführungsverordnung zur eIDAS-Verordnung) erfüllt (§ 2 Abs. 2 Satz 2 BayBITV). Hierbei handelt es sich um die Bestimmungen zur Verwaltung elektronischer Identifizierungsmittel und zur Authentifizierung. Die Vorschrift gibt dem Staatsministerium der Finanzen, für Landesentwicklung und Heimat damit Prüfkriterien für die Zertifizierung an die Hand. Die Zertifizierung eines Authentifizierungsverfahrens nach § 2 Abs. 1 Satz 1 Nr. 2 BayBITV erfolgt dabei grundsätzlich ausnahmslos und ressortübergreifend. Es kann jedoch Fälle geben, in denen die zuständige oberste Dienstbehörde vereinzelt höhere Anforderungen an den elektronischen Schriftformersatz stellt. Werden Gründe vorgebracht, weshalb ein Authentifizierungsverfahren für ein bestimmtes Schriftformerfordernis nicht als Schriftformersatz wirken soll, so hat das Staatsministerium der Finanzen, für Landesentwicklung und Heimat der Forderung einer zuständigen obersten Landesbehörde nach einer **Bereichsausnahme** nachzukommen (§ 2 Abs. 3 BayBITV). Die zuständigen obersten Dienstbehörden werden hierzu im Rahmen des Zertifizierungsverfahrens beteiligt. Für die praktischen Einsatzmöglichkeiten eines elektronischen Schriftformersatzes nach § 2 Abs. 1 BayBITV kommt es daher maßgeblich auf den Inhalt und die Reichweite der Zertifizierung an. Die nachfolgende Abbildung stellt den Ablauf dieses Verfahrens schematisch dar:

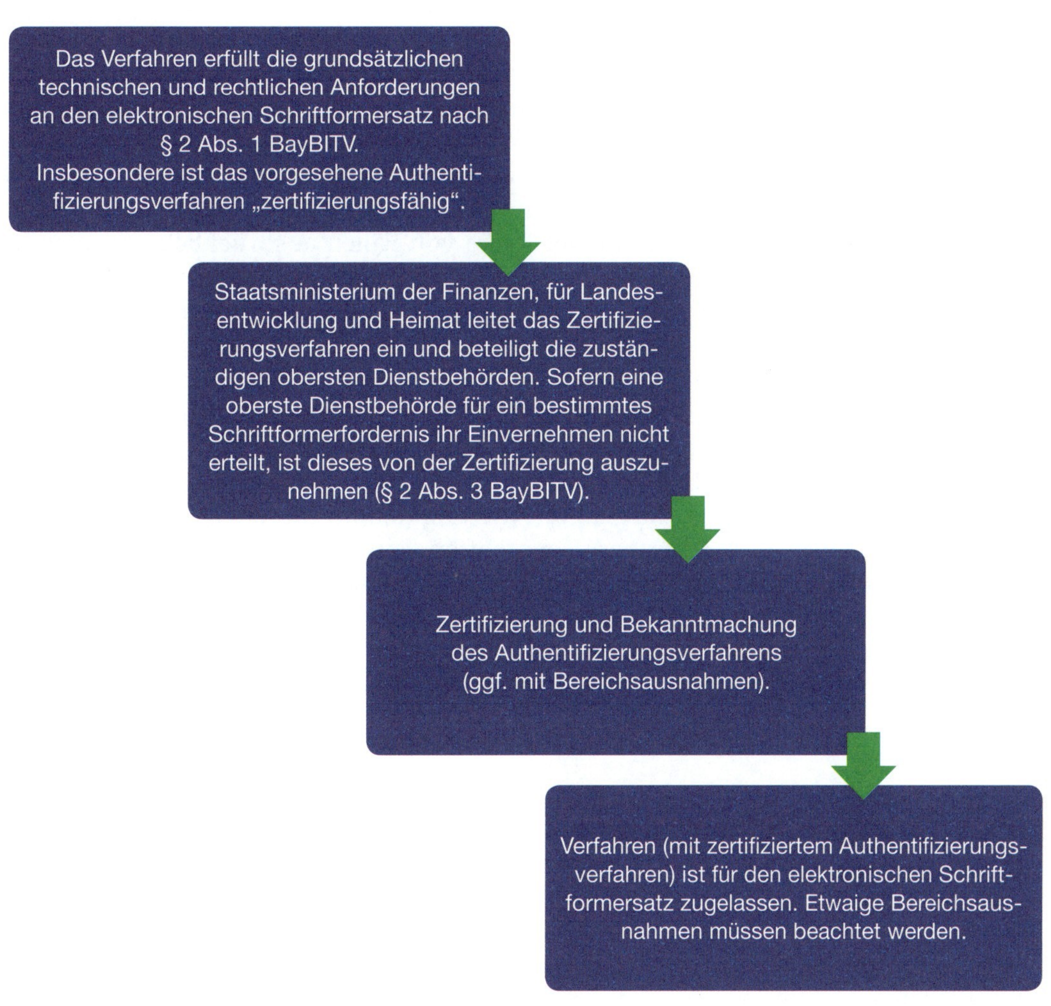

Abb. 38: Verfahren zur Zulassung weiterer schriftformersetzender Verfahren im Überblick

2.5.2 Anwendungsbereich und Einsatzmöglichkeiten

2.5.2.1 Anwendungsbereich

Die Regelungen zum elektronischen Schriftformersatz in § 2 BayBITV beruhen auf einer Ermächtigungsgrundlage im Bayerischen Verwaltungsverfahrensgesetz (Art. 3a Abs. 2 Satz 4 Nr. 4 BayVwVfG). Die auf dieser Grundlage für den elektronischen Schriftformersatz zugelassenen Verfahren können daher nur dort eingesetzt werden, wo das BayVwVfG zur Anwendung kommt. Schriftformerfordernisse beim Vollzug von Bundesrecht im Auftrag des Bundes (**Bundesauftragsverwaltung**, z. B. BAföG) können daher **nicht** durch diese Verfahren ersetzt werden (vgl. § 1 Abs. 1 Nr. 2 VwVfG).

2.5.2.2 Erklärungen des Bürgers gegenüber der Behörde

Die Vorschriften sind zudem auf den **Hinkanal** zugeschnitten, d. h. auf Anträge und Erklärungen, die der **Bürger gegenüber der Behörde** abgibt. Die in § 2 BayBITV vorgesehenen Verfahren eignen sich daher **nicht** für den elektronischen Schriftformersatz auf dem **Rückkanal**, d. h. im behördlichen Schriftverkehr an den Bürger bzw. beim Erlass von Verwaltungsakten. In der Praxis wirkt sich diese Beschränkung auf den Hinkanal aus Sicht des Verordnungsgebers nur unerheblich aus. Zum einen bleibt es dabei, dass Verwaltungsakte gem. Art. 37 Abs. 2 BayVwVfG grundsätzlich auch elektronisch erlassen werden können. Durch Rechtsvorschrift angeordnete Schriftformerfordernisse sind bei Verwaltungsakten zudem eher selten. Hinzu kommt, dass der elektronische Schriftformersatz bei Verwaltungsakten in einer Reihe von Fällen ausdrücklich ausgeschlossen ist, vgl. z. B. Art. 68 Abs. 2 Satz 1 BayBO, Art. 23 BayEG, Art. 13 Abs. 2 Satz 1 BayFwG, Art. 75 Abs. 1 Satz 1 BayEUG. Verbleibende Schriftformerfordernisse auf Seiten der Behörden können weiterhin insbesondere durch qualifiziert elektronisch signierte Dokumente (Art. 3a Abs. 2 Sätze 1 und 2 BayVwVfG) und De-Mail-Verfahren (Art. 3a Abs. 2 Satz 4 Nr. 3 BayVwVfG) ersetzt werden. Voraussetzung ist in diesen Fällen jedoch, dass der Empfänger des behördlichen Dokuments den elektronischen Zugang nach Art. 3 Abs. 1 Satz 2 BayEGovG eröffnet hat. Mit den Neuregelungen in der BayBITV soll **kein Zwang für den Bürger** zur Nutzung der auf dieser Grundlage zugelassenen schriftformersetzenden Verfahren geschaffen werden. Vielmehr sollen die **bestehenden Möglichkeiten** des elektronischen Schriftformersatzes um Verfahren **erweitert** werden können, die insbesondere auf eine höhere Akzeptanz bei den Nutzern abzielen. Bei der Bekanntgabe von Verwaltungsakten über E-Government-Portale ist zudem die Sonderregelung in Art. 6 Abs. 4 Satz 1 BayEGovG zu berücksichtigen; diese setzt die Einwilligung des Beteiligten voraus.

2.5.2.3 Direktausfüllung über elektronische Formulare oder Schnittstellen

Der elektronische Schriftformersatz nach § 2 BayBITV setzt zudem voraus, dass die Erklärung **unmittelbar** in einem elektronischen Formular oder über eine von der Behörde zur Verfügung gestellte elektronische Schnittstelle abgegeben wird (§ 2 Abs. 1 Satz 1 Nr. 3 BayBITV). Erklärung ist jede auf Einleitung oder Vornahme von Verfahrenshandlungen gerichtete Willenserklärung gegenüber einer Behörde. Hierbei handelt es sich um eine spezifisch verwaltungsrechtliche Willenserklärung, für die nach herrschender Meinung die Vorschriften des Bürgerlichen Gesetzbuches entsprechend anwendbar sind. In der überwiegenden Zahl der Fälle wird es sich dabei um den in Art. 22 BayVwVfG angesprochenen Antrag im verfahrensrechtlichen Sinn handeln. Die Formulierung stellt klar, dass sich die Regelung **nicht** auf die Verwendung elektronischer Formulare, die heruntergeladen und nach dem Ausfüllen an die Behörde gesandt werden, erstreckt (z. B. **pdf-Formulare**). Das Verfahren darf vielmehr nur eine **unmittelbare** Eingabe in ein vom Verwender im Übrigen nicht veränderbares elektronisches Formular – sei es über webbasierte Anwendungen, sei es über allgemein zugängliche Eingabegeräte wie etwa Verwaltungsterminals in Bürgerämtern – ermöglichen. Es bedarf daher eines **Online-Formulars mit „Direktausfüllung"**. Im Ergebnis gelten für die unmittelbare Abgabe in einem Formular damit die gleichen Anforderungen wie für den elektronischen Schriftformersatz über die Online-Ausweisfunktion des neuen Personalausweises (Art. 3a Abs. 2 Satz 4 Nr. 1 und Satz 5 BayVwVfG).

Darüber hinaus kann die Erklärung auch über eine von der Behörde zur Verfügung gestellte **Schnittstelle** erfolgen. Zweck der Regelung ist es, dass insbesondere Unternehmen bei Massenverfahren nicht für jeden Antrag ein eigenes elektronisches Formular ausfüllen müssen. Stellt die Behörde eine Schnittstelle bereit, so ist es rechtlich möglich,

Massenverfahren effizienter – und ggf. sogar automatisiert – abzuwickeln. Als Vorbild für die Regelung dient die ERiC-Schnittstelle des elektronischen Steuerverfahrens ELSTER, aufgrund derer Softwarehersteller alternative und branchenspezifische Steuer- und Buchhaltungssoftware am Markt anbieten. Insgesamt soll durch die Regelung eine medienbruchfreie und strukturierte Kommunikation mit den Behörden befördert werden.

2.5.2.4 Keine Bereichsausnahme

Für die praktischen Einsatzmöglichkeiten eines elektronischen Schriftformersatzes nach § 2 Abs. 1 BayBITV kommt es schließlich auf den Inhalt und die Reichweite der Zertifizierung des Authentifizierungsverfahrens an (§ 2 Abs. 1 Satz 1 Nr. 2 BayBITV). Insbesondere muss geprüft werden, ob im Rahmen der Zertifizierung bestimmte Schriftformerfordernisse ausgenommen worden sind (**Bereichsausnahmen**); siehe hierzu die Erläuterungen unter Kapitel 2.5.1 dieses Teils.

Zusammenfassend stellen sich Anwendungsbereich und Einsatzmöglichkeiten der Verfahren zum elektronischen Schriftformersatz nach § 2 BayBITV wie folgt dar:

Schriftformersatz möglich:	Schriftformersatz nicht möglich:
• im Anwendungsbereich des BayVwVfG • öffentlich-rechtliches Handeln • Hinkanal (Bürger → Behörde) • Online-Formulare mit „Direktausfüllung“ • über von der Behörde bereit gestellte Schnittstellen (Massenverfahren)	• Schriftformerfordernisse im Bereich der Bundesauftragsverwaltung • privatrechtliches Handeln • Rückkanal (Behörde → Bürger) • Formulare zum Herunterladen (z.B. pdf-Formulare) • etwaige Bereichsausnahmen im Rahmen der Zertifizierung

Abb. 39: Anwendungsbereich und Einsatzmöglichkeiten der Verfahren zum elektronischen Schriftformersatz nach § 2 BayBITV

2.5.3 authega als Authentifizierungsverfahren im Rahmen des elektronischen Schriftformersatzes

Als erstes Authentifizierungsverfahren hat das Staatsministerium der Finanzen, für Landesentwicklung und Heimat das sog. „authega“-Verfahren nach § 2 Abs. 1 Satz 1 Nr. 2 BayBITV zertifiziert (Ziff. 1 der Bekanntmachung des Bayerischen Staatsministeriums der Finanzen, für Landesentwicklung und Heimat vom 24.03.2017, Az. 76-C 2000-19/9, FMBl. S. 254). authega beruht auf der Authentifizierungstechnologie von ELSTER, dem elektronischen Steuererklärungsverfahren. Das Verfahren ermöglicht bei der elektronischen Steuererklärung eine millionenfach bewährte, sichere Authentifizierung.

Für die Nutzung von authega ist **kein Lesegerät** erforderlich. Stattdessen wird dem Nutzer in einem sicheren Verfahren ein Softwarezertifikat zur Verfügung gestellt. Bei der erstmaligen Registrierung wird eine sichere Identifizierung des Nutzers durchgeführt. authega gleicht hierzu die vom Nutzer eingegebenen Daten mit den über den jeweiligen Nutzer in einer zentralen Datenbank gespeicherten Daten automatisiert ab. Für die Identifizierung von Bürgern kann dies das Melderegister sein. Bei anderen Verfahren, z. B.

EFRE (Europäische Fonds für regionale Entwicklung) bzw. ESF (Europäischer Sozialfonds), können es auch bei den Behörden geführte Datenbanken sein. Die zuständigen obersten Dienstbehörden haben im Zertifizierungsverfahren **keine Bereichsausnahmen** für einzelne Schriftformerfordernisse eingefordert (Ziff. 1 der Bekanntmachung des Bayerischen Staatsministeriums der Finanzen, für Landesentwicklung und Heimat vom 24.3.2017, Az. 76-C 2000-19/9, FMBl. S. 254). Innerhalb der unter Kapitel 2.5.2 dieses Teils dargestellten Einschränkungen kann das Authentifizierungsverfahren daher allgemein für den elektronischen Schriftformersatz zum Einsatz kommen.

Unter dem Gesichtspunkt der **Verwaltungsvereinfachung** und der **Bürgerfreundlichkeit spricht** als Behörde **viel dafür**, das authega-Verfahren anzubieten. Die Zertifizierung von Authega zielt zunächst darauf ab, dass der Bürger Online-Verwaltungsleistungen über E-Government-Portale sicher und zugleich nutzerfreundlich auch in schriftformersetzender Weise durchführen kann. Gerade Bürgern, denen der Schriftformersatz über den neuen Personalausweis zu kompliziert oder zu teuer (Kosten Lesegerät) ist, kann mit authega eine kostenlose und einfachere Option angeboten werden, mit der zahlreiche Bürger im Rahmen der elektronischen Steuererklärung bereits vertraut sind. Bei Kommunen, die den Dienst „BayernID" des Freistaats Bayern (bereits oder künftig) nutzen, fallen für authega zudem keine Betriebskosten an. Diese Gesichtspunkte sollten im Rahmen der Ermessensausübung hinsichtlich der Zugangseröffnung berücksichtigt werden.

authega im Vergleich zu anderen Verfahren des elektronischen Schriftformersatzes:

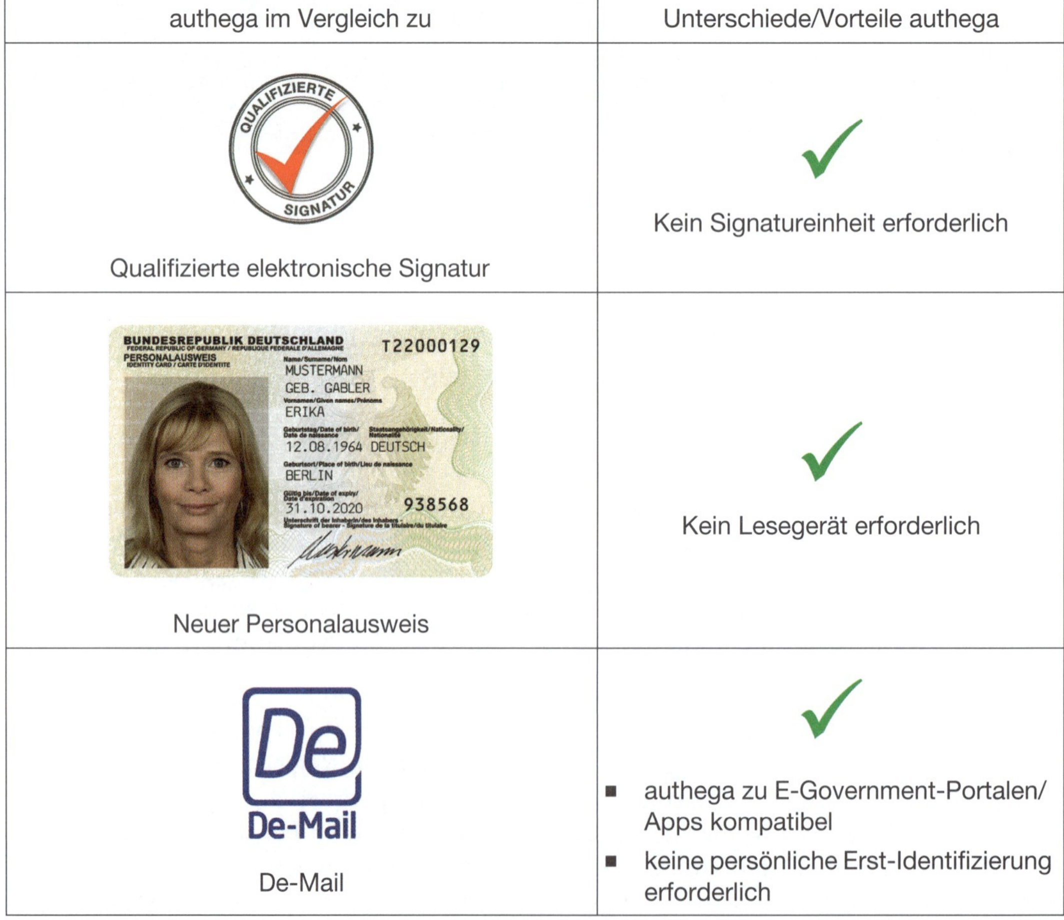

authega im Vergleich zu	Unterschiede/Vorteile authega
Qualifizierte elektronische Signatur	✓ Kein Signatureinheit erforderlich
Neuer Personalausweis	✓ Kein Lesegerät erforderlich
De-Mail	✓ ▪ authega zu E-Government-Portalen/ Apps kompatibel ▪ keine persönliche Erst-Identifizierung erforderlich

Entscheidet sich eine Behörde dafür, authega als Authentifizierungsverfahren anzubieten und einen darauf basierten elektronischen Schriftformersatz zuzulassen (Entscheidung über das „Ob"), verbleibt ihr auch in Bezug auf die konkrete Ausgestaltung ein weiter Ermessensspielraum (Entscheidung über das „Wie"). So kann sie z. B. entscheiden, ob sie den Schriftformersatz über ein Online-Formular mit „Direktausfüllung" und/oder über eine Schnittstelle (in der Regel nur bei Massenverfahren) zulässt (vgl. § 2 Abs. 1 Satz 1 Nr. 3 BayBITV).

2.5.4 Schriftformersatz über die BayernID

Mit der Zertifizierung von authega als Authentifizierungsverfahren im Rahmen des elektronischen Schriftformersatzes (Ziff. 1 der Bekanntmachung des Bayerischen Staatsministeriums der Finanzen, für Landesentwicklung und Heimat vom 24.3.2017, Az. 76-C 2000-19/9, FMBl. S. 254) steht ein **weiteres schriftformersetzendes Verfahren** zur Verfügung. authega soll bis Ende 2017 in die „BayernID" integriert werden. Über die BayernID ist damit neben der Online-Ausweisfunktion des neuen Personalausweises auch der elektronische Schriftformersatz über das authega-Verfahren möglich:

Authentifizierungsverfahren der BayernID	Schriftformersatz möglich
Neuer Personalausweis	✓
Neu: authega	✓
Benutzername/Passwort	✗

Aus Sicht des Bürgers geht die Integration der Authentifizierungslösung authega in die BayernID mit einer Erweiterung seiner Nutzungsmöglichkeiten einher:

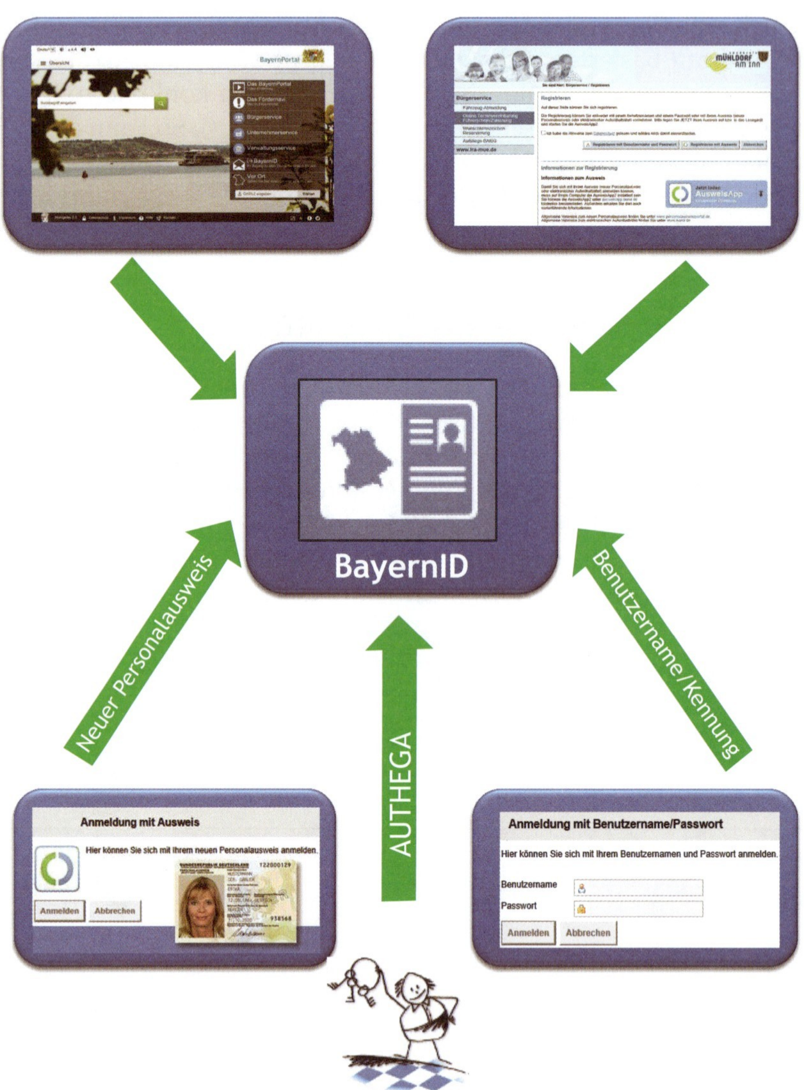

3. Elektronische Nachweise

Art. 6 Abs. 3 BayEGovG regelt die elektronische Nachweisführung. Ziel der Vorschrift ist es, im Verhältnis zum Bürger eine durchgehend elektronische Verfahrensabwicklung (**medienbruchfrei**) zu ermöglichen. Ein Hindernis dafür kann darin bestehen, dass Nachweise und Bescheinigungen vom Verfahrensbeteiligten oftmals im (analogen) Original vorzulegen sind.

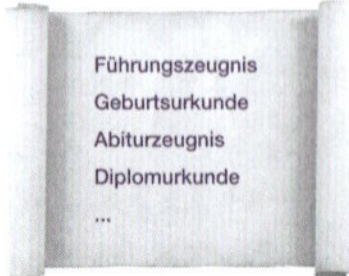

Die Vorschrift stellt klar, dass die elektronische Übermittlung eines Nachweises für die Abwicklung des Verwaltungsverfahrens grundsätzlich genügt. **Satz 2** sichert das **Auswahlermessen der Behörden** ab. Die Behörde muss im Einzelfall oder bei bestimmten Verfahrensarten die Möglichkeit haben, ein **Original zu verlangen**. Dies wird insbesondere dann der Fall sein, wenn Zweifel an der Richtigkeit der übermittelten Nachweise bestehen.

Unter **Original** sind sowohl papiergebundene Dokumente als auch elektronische Originale zu verstehen (vgl. § 371 a ZPO).

Satz 3 erleichtert die Erhebung von Daten durch die anfordernde Behörde zum Zweck des Datenaustausches. Die Regelung des Satz 3 Fall 1 setzt ein automatisiertes Verfahren zum Datenabruf sowie eine zulässige Datenerhebung **bei Dritten** im Sinne des BayDSG voraus. Sie begründet jedoch, insoweit über **Art. 18 BayDSG** hinausgehend, eine grundsätzliche Verpflichtung, erforderliche Nachweise bei der übermittelnden Stelle einzuholen. Satz 3 Fall 2 eröffnet bei automatisierten Abrufverfahren die Möglichkeit, Nachweise bei anderen Behörden abzurufen, soweit die Betroffenen (vgl. zum Begriff § 15 Abs. 1 Nr. 2 BayDSG) einwilligen.

Die Vorschrift dient der Erleichterung medienbruchfreier Verwaltungsverfahren. Die Mehrfacherhebung von Daten und Nachweisen wird so vermieden. Das entspricht dem datenschutzrechtlichen Grundsatz der Datensparsamkeit.

Die Regelung findet dort ihre **Grenzen**, wo ein **gesetzliches Verbot automatisierter Datenübermittlungen** besteht. So wird die Verpflichtung z. B. bei der Erteilung von Pässen, wenn die Vorlage einer Personenstandsurkunde erforderlich ist, wegen § 68 Abs. 2 PStG ohne praktische Auswirkungen bleiben.

Die Anforderungen des **BayDSG bleiben auch im Übrigen unberührt**. Soweit datenschutzrechtlich erforderlich, sind Verschlüsselungsverfahren anzuwenden. Satz 3 ist als Soll-Regelung ausgestaltet. **Ausnahmen** sind daher in **begründeten Fällen** zulässig.

4. Elektronisches Bezahlen (E-Payment)

4.1 Allgemeines

Art. 5 Abs. 1 BayEGovG enthält Regelungen zum **elektronischen Zahlungsverkehr** mit dem Ziel, auch insoweit ein durchgängig elektronisches Verwaltungsverfahren zu ermöglichen. Zahlungspflichtige sollen die Behörde nicht persönlich aufsuchen müssen, um eine Geldforderung zu begleichen (z. B. durch Bareinzahlung an der Kasse), oder auf ein papiergebundenes Überweisungsformular angewiesen sein. Die Vorschriften begründen daher ein **Recht**, Gebühren und sonstige Forderungen der Behörden im elektronischen Zahlungsverkehr zu begleichen (Art. 2 Satz 1 i. V. m. Art. 5 Abs. 1 Halbsatz 1 BayEGovG).

Der Begriff der Geldforderungen ist dabei weit zu verstehen und umfasst sowohl

- öffentlich-rechtliche Forderungen (z. B. Gebühren, Steuern, steuerliche Nebenleistungen, Beiträge, Gebühren, Zinsen, Geldstrafen oder Geldbußen) als auch
- privat-rechtliche Forderungen (etwa aus dem Verkauf von Büchern, Rad-/Wanderkarten etc.)

der Behörde.

Hinweis

Art. 5 Abs. 1 BayEGovG geht im Anwendungsbereich über die Grundsatzregelung in Art. 1 BayEGovG hinaus und erfasst **alle** Geldansprüche öffentlicher Kassen und zwar unabhängig davon, ob diese ihren Rechtsgrund in einer öffentlich-rechtlichen Verwaltungstätigkeit der Behörde finden (Art. 1 Abs. 1 BayEGovG) oder rein privatrechtlicher Natur sind.

Die unbare Zahlungsmöglichkeit besteht jedoch nur, solange **kein sofortiges** anderweitiges **Vollstreckungsinteresse** besteht. Hierdurch soll sichergestellt werden, dass bei einem besonderen öffentlichen Interesse an einem Barinkasso (z. B. bei polizeilichen Straßenkontrollen) ausnahmsweise kein Anspruch auf elektronisches Bezahlen besteht.

Diesem Recht steht umgekehrt eine **Verpflichtung** der Behörden gegenüber, hierfür geeignete elektronische Zahlungsmöglichkeiten anzubieten (Art. 5 Abs. 1 Halbsatz 2 BayEGovG). Die behördlichen Pflichten – und die damit verbundenen Rechte – treten mit einer **Übergangsfrist** zum **1.1.2020** in Kraft.

4.2 E-Payment in der Praxis

4.2.1 Dienst „E-Payment" des Freistaats Bayern

Die von den Behörden anzubietenden elektronischen Bezahlverfahren müssen nach dem Gesetzeswortlaut „geeignet" sein (Art. 5 Abs. 1 Halbsatz 2 BayEGovG). Die Regelung gibt die bereitzustellenden elektronischen Bezahlverfahren damit nicht konkret vor, z. B. im Sinne einer abschließenden Aufzählung zugelassener Verfahren, sondern belässt den Behörden einen **Umsetzungsspielraum**.

Im **einfachsten Fall** kann die Behörde diese Verpflichtung bereits dadurch erfüllen, dass sie dem Zahlungspflichtigen eine Bankverbindung zur Abwicklung des elektronischen Zahlungsverkehrs (z. B. mittels **Online-Banking**) mitteilt. Sofern sich ein elektronisch durchgeführtes Verwaltungsverfahren in geeigneter Weise, also technisch und wirtschaftlich sinnvoll, mit einem **E-Payment-System** verknüpfen lässt, ist regelmäßig nur eine solche Zahlungsmöglichkeit im Sinne des Gesetzes geeignet. Dies ist grundsätzlich dann der Fall, wenn Verwaltungsvorgänge vollständig über ein im Internet bereitgestelltes Verfahren abgewickelt werden. E-Payment-Systeme sind Systeme, die in die Websites öffentlicher Stellen integriert sind und ausgehend von der Behördenwebsite eine elektronische Zahlungsabwicklung ermöglichen. Sie kommen insbesondere im Rahmen von E-Government-Portalen zum Einsatz. Die gewählte Technologie muss dabei den Anforderungen der öffentlichen Verwaltung entsprechen und insbesondere datenschutzkonform ausgestaltet sein.

Diese Anforderungen werden vom Dienst „E-Payment" erfüllt, den der Freistaat Bayern den Kommunen dauerhaft und betriebskostenfrei zur Verfügung stellt. Der Dienst beruht auf der Zahlungsverkehrsplattform „ePayBL" (E-Payment Bund-Länder) und unterstützt insbesondere die Zahlungsverfahren Kreditkarte, Giropay und elektronische Lastschrift. Neben dem Dienst „E-Payment" ist ein Zahlungsverkehrsprovider („E-Payment-Provider") erforderlich, der die elektronischen Bezahlvorgänge über die Banken bzw. Kreditkartenanbieter abwickelt. Das Zusammenspiel zwischen diesen Komponenten lässt sich grafisch wie folgt darstellen (*Denkhaus/Geiger*, Bayerisches E-Government-Gesetz, 2016, Art. 5 Rn. 9 f.):

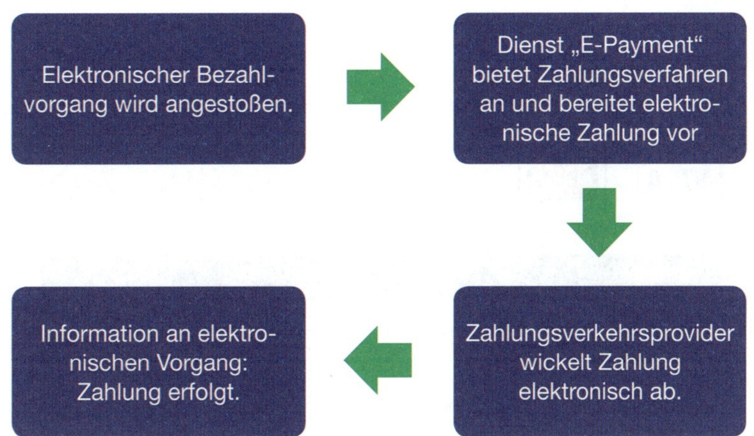

Abb. 40: Elektronischer Bezahlvorgang über den Dienst „E-Payment"
Quelle: Denkhaus/Geiger, Bayerisches E-Government-Gesetz, 2016, Art. 5 Rn. 9.

Aus der Sicht des Bürgers stellt sich dieser Vorgang beispielsweise wie folgt dar:

Bitte wählen Sie Ihre Zahlungsweise zu der folgenden Transaktion aus:

Beschreibung	Daten Zahlungsvorgang
Name	ePayment
Behörde	eGov-Kommune
Kassenzeichen	9990000000000000000001392
Betrag	6,20 EUR
Fälligkeitsdatum	13.07.2015

Es stehen folgende Zahlverfahren zur Auswahl:

- Kreditkarte
- Giropay
- elektronische Lastschrift

Es gelten die allgemeinen Zahlungsbedingungen der Behörde eGov-Kommune.

Bei Fragen oder Problemen wenden Sie sich bitte an epay@akdb.de.

Zurück Weiter

Bezahlung abbrechen

Quelle: AKDB

Nach Auswahl des Zahlungsverfahrens (z. B. Kreditkarte) wird der Bürger zur entsprechenden Bezahlseite weitergeleitet:

4.2.2 E-Payment und Kostenrecht

Das Anbieten einer elektronischen Bezahlmöglichkeit über den Dienst „E-Payment" ist insbesondere dann notwendig, wenn der Dienst technisch und wirtschaftlich sinnvoll mit einem elektronischen Antrag verknüpft werden kann. Dies ist insbesondere bei elektronischen Anträgen der Fall, die über das BayernPortal (www.freistaat.bayern) oder kommunale E-Government-Portale bereitgestellt werden. In Einzelfällen können sich jedoch Einschränkungen aufgrund des **Kostenrechts** ergeben. Diese sind darin begründet, dass sich bei E-Payment der Verfahrensablauf grundlegend ändert. Die wesentlichen Unterschiede sind in der folgenden Grafik verallgemeinernd dargestellt:

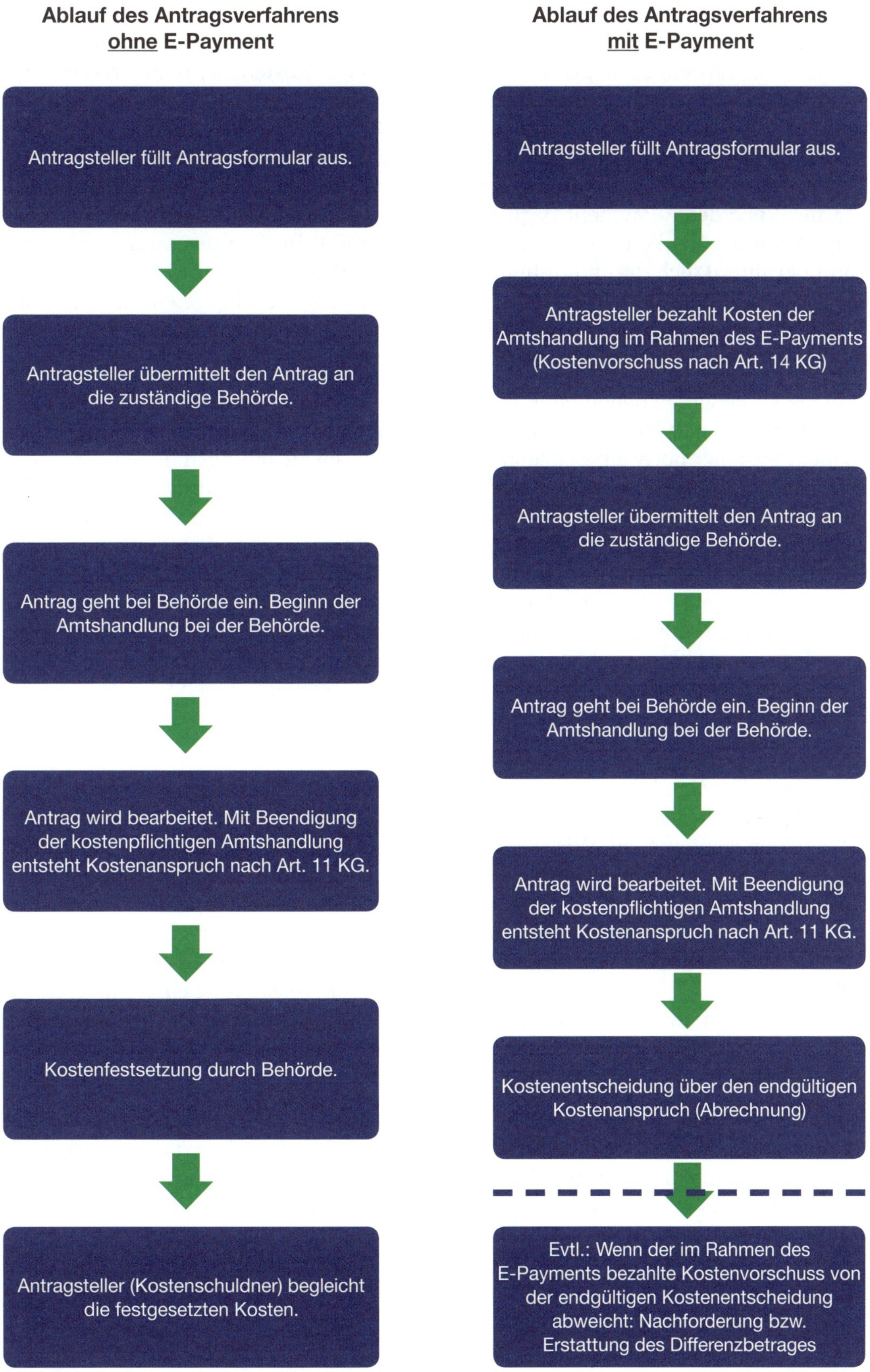

Ablauf des Antragsverfahrens
ohne E-Payment

Antragsteller füllt Antragsformular aus.

Antragsteller übermittelt den Antrag an die zuständige Behörde.

Antrag geht bei Behörde ein. Beginn der Amtshandlung bei der Behörde.

Antrag wird bearbeitet. Mit Beendigung der kostenpflichtigen Amtshandlung entsteht Kostenanspruch nach Art. 11 KG.

Kostenfestsetzung durch Behörde.

Antragsteller (Kostenschuldner) begleicht die festgesetzten Kosten.

Ablauf des Antragsverfahrens
mit E-Payment

Antragsteller füllt Antragsformular aus.

Antragsteller bezahlt Kosten der Amtshandlung im Rahmen des E-Payments (Kostenvorschuss nach Art. 14 KG)

Antragsteller übermittelt den Antrag an die zuständige Behörde.

Antrag geht bei Behörde ein. Beginn der Amtshandlung bei der Behörde.

Antrag wird bearbeitet. Mit Beendigung der kostenpflichtigen Amtshandlung entsteht Kostenanspruch nach Art. 11 KG.

Kostenentscheidung über den endgültigen Kostenanspruch (Abrechnung)

Evtl.: Wenn der im Rahmen des E-Payments bezahlte Kostenvorschuss von der endgültigen Kostenentscheidung abweicht: Nachforderung bzw. Erstattung des Differenzbetrages

Abb. 41: Ablauf des Antragsverfahrens mit und ohne E-Payment im Vergleich

Bei E-Payment besteht die Besonderheit, dass die Kosten bereits vor Beginn der kostenpflichtigen Amtshandlung und damit vor dem Entstehen des Kostenanspruchs der Behörde erhoben werden. Denn grundsätzlich entsteht der Kostenanspruch (erst) mit der Beendigung der kostenpflichtigen Amtshandlung (Art. 11 Satz 1 KG). Im Rahmen des **E-Payment** wird damit kostenrechtlich ein sog. **Kostenvorschuss** erhoben, der dem Grunde nach im Art. 14 KG geregelt ist. Es gibt auch keinen wesentlichen Unterschied zwischen den üblichen Verwaltungsverfahren und solchen, bei denen eine Kostenschuld im Wege des E-Payment beglichen werden muss. Im Fall der Erhebung eines Vorschusses muss die Behörde (so auch bei E-Payment) im Rahmen einer Schlussabrechnung grundsätzlich die endgültige Kostenschuld (bestehend aus Gebühr und Auslagen) festsetzen und mit dem entrichteten Vorschuss abgleichen. Weicht die endgültige Kostenfestsetzung von dem erhobenen Kostenvorschuss ab, müssen überzahlte Beträge erstattet bzw. Fehlbeträge nachgefordert werden.

Gerade in den Fällen, in denen bei E-Payment **regelmäßig Erstattungszahlungen** bzw. **Nachforderungen** notwendig werden, stellt sich die Frage, ob der Einsatz eines solchen E-Payment-Systems noch eine „geeignete" elektronische Zahlungsmöglichkeit i. S. v. Art. 5 Abs. 1 Halbsatz 2 BayEGovG darstellt. Die Gesetzesbegründung selbst geht davon aus, dass eine Behörde ein E-Payment-System regelmäßig dann verpflichtend anbieten muss, wenn „sich das Verwaltungsverfahren in geeigneter Weise, also technisch und wirtschaftlich sinnvoll, mit einem E-Payment-System verknüpfen lässt" (LT-Drs. 17/7537, S. 33). Werden bei einzelnen Verwaltungsverfahren vorhersehbar und regelmäßig Nachverrechnungen (Erstattung bzw. Nachforderung) notwendig, ist bei diesen aufgrund des dadurch entstehenden Verwaltungsaufwands jedenfalls die Wirtschaftlichkeit des E-Payment-Prozesses und damit die „Geeignetheit" von E-Payment als elektronische Zahlungsmöglichkeit in Frage gestellt.

Die **Wirtschaftlichkeit** des E-Payment-Vorgangs ist allerdings nicht nur für Behörden, sondern auch für die „Verwaltungskunden" (**Wirtschaft und Bürger**) relevant. Nach der gesetzgeberischen Zielsetzung sollen sich aus der „Erleichterung des Online-E-Payment" Effizienzgewinne für Wirtschaft und Bürger ergeben (LT-Drs. 17/7537, S. 7). Wenn dieselbe Verwaltungsleistung gerade bei Unternehmen wegen notwendiger Nachverrechnungen doppelt verbucht werden muss (Vorauszahlung E-Payment und Erstattung bzw. Nachforderung bei Schlussabrechnung), mindert auch dies die Effizienz des E-Payment-Vorgangs insgesamt. Dies auch deshalb, weil die Behörde ihre Verpflichtung aus Art. 5 Abs. 1 BayEGovG auch durch die Bereitstellung einer Bankverbindung erfüllen kann, um dem Zahlungspflichtigen so die elektronische Abwicklung des Zahlungsvorgangs (z. B. mittels Online-Banking) zu ermöglichen und in diesem Fall ohne Vorkasse und ggf. erforderliche Nachverrechnungen.

Für die „Geeignetheit" der nach Art. 5 Abs. 1 Halbsatz 2 BayEGovG bereitzustellenden elektronischen Zahlungsmöglichkeit kommt es daher auch auf die Art der zu erhebenden Gebühr und die damit verbundene Häufigkeit von Nachverrechnungen an. Dabei kann generell zwischen folgenden Gebührenarten unterschieden werden (vgl. Art. 5 Abs. 1 Satz 2 KG):

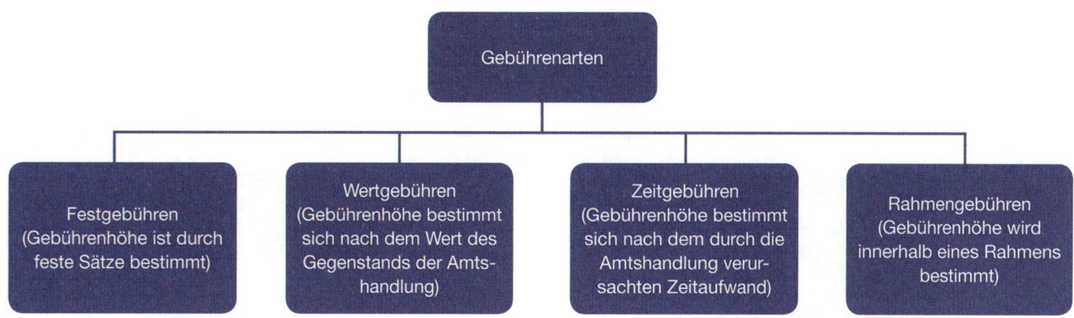

Abb. 42: Gebührenarten im Überblick

Sofern es sich bei den Gebühren, die zunächst im Wege der Vorschusserhebung eingezogen werden (z. B. Erteilung von Aufenthaltsbescheinigungen oder von zusätzlichen Meldebestätigungen), um **Festgebühren** handelt, deckt sich der Vorschuss in diesen Fällen mit der nach Beendigung der Amtshandlung entstehenden endgültigen Gebühr, sodass eine weitere Abrechnung in der Regel unterbleiben kann.

Bei **Rahmengebühren** stößt die Vorschusserhebung auf das Problem, dass die Gebühr nicht nur bei Erlass des Kostenverzeichnisses (Art. 5 Abs. 2 KG bzw. bei kommunalen Kostensatzungen Art. 20 Abs. 1 und Abs. 3 i. V. m. Art. 5 Abs. 2 KG) Verwaltungsaufwand und Bedeutung der Angelegenheit abbilden muss, sondern das Ermessen gem. Art. 6 Abs. 2 KG auch im Einzelfall noch ausgeübt werden muss. Dies bedeutet, dass für die Ermittlung der Gebührenhöhe innerhalb des vorgegebenen Rahmens der mit der Amtshandlung verbundene Verwaltungsaufwand aller beteiligten Behörden und Stellen sowie die Bedeutung der Angelegenheit für die Beteiligten zu berücksichtigen ist (Art. 6 Abs. 2 Satz 1 KG). Die abschließende Gebührenermittlung ist daher oftmals erst nach Abschluss der Amtshandlung möglich. Weicht die im Rahmen des E-Payment als Kostenvorschuss erhobene Gebühr von der nach Abschluss der Amtshandlung ermittelten Gebührenhöhe ab, sind daher Nachverrechnungen (Erstattungen bzw. Nachforderungen) notwendig. Entsprechendes gilt auch für **Wertgebühren** und **Zeitgebühren**. Auch in diesen Fällen ist in der Regel eine Kostenfestsetzung durch den zuständigen Sachbearbeiter notwendig bzw. lässt sich die endgültige Gebührenhöhe häufig erst nach Abschluss der Amtshandlung ermitteln.

Die Behörden dürften in diesen Fällen nur dann zum Anbieten eines E-Payment-Systems verpflichtet sein, wenn sich **Fallgruppen** bilden lassen, die immer mit derselben Gebührenhöhe belegt werden können, sodass (jedenfalls in der weit überwiegenden Anzahl an Fällen) keine Nachverrechnungen notwendig werden. Entsprechendes gilt für die nach Art. 10 KG zu erhebenden Auslagen. Den Behörden bleibt es jedoch in diesen Fällen unbenommen, E-Payment freiwillig anzubieten.

Abhängig von der Art der Geldforderung sind daher verschiedene elektronische Zahlungsmöglichkeiten geeignet i. S. v. Art. 5 Abs. 1 Halbsatz 2 BayEGovG:

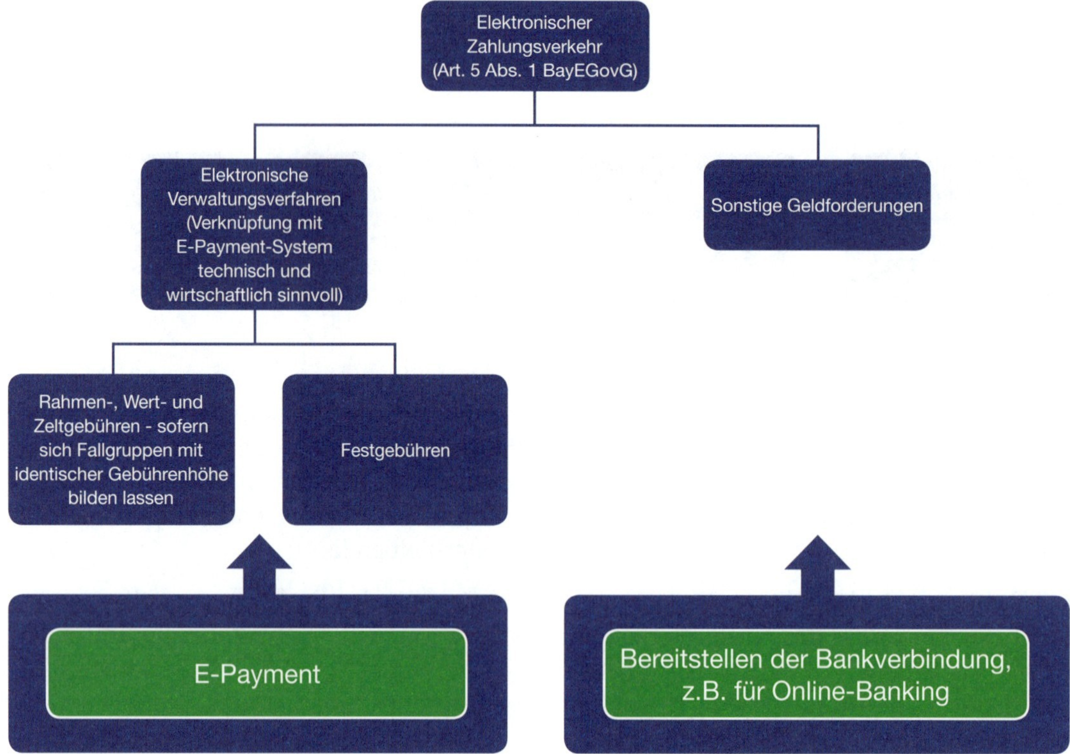

Abb. 43: Geeignetheit elektronischer Zahlungsmöglichkeiten abhängig von der Art der Geldforderung

Auch in den Fällen, in denen die Behörden ab 1.1.2020 in der Regel verpflichtet sind, E-Payment anzubieten, müssen dem Zahlungspflichtigen nicht alle denkbaren elektronischen Bezahlverfahren angeboten werden, wie etwa

- giropay
- Kreditkarte
- Paydirect und
- SEPA-Lastschrift.

Die Behörden sind insbesondere nicht verpflichtet, Zahlungsverfahren ohne Zahlungsgarantie anzubieten. So kann z. B. die Durchsetzung „geplatzter" Lastschriften mit einem erheblichen Verwaltungsaufwand verbunden sein. Die im Rahmen des E-Payment angebotenen Bezahlverfahren sollten daher im elektronischen Geschäftsverkehr üblich und hinreichend sicher sein (vgl. § 4 EGovG des Bundes).

III. Antragsbearbeitung

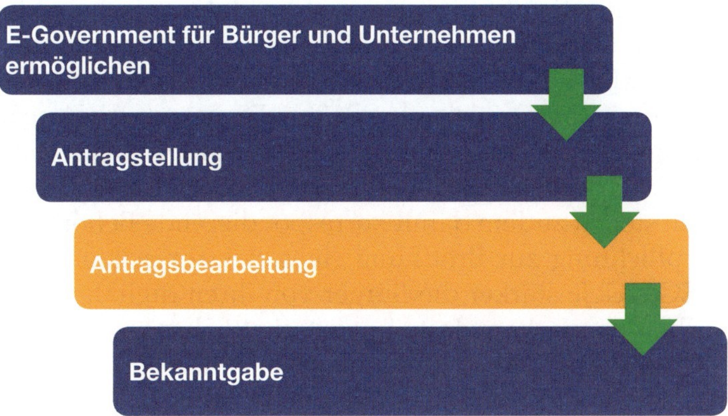

1. Allgemeines

Ziel der elektronischen Aktenführung ist es, eine grundsätzlich vollständige elektronische Aktenführung zu ermöglichen und damit die Voraussetzungen für ein medienbruchfreies, d. h. durchgängig elektronisches, Arbeiten der Behörden zu schaffen:

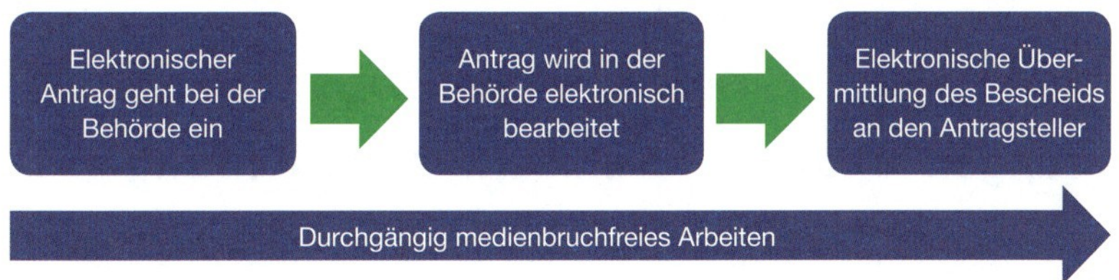

Abb. 44: Durchgängig medienbruchfreies Arbeiten im Überblick

Die elektronische Aktenführung wird in Art. 7 BayEGovG geregelt. Die Vorschrift regelt insbesondere,

- welche Behörden grundsätzlich zur elektronischen Aktenführung verpflichtet sind,
- welche Anforderungen bei elektronischer Aktenführung zu beachten sind,
- was bei der Übermittlung elektronischer Akten zu berücksichtigen ist sowie
- die Anforderungen an das ersetzende Scannen von Papierdokumenten.

Art. 7 Abs. 1 Satz 1 Halbsatz 1 BayEGovG ist für die **staatlichen Behörden** (mit Ausnahme der staatlichen Landratsämter, siehe Halbsatz 2) als **„Soll-Vorschrift"** ausgestaltet. Die Regelung verpflichtet die staatlichen Behörden seit ihrem Inkrafttreten zum 1.7.2017 daher im Regelfall dazu, ihre Akten elektronisch zu führen. Ausnahmen aus **wichtigem Grund** oder in **atypischen Fällen** sind jedoch möglich.

Landratsämter (auch als Staatsbehörde) und **Kommunen** entscheiden über die Einführung der elektronischen Aktenführung nach eigenem **Ermessen** (Art. 7 Abs. 1 Satz 1 Halbsatz 1 BayEGovG). Die **Ausnahme** für die **Landratsämter** folgt aus deren Charakter als Doppelbehörde als Kreis- und Staatsbehörde (Art. 37 Abs. 1 LKrO). Da dem Gesetzgeber eine Einführung der elektronischen Akte nur für das Landratsamt als Staatsbehörde als nicht praxistauglich erschien, wurde das Landratsamt als Doppelbehörde von der Soll-Verpflichtung insgesamt ausgenommen (LT-Drs. 17/7537, S. 35).

Der Gesetzgeber setzt gleichwohl **Impulse,** um die **elektronische Aktenführung** auch bei Landratsämtern und Kommunen zu befördern. Denn aufgrund des BayEGovG hat jeder das Recht, nach Maßgabe der Art. 3 bis 5 BayEGovG elektronisch über das Internet mit den Behörden zu kommunizieren und ihre Dienste in Anspruch zu nehmen. Es kann zudem verlangt werden, dass Verwaltungsverfahren nach Maßgabe des Art. 6 BayEGovG elektronisch durchgeführt werden (Art. 2 Satz 1 und 2 BayEGovG). Diesen subjektiven Rechten stehen zudem damit korrespondierende Behördenpflichten gegenüber, z. B. die Verpflichtung zur Eröffnung eines elektronischen Zugangs nach Art. 3 Abs. 1 Satz 1 BayEGovG. Je stärker die Bürger von ihren digitalen Zugangs- und Verfahrensrechten Gebrauch machen, desto unwirtschaftlicher wird die papiergebundene Aktenführung, die in diesen Fällen stets mit einem Medienbruch (Druckkosten etc.) verbunden ist. Auch von der Zusammenarbeit mit staatlichen Behörden, die ihre Akten seit 1.7.2017 elektronisch führen sollen, können entsprechende Impulse ausgehen (hierzu auch: *Denkhaus/Geiger*, Bayerisches E-Government-Gesetz, Art. 7 Rn. 9 ff.).

Art. 7 BayEGovG gilt insbesondere nicht für die **elektronische Personalaktenführung** und die elektronische Aktenführung in **Ordnungswidrigkeitenverfahren**. Art. 111 Abs. 6 BayBG schließt die Anwendung von Art. 7 BayEGovG auf die Personalakte ausdrücklich aus. Die elektronische Aktenführung in Ordnungswidrigkeitenverfahren ist erst zulässig, wenn eine Verordnung i. S. d. § 110b Abs. 1 OWiG erlassen worden ist.

2. Anforderungen an die elektronische Aktenführung

Während Art. 7 Abs. 1 Satz 1 BayEGovG regelt, welche Behörden grundsätzlich zur elektronischen Aktenführung verpflichtet sind („ob"), bestimmen die Sätze 2 bis 4 das „Wie" der elektronischen Aktenführung und legen hierfür **gemeinsame Anforderungen** fest. Wenn sich eine Behörde dafür entscheidet, ihre Akten im Anwendungsbereich des BayEGovG elektronisch zu führen, dann gelten damit für alle Behörden grundsätzlich dieselben Anforderungen:

- Die Grundsätze ordnungsgemäßer Aktenführung sind zu wahren (Satz 2).
- Die gespeicherten Daten sind vor Informationsverlust sowie unberechtigten Zugriffen und Veränderungen zu schützen (Satz 3).
- Die datenschutzrechtlichen Anforderungen sind zu beachten (Satz 4).

Entsprechend dieses „Wenn-Dann-Prinzips" muss **behördenintern** klar **festgelegt** sein, ab welchem Zeitpunkt, in welchem Umfang und in welchen Organisationseinheiten die Akten elektronisch geführt werden und ob diese auch die „führende" Akte ist.

Werden die Akten elektronisch geführt, sind (wie bei papiergebundener Aktenführung auch) die **Grundsätze ordnungsgemäßer Aktenführung** zu wahren (Art. 7 Abs. 1 Satz 2 BayEGovG). Aus diesen Grundsätzen folgt insbesondere das

- Gebot der Aktenmäßigkeit, d. h. die Behörden sind verpflichtet, Akten zu führen;
- Gebot der Vollständigkeit und Nachvollziehbarkeit, d. h. alle wesentlichen Verfahrenshandlungen sind vollständig und nachvollziehbar abzubilden;

- Gebot wahrheitsgetreuer Aktenführung, d. h. alle wesentlichen Verfahrenshandlungen sind wahrheitsgemäß aktenkundig zu machen;
- Gebot der Aktenauthentizität und -integrität, d. h. Aktenteile dürfen nicht nachträglich, entfernt oder verfälscht werden;
- Gebot der Aktenverfügbarkeit/-beständigkeit, d. h. der Aktenbestand muss für die Dauer der Aufbewahrungsfrist gesichert sein.

Darüber hinaus muss die **Verkehrsfähigkeit der elektronischen Akten** sichergestellt sein und dass die Inhalte in vertretbarer Zeit verfügbar sind und lesbar gemacht werden können. Dies kann die sichere Portierung und Konvertierung aufgrund der begrenzten Haltbarkeit der Trägermedien oder Datenformate auf aktuelle Datenträger oder Datenformate beinhalten.

Die Grundsätze beziehen sich nicht nur auf die Erledigung der **Sachaufgaben** (einschließlich der transparenten Dokumentation von Entscheidungsabläufen), sondern auch auf die handelnden Personen (**personale Verantwortlichkeit**). Aus den jeweiligen Verwaltungsvorgängen muss – in dem Umfang, in dem dies bei sachgerechter Aktenführung auch in der Papierakte dokumentiert wird – ersichtlich sein, welches Mitglied der Verwaltung zu welchem Zeitpunkt welchen Informationsstand hatte/haben konnte und in welchem Umfang am Verwaltungshandeln mitgewirkt hat (hierzu ausführlich: *Denkhaus/Geiger*, Bayerisches E-Government-Gesetz, Art. 7 Rn. 15 ff. m. w. N.).

Neben der Wahrung der Grundsätze ordnungsgemäßer Aktenführung müssen die gespeicherten Daten vor **Informationsverlust** sowie **unberechtigten Zugriffen** und **Veränderungen geschützt** werden (Art. 7 Abs. 1 Satz 3 BayEGovG). Diese Anforderungen überschneiden sich teilweise mit den Grundsätzen ordnungsgemäßer Aktenführung. So fordert etwa das Gebot der Aktenauthentizität und -integrität, dass Akteninhalte nicht nachträglich verfälscht werden dürfen und es ergibt sich aus dem Gebot der Aktenverfügbarkeit/-beständigkeit die Notwendigkeit, den Aktenbestand für die Dauer der Aufbewahrungsrist zu sichern und damit vor Informationsverlust zu schützen. Zum Schutz der in den elektronischen Akten gespeicherten Daten vor unberechtigten Zugriffen ist insbesondere ein **Rechtemanagement** erforderlich, das sicherstellt, dass die Behördenmitarbeiter nur auf den Aktenbestand zugreifen dürfen, den sie zur Erfüllung der ihnen zugewiesenen Aufgaben benötigen. Die Sicherheit der zur elektronischen Aktenführung eingesetzten informationstechnischen Systeme muss überdies im Rahmen von Art. 8 Abs. 1 BayEGovG sichergestellt sein.

Schließlich müssen auch bei der elektronischen Aktenführung die **datenschutzrechtlichen Anforderungen** beachtet werden (Art. 7 Abs. 1 Satz 4 BayEGovG). Insbesondere muss durch technisch-organisatorische Maßnahmen i. S. v. Art. 7 BayDSG wirksam verhindert werden, dass

- Dokumente unzulässig gespeichert werden oder bleiben,
- auf gespeicherte Dokumente unzulässig zugegriffen werden kann,
- Dokumente manipuliert werden oder
- auf Protokolldaten der Beschäftigten zur Leistungs- und Verhaltenskontrolle unzulässig zugegriffen wird (Konferenz der Datenschutzbeauftragten des Bundes und der Länder [Hrsg.], Orientierungshilfe „Datenschutz bei Dokumentenmanagementsystemen", 2006, S. 21 ff.).

Die dargestellten Vorgaben für die elektronische Aktenführung nach Art. 7 Abs. 1 Sätze 2 bis 4 BayEGovG begründen zugleich **zentrale Anforderungen** an die zur elektronischen Aktenführung eingesetzten **Dokumentenmanagement- bzw. Vorgangsbearbeitungssysteme** und gelten für die gesamte **Lebensdauer** der elektronischen Akte:

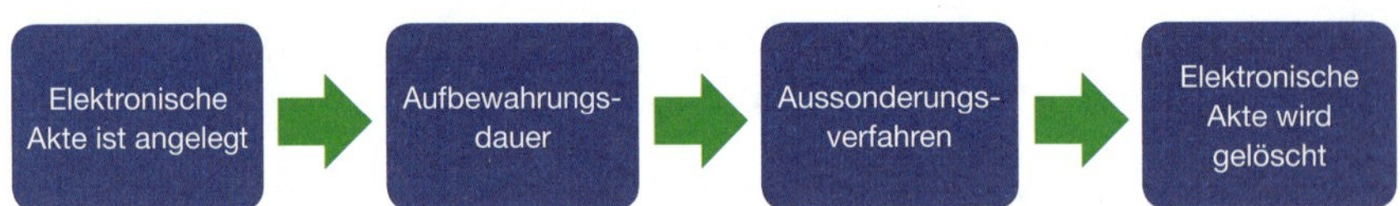

Abb. 45: Lebensdauer der elektronischen Akte
Quelle: Denkhaus/Geiger, Bayerisches E-Government-Gesetz, Art. 7 Rn. 25.

3. Übermitteln elektronischer Akten

Behörden, die ihre Akten elektronisch führen, sollen Akten, Vorgänge und Dokumente untereinander auch elektronisch austauschen. Die datenschutzrechtlichen Bestimmungen sind dabei einzuhalten (Art. 7 Abs. 2 BayEGovG). Durch dieses Gebot der elektronischen Übermittlung sollen Medienbrüche vermieden werden:

Abb. 46: Medienbruchfreie Übermittlung elektronischer Akten

Bei der Übermittlung müssen die **datenschutzrechtlichen Bestimmungen** eingehalten werden. Dies gilt sowohl hinsichtlich der Zulässigkeit der Aktenübermittlung (Art. 18 BayDSG) als auch in Bezug auf die Anforderungen an die Vertraulichkeit und Integrität der übermittelten Daten. Zur Aktenübermittlung per E-Mail kann insbesondere auf die Zertifikate der **Bayerischen Verwaltungs-PKI** zurückgegriffen werden, die sowohl eine Ende-zu-Ende-Verschlüsselung als auch eine elektronischen Signatur ermöglichen.

Art. 7 Abs. 2 BayEGovG regelt jedoch „nur" den Fall, dass die an der Aktenübermittlung beteiligten Behörden ihre Akten elektronisch führen.

Für die übrigen Fälle gilt Folgendes:

		Empfänger	
		Papierakte	Elektronische Akte
Absender	Papierakte	Medienbruchfreie papiergebundene Übermittlung	In der Regel papiergebundene Übermittlung, Medienbruch beim Empfänger
	Elektronische Akte	Elektronische Übermittlung abhängig von Zugangseröffnung beim Empfänger; kein Anwendungsfall von Art. 7 Abs. 2 BayEGovG	Gebot der medienbruchfreien elektronischen Übermittlung; Anwendungsfall von Art. 7 Abs. 2 BayEGovG

Quelle: Denkhaus/Geiger, Bayerisches E-Government-Gesetz, Art. 7 Rn. 57.

4. Ersetzendes Scannen von Papierdokumenten

Auch nach Einführung der elektronischen Akte werden behördenintern weiterhin Papierdokumente anfallen bzw. Schreiben in Papierform eingehen. Diese müssen in die „führende" elektronische Akte übernommen und daher vorab entsprechend eingescannt werden. Art. 7 Abs. 3 BayEGovG regelt die wesentlichen Anforderungen, die dabei zu beachten sind.

Art. 7 Abs. 3 Satz 1 BayEGovG enthält zunächst den allgemeinen Grundsatz, dass die anfallenden bzw. eingehenden Papierdokumente in ein elektronisches Format übertragen und gespeichert werden sollen. Bei dieser Übertragung (= Prozess des Einscannens) ist nach dem **Stand der Technik** sicherzustellen, dass die elektronische Fassung mit dem Papierdokument übereinstimmt (Art. 7 Abs. 3 Satz 3 BayEGovG). Dem Stand der Technik genügen dabei insbesondere die in der technischen Richtlinie des Bundesamts für Sicherheit in der Informationstechnik zum ersetzenden Scannen (**TR-RESISCAN**) enthaltenen Hinweise zur technisch-organisatorischen Gestaltung des Scan-Prozesses. Grundsätzlich gilt, dass die getroffenen Maßnahmen der rechtsstaatlich gebotenen Dokumentationsfunktion der elektronischen Akte gerecht werden müssen. Hilfreich kann hierbei eine Orientierung an der (ihrerseits Grenzen ausgesetzten) Vorgehensweise der papiergebundenen Aktenführung sein, die sich zwar hinsichtlich ihres Mediums, nicht aber hinsichtlich ihrer Dokumentationsfunktion von der elektronischen Akte unterscheidet. Aus diesem Grund ist nicht jede technisch und organisatorisch denkbare Maßnahme zum Schutz der Authentizität und Integrität der elektronischen Akte rechtstaatlich grundsätzlich geboten. Die Behörden dürfen also durchaus von einzelnen Maßnahmen der TR-RESISCAN **abweichen,** wenn diese vor Ort nicht umsetzbar sind, indem sie diese bspw. durch andere, gleichwertige Maßnahmen ersetzen. Soll von einzelnen Maßnahmen der TR-RESISCAN „nach unten hin" abgewichen werden, sollten die damit verbundenen Risiken (auch hinsichtlich der Beweisführung) untersucht und auch geprüft werden, ob durch Maßnahmen an anderer Stelle eine Verbesserung erreicht werden kann. Der Stand der Technik muss jedoch insgesamt gewahrt bleiben. Es gibt daher nicht den „einen" Scanprozess, sondern es können auch sehr unterschiedliche Scanprozesse „TR-RESISCAN-konform" sein (*Denkhaus/Geiger*, Bayerisches E-Government-Gesetz, 2016, Art. 7 Rn. 86 ff. m. w. N.).

Dies kommt auch in den modular abgestuften Anforderungen der TR-RESISCAN zum Ausdruck. Das **Modulkonzept** der **TR-RESISCAN** gliedert sich in ein Basismodul, das grundlegende organisatorische, personelle und technische Maßnahmen sowie spezifische Maßnahmen in den verschiedenen Phasen des Scanprozesses (Dokumentenvorbereitung, Scannen, Nachverarbeitung, Integritätssicherung) umfasst und in Aufbaumodule mit zusätzlichen Sicherheitsanforderungen für Dokumente mit höheren Schutzbedarfen:

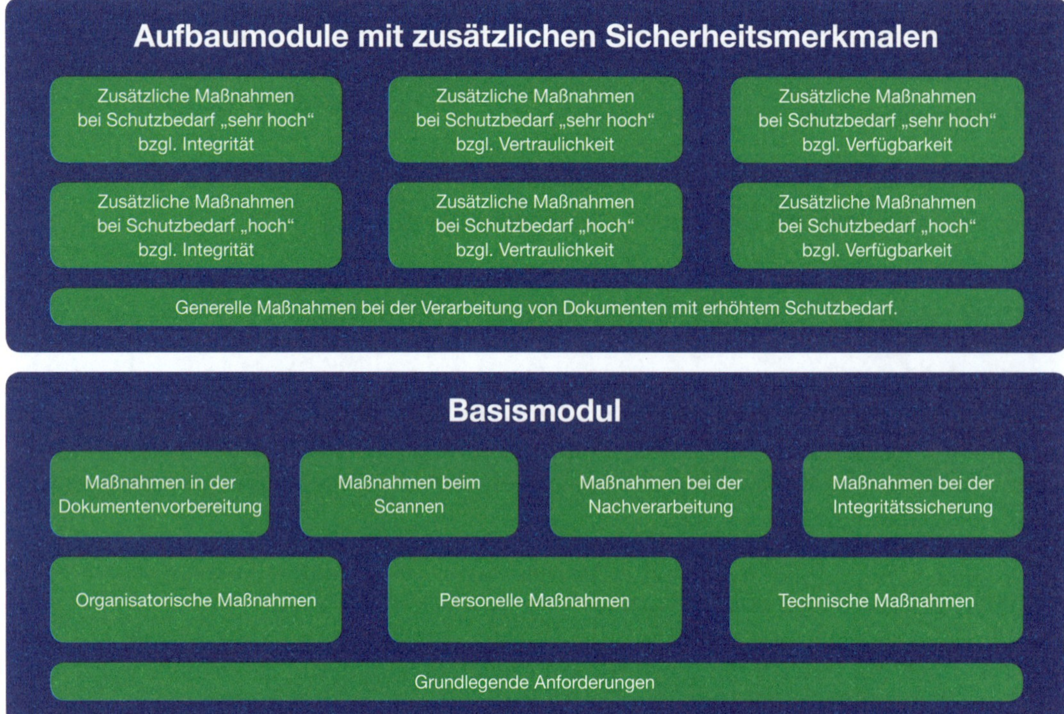

Abb. 47: Modulkonzept der TR-RESISCAN
Quelle: Bundesamt für Sicherheit in der Informationstechnik (Hrsg.), TR-RESISCAN, 2017, S. 12.

Als Hilfestellungen zur praktischen Umsetzung dieser Anforderungen kann auf

- den Leitfaden des Innovationsrings des Bayerischen Landkreistags zur Einführung und zum Einsatz von Dokumentenmanagementsystemen, Stand Mai 2017, (im Internet abrufbar unter: https://www.bay-landkreistag.de/Landkreistag/BayerischerInnovationsring.aspx) sowie
- die Leitlinie zum ersetzenden Scannen in Kommunen nach TR RESISCAN, Stand April 2017 (Herausgeber: Landkreis Breisgau-Hochschwarzwald, KGSt, VITAKO; im Internet abrufbar unter: http://www.lkbh.de/e-akte)

zurückgegriffen werden:

Nach diesen Anforderungen eingescannte Papierdokumente dürfen nach Art. 7 Abs. 3 Satz 2 BayEGovG **vernichtet** werden, soweit keine entgegenstehenden Pflichten zur Rückgabe oder Aufbewahrung bestehen. Die Vorschrift stellt damit die Zulässigkeit des sog. **ersetzenden Scannens** gesetzlich klar, d. h. das Original-Papierdokument wird durch das Ergebnis des Scan-Vorgangs ersetzt.

Vor einer etwaigen Vernichtung ist insbesondere sicherzustellen, dass keine **Eigentums- oder Beweisführungsrechte Dritter** berührt werden. Dies ist in der Regel bei öffentlichen Urkunden (Ausweise, Pässe, Statusbescheinigungen, Zeugnisse, etc.) der Fall, die daher zurückgegeben werden müssen. Im Übrigen kann grundsätzlich davon ausgegangen werden, dass der Absender eines Schreibens das Schriftstück der Behörde nach § 929 BGB übereignet, es sei denn, diese sind ausdrücklich oder nach den Umständen erkennbar nur für die Dauer der Bearbeitung zur Verwahrung übergeben worden. Dies ist typischerweise bei Unterlagen von persönlich-privater Bedeutung sowie im Rechtsverkehr häufig genutzten Privaturkunden der Fall (Testament, Verträge). Der Gesetzeswortlaut stellt die Entscheidung, ob die Papierdokumente nach dem ordnungsgemäßen Scanvorgang vernichtet werden, in das Ermessen der jeweiligen Behörde („können"). Die Gesetzesbegründung zum BayEGovG geht gleichwohl – zutreffend – davon aus, dass die Vernichtung (bzw. Rücksendung) aus „wirtschaftlichen wie organisatorischen Gründen … in der Regel auch angebracht sein" wird (LT-Drs. 17/7537, S. 36). Dabei kann es zweckmäßig sein, die zum Nachweis des Beginns eines **Fristlaufs** erforderlichen Dokumente (Zustellurkunden, Empfangsbestätigungen) bis zum rechtskräftigen Abschluss des Verfahrens von der Vernichtung auszunehmen. Bei mehrseitigen Verwaltungsrechtsverhältnissen kann dies schon wegen des Beweisführungsrechts Dritter erforderlich sein. Auch eine **vorübergehende Aufbewahrung** der Originaldokumente nach dem Scanvorgang in einer Zwischenablage zum Zweck der

„Qualitätsprüfung" der eingescannten Dokumente hat sich in der Praxis als zweckmäßig erwiesen. Hierdurch können nachträgliche Korrekturen vorgenommen werden, falls trotz der technischen und organisatorischen Vorkehrungen für den Scanvorgang einmal ein Dokument fehlerhaft oder unvollständig eingescannt worden sein sollte. Auch können Dokumente doch noch erhalten werden, wenn sich erst nach Abschluss des Scanprozesses herausstellt, dass es auf die Originaleigenschaft ankommen könnte (*Denkhaus/Geiger*, Bayerisches E-Government-Gesetz, Art. 7 Rn. 80 ff. m. w. N.).

Der genaue Ablauf des Scan-Prozesses sollte daher in einer **Verfahrensdokumentation** bzw. einer **Scan-Dienstanweisung** festgehalten werden. Diese unterstützt auch die Beweisführung vor Gericht bezüglich der Einhaltung einzelner Maßnahmen, solange das Vorgehen der Dokumentation entspricht und keine konkreten Anhaltspunkte vorliegen, die für einen Verstoß gegen die Verfahrensdokumentation sprechen (*Denkhaus/Geiger*, Bayerisches E-Government-Gesetz, Art. 7 Rn. 94 m. w. N.).

IV. Elektronische Bekanntgabe und Zustellung

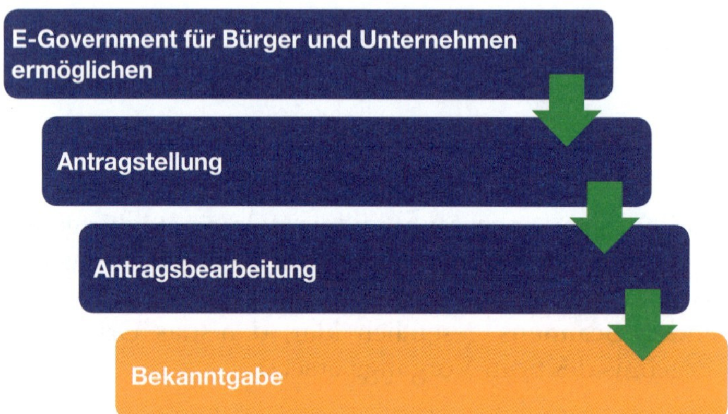

1. Elektronische Bekanntgabe im Überblick

Die elektronische Bekanntgabe von Verwaltungsakten ist ein **mehrstufiger Prozess**, in denen jeder Schritt unter Beachtung der jeweils einschlägigen Rechtsvorschriften sorgfältig geprüft und durchgeführt werden muss:

- Zugangseröffnung durch den Beteiligten
- Schriftformersatz erforderlich?
- Rechtsbehelfsbelehrung
- Wahl des Bekanntgabemediums: E-Mail, E-Postbrief, De-Mail oder Portal?
- Durchführung der Bekanntgabe z. B. per E-Mail, E-Postbrief oder De-Mail gem. Art. 41 Abs. 2 BayVwVfG
- Durchführung der Bekanntgabe via Portal gem. Art. 6 Abs. 4 BayEGovG.

Schritte auf dem Weg zur elektronischen Bekanntgabe:

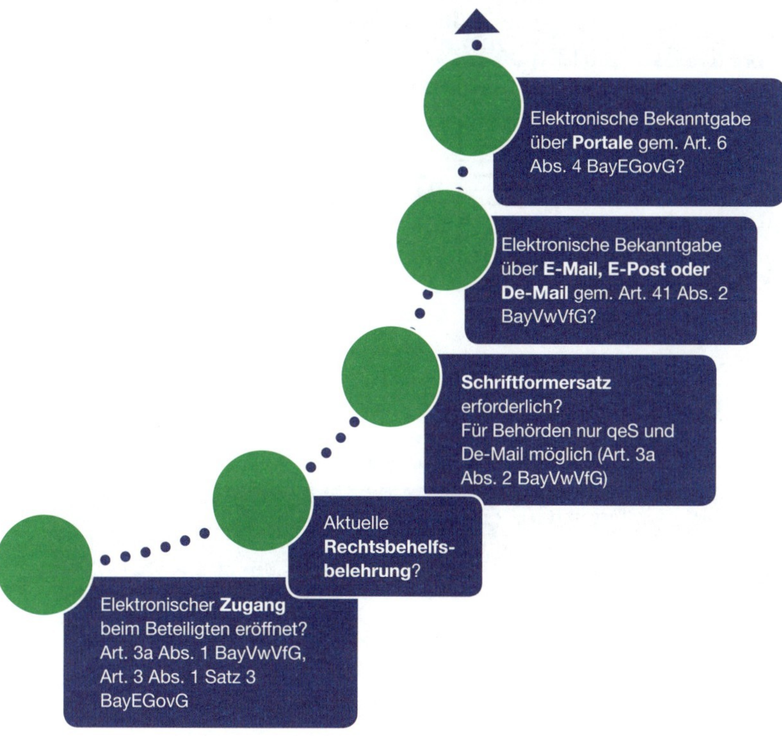

Abb. 48: Schritte auf dem Weg zur elektronischen Bekanntgabe

2. Zugangseröffnung Rückkanal

Während die Behörden dazu verpflichtet sind, für die Bürger und Unternehmen auch elektronisch erreichbar zu sein (Art. 3 Abs. 1 Satz 1 BayEGovG), und zwar sowohl für elektronische als auch für schriftformersetzende Dokumente, **gilt dies für die Empfänger nicht**. Behörden dürfen elektronische Dokumente nur übermitteln, soweit und solange der Empfänger hierfür einen **Zugang eröffnet** hat (Art. 3 Abs. 1 Satz 2 BayEGovG):

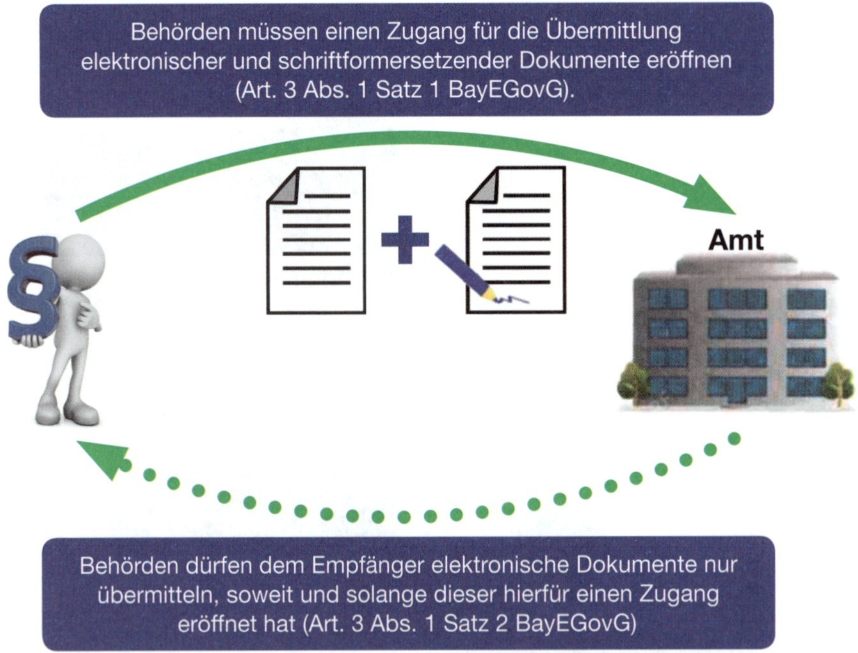

Abb. 49: Elektronische Zugangseröffnung für den Hin- und Rückkanal

Art. 3 Abs. 1 Satz 2 BayEGovG stellt damit für den Rückkanal von der Behörde zum Bürger und zu Unternehmen klar, dass insoweit weiterhin der **Grundsatz der Zugangseröffnungsfreiheit** gilt. Die Vorschrift sichert die Dispositionshoheit des Bürgers hinsichtlich der Zugangseröffnung im Rückkanal ausdrücklich ab („soweit"). Die Norm stellt weiter klar („solange"), dass der Rückkanal auch zeitlich befristet geöffnet bzw. wieder geschlossen werden kann.

Die Regelung ist auch für **E-Government-Portale** von Bedeutung, über die eine Vielzahl von elektronischen Verwaltungsleistungen „gebündelt" angeboten wird, und sichert insbesondere die Möglichkeit ab, dem Bürger standardisierte Wahlmöglichkeiten einzuräumen, ob dieser den Zugang für alle oder nur für einzelne über das Portal angebotene Leistungen zeitlich begrenzt oder dauerhaft eröffnen will. Diese Flexibilität und Wahlfreiheit kann überdies zur Akzeptanz von E-Government-Portalen beitragen.

Die elektronische Bekanntgabe von Verwaltungsakten nach Art. 41 Abs. 2 BayVwVfG bzw. bei E-Government-Portalen nach Art. 6 Abs. 4 BayEGovG setzt zunächst voraus, dass der Empfänger hierfür einen Zugang nach Art. 3 Abs. 1 Satz 2 BayEGovG eröffnet hat. Eine **Zugangseröffnung** setzt eine entsprechende Widmung voraus. Bei einem Bürger wird die bloße Angabe seiner E-Mail-Adresse auf einem in Papierform eingegangenen Briefkopf nach heutiger Verkehrsanschauung noch nicht dahin gehend verstanden werden können, dass er damit seine Bereitschaft zum Empfang von rechtlich verbindlichen Erklärungen äußert. In Zweifelsfällen sollte eine Zugangseröffnung immer nur dann angenommen werden, wenn der Bürger dies gegenüber der Behörde ausdrücklich erklärt. Demgegenüber kann bei einem Rechtsanwalt, der im Schriftverkehr mit der Behörde auf seinem Briefkopf eine E-Mail-Adresse angibt, davon ausgegangen werden, dass er bereit ist, am elektronischen Rechtsverkehr teilzunehmen und Eingänge auf diesem Weg anzunehmen. Soweit ausdrücklich keine Schriftform für den Verwaltungsakt vorgeschrieben ist, kann daher in diesen Fällen grundsätzlich eine elektronische Bekanntgabe erfolgen.

3. Wahl eines Verfahrens zum Schriftformersatz

Ist für einen Verwaltungsakt die **Schriftform** vorgesehen, ist weiter zunächst zu prüfen, ob diese durch Verfahren nach Art. 3a Abs. 2 BayVwVfG ersetzt werden kann. Dies ist beispielsweise bei der Baugenehmigung nicht der Fall (Art. 68 Abs. 2 Satz 1 BayBO). Als schriftformersetzende Verfahren kommen bei elektronischen Verwaltungsakten in erster Linie die qualifizierte elektronische Signatur (Art. 3a Abs. 2 Sätze 1 und 2 BayVwVfG) und De-Mail (Art. 3a Abs. 2 Satz 4 Nr. 3 BayVwVfG) in Betracht. Nach der aktuellen Verkehrsanschauung wird man eine Zugangseröffnung für schriftformersetzende elektronische Verwaltungsakte grundsätzlich nur dann annehmen können, wenn diese ausdrücklich erklärt wird. Für Bürger ist dieses Erfordernis im De-Mail-Gesetz explizit geregelt (§ 7 Abs. 3 Sätze 2 und 3 De-Mail-Gesetz).

Hinweis

Die weiteren in Art. 3a Abs. 2 BayVwVfG zugelassenen Verfahren des elektronischen Schriftformersatzes (eID-Funktion des neuen Personalausweises, authega) können **nur vom Bürger** auf dem Hinkanal verwendet werden. Sie kommen damit für Behörden als Schriftformersatz nicht in Betracht.

4. Rechtsbehelfsbelehrungen

Die VwGO verpflichtet Landesbehörden nicht dazu, ihren Ausgangsbescheiden eine Rechtsbehelfsbelehrung beizufügen (anders bei Widerspruchsbescheiden, § 73 Abs. 3 VwGO). Die Frist für einen Rechtsbehelf beginnt nach § 58 Abs. 1 VwGO jedoch nur zu laufen, wenn der Beteiligte über den Rechtsbehelf, die Verwaltungsbehörde oder das Gericht, bei denen der Rechtsbehelf anzubringen ist, den Sitz und die einzuhaltende Frist schriftlich oder elektronisch belehrt worden ist. Ist die Belehrung unterblieben oder unrichtig erteilt, so gilt nach § 58 Abs. 2 VwGO regelmäßig eine Klagefrist von einem Jahr. Es empfiehlt sich deshalb, auch Ausgangsbescheiden eine Rechtsbehelfsbelehrung beizufügen (Ziff. 4.1 der Bekanntmachung des Bayerischen Staatsministeriums des Innern, für Bau und Verkehr vom 6.9.2016 über den Vollzug des Art. 15 des Gesetzes zur Ausführung der Verwaltungsgerichtsordnung, AllMBl. S. 2077). Sofern die Rechtsbehelfsbelehrung auch auf Formerfordernisse hinweist (z. B. „Der Widerspruch ist schriftlich oder zur Niederschrift bei [... Behörde, die den Bescheid erlassen hat ...] in [...] einzulegen“), empfiehlt es sich darüber hinaus, auch auf die Möglichkeit der elektronischen Widerspruchseinlegung bzw. Klageerhebung hinzuweisen (*Denkhaus/Geiger*, Bayerisches E-Government-Gesetz, Art. 3 Rn. 73 ff. sowie die der o.g. Bekanntmachung des Bayerischen Staatsministeriums des Innern, für Bau und Verkehr vom 6.9.2016 beigefügten Rechtsbehelfsbelehrungsmuster).

Die von den Behörden und Gerichten eröffneten elektronischen Zugänge erlangen auch bei den Rechtsbehelfsbelehrungen praktische Bedeutung. Abhängig davon, ob gegen einen Bescheid Widerspruch eingelegt oder unmittelbar Klage erhoben werden kann, kommt es in der elektronischen Variante darauf an, welche Zugangswege die zuständige Behörde bzw. das zuständige Gericht jeweils eröffnet haben:

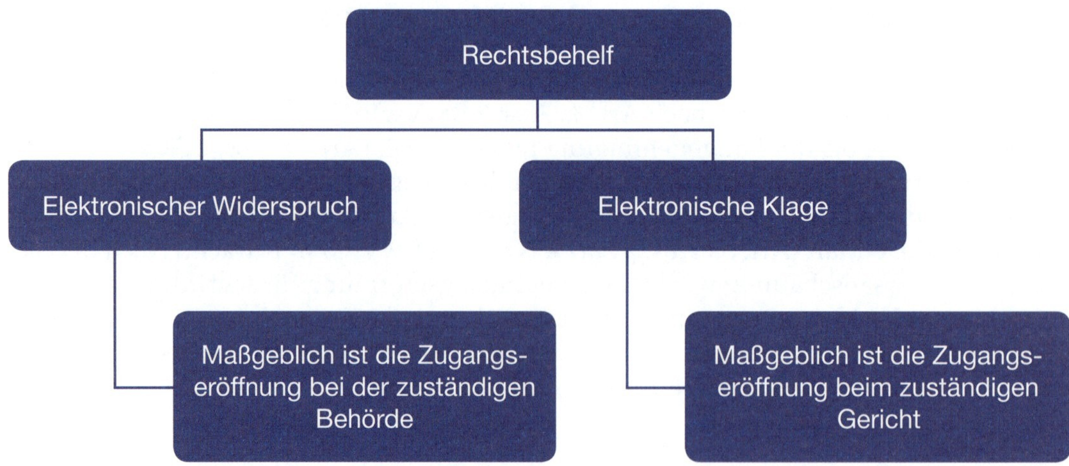

Abb. 50: Zugangseröffnungen für elektronische Rechtsbehelfe

Darüber hinaus müssen Behörden, soweit sie im Rahmen der **Bundesauftragsverwaltung** tätig werden (z. B. BAföG), auch einen Zugang für die Übermittlung elektronischer Dokumente eröffnen, die mit einer **qualifizierten elektronischen Signatur** versehen sind (Art. 1 Abs. 3 BayEGovG i. V. m. § 2 Abs. 1 EGovG). Bei einer Belehrung über die Möglichkeit des elektronischen Widerspruchs muss daher zumindest auf diese Option hingewiesen werden. Bei einem **ausschließlichen Verweis** auf die Möglichkeit, den elektronischen Widerspruch mittels **De-Mail** einzulegen, wird man in den Fällen der Bundesauftragsverwaltung davon ausgehen müssen, dass die **Rechtsbehelfsbelehrung unrichtig bzw. irreführend** ist – mit der Folge, dass für die Widerspruchseinlegung die Jahresfrist gem. § 58 Abs. 2 VwGO gilt.

5. Wahl des geeigneten Bekanntgabe-Mediums

Im nächsten Schritt ist von der Behörde das geeignete Bekanntgabemedium zu wählen. In Betracht kommen beim aktuellen Stand der Technik grundsätzlich

- E-Mail, ggfs. mit qualifizierter elektronischer Signatur und Verschlüsselung,
- E-Postbrief
- De-Mail
- Bekanntgabe über ein Verwaltungsportal.

Die Wahl des Bekanntgabeverfahrens wird einerseits von der **technischen Ausstattung der Behörde** abhängen, insbesondere davon, für welches Verfahren sie selbst den Zugang eröffnet hat (Art. 3 a Abs. 1 BayVwVfG i. V. m. Art. 3 Abs. 1 S. 1 und S. 4 BayE-GovG).

Weiter kann die Behörde nun einen Kommunikationskanal wählen, für den der Bürger seinerseits den **Zugang auf dem „Rückkanal" eröffnet** hat (siehe oben E.4 I., Art. 3a Abs. 1 BayVwVfG, Art. 3 Abs. 1 Satz 2 BayEGovG).

Soweit der Verwaltungsakt schriftlich zu erlassen ist (Hinweis: ist praktisch nur selten der Fall), muss die Behörde zudem einen **Schriftform ersetzenden Rückkanal** wählen:

- Technische Möglichkeiten der Behörde
- Zugangseröffnung durch dem Empfänger
- Angemessenes Sicherheitsniveau des Rückkanals (nicht Maximalniveau), z. B.
  - E-Mail mit Verschlüsselung
  - De-Mail
  - E-Post-Brief (verfügt über Verschlüsselung)
  - Verschlüsselte Portal Kommunikation
- Nur soweit das Gesetz Schriftform für den Bescheid vorsieht: Schriftformersetzender Rückkanal, insbesondere
  - E-Mail (Schriftformersatz mit qualifizierter elektronischer Signatur)
  - De-Mail
  - Portal (Schriftformersatz mit qualifizierter elektronischer Signatur)

6. Bekanntgabe per E-Mail, E-Post-Brief oder De-Mail gem. Art. 41 Abs. 2 BayVwVfG

Art. 41 Abs. 2 Satz 2 BayVwVfG erlaubt die elektronische Bekanntgabe von Verwaltungsakten. Die Vorschrift ist an die Bekanntgabe per einfachen Brief (Art. 41 Abs. 2 Satz 1 BayEGovG) angelehnt.

Entsprechend gilt ein Verwaltungsakt, der elektronisch übermittelt wird, am **dritten Tag nach der Absendung als bekannt** gegeben (3-Tages-Fiktion).

Dies gilt allerdings (wie beim einfachen Brief) **nicht,** wenn der Verwaltungsakt **nicht oder zu einem späteren Zeitpunkt zugegangen** ist; im Zweifel hat **die Behörde den Zugang** des Verwaltungsaktes und den Zeitpunkt des Zugangs **nachzuweisen.**

7. Bekanntgabe über Verwaltungsportale gem. Art. 6 Abs. 4 BayEGovG

Verwaltungsportale gewinnen im E-Government in den letzten Jahren kontinuierlich an Bedeutung. Der Gesetzgeber hat daher in Art. 6 Abs. 4 BayEGovG eine Sonderregelung für die Bekanntgabe über Verwaltungsportale geschaffen. Diese ist **lex specialis zu Art. 41 Abs. 2 BayVwVfG**, der die elektronische Bekanntgabe allgemein regelt (siehe oben VI).

Art. 6 Abs. 4 BayEGovG soll eine **elektronische Bekanntgabe von Verwaltungsakten durch elektronischen Datenfernabruf** insbesondere über Verwaltungsportale, wie z. B. das **Bayernportal**, die **E-Government-Portale** der bayerischen Kommunen, die Plattform für sichere Kommunikation oder das **Mitarbeiterportal der Bayerischen Staatsverwaltung** rechtssicher ermöglichen.

- **Satz 1** stellt klar, dass eine **elektronische Bekanntgabe mit Einwilligung des Beteiligten** auch durch Bereitstellung von Daten zum **Abruf über Verwaltungsportale zulässig** ist.
- **Satz 2** sieht für den Datenabruf eine vorherige **Authentifizierung** vor. Die abrufberechtigte Person wird in Form einer elektronischen Benachrichtigung (z. B. E-Mail) über die Bereitstellung der Daten informiert. Diese Benachrichtigung muss dabei nach allgemeinen Regeln nicht verschlüsselt werden.
- **Satz 3** enthält eine **Bekanntgabefiktion**: Der Verwaltungsakt gilt **am dritten Tag nach der Absendung der elektronischen Benachrichtigung** an den Abrufberechtigten, dass der Verwaltungsakt zum Abruf bereit steht, als bekannt gegeben. Diese Fiktion gilt nach **Satz 4** nicht, wenn die elektronische Benachrichtigung **nicht oder zu einem späteren Zeitpunkt** zugegangen ist.

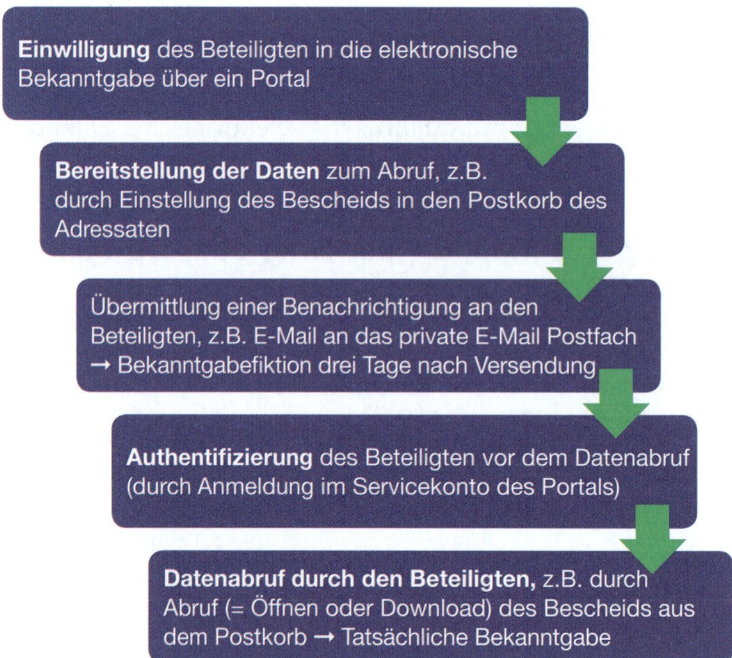

Abb. 51: Voraussetzung für die Bekanntgabe über Portale

Im Zweifel hat die Behörde den Zugang der elektronischen Benachrichtigung nachzuweisen. **Gelingt** ihr dieser **Nachweis nicht**, werden die Daten aber tatsächlich von einer dazu befugten Person abgerufen, gilt der Verwaltungsakt nach **Satz 5 in** dem Zeitpunkt als zugegangen, in dem dieser **Datenabruf tatsächlich** durchgeführt wird.

Hinweis

Art. 6 Abs. 4 BayEGovG ermöglicht nur die „einfache“ elektronische Bekanntgabe im Sinne von Art. 41 BayVwVfG. Für eine **förmliche elektronische Zustellung über Portale** fehlt es bisher an der **erforderlichen Sonderregelung im BayVwZVG** bzw. im VwZG. Die elektronische Zustellung ist daher nach wie vor nur mit qualifizierter elektronischer Signatur oder De-Mail zulässig (vgl. Art. 5 und 6 BayVwZVG).

Teil F
Informationssicherheit

I. Allgemeines

Die Art. 9–17 BayEGovG (a. F.: Art. 8 BayEGovG) regeln die Gewährleistung von Datenschutz und Informationssicherheit in der elektronischen Verwaltung in Bayern. Mit der Normierung von Grundsatzregelungen zur Informationssicherheit, zum Schutz der IT-Infrastrukturen der öffentlichen Verwaltung, zu Informationssicherheitskonzepten und zu den Aufgaben und Befugnisse eines Landesamts für Sicherheit in der Informationstechnik (LSI) reagiert das Gesetz auf die neuen Herausforderungen und Bedrohungslagen im Bereich des E-Government.

Das Bundesamt für Sicherheit in der Informationstechnik bewertet die Gefährdungslage in seinem Bericht zur Lage der IT-Sicherheit in Deutschland 2016 als „weiterhin angespannt". So werden beispielsweise täglich ca. 380.000 neue Schadprogrammvarianten gesichtet. Allein bis August 2016 waren insgesamt mehr als 560 Millionen verschiedene Schadprogrammvarianten bekannt [Bundesamt für Sicherheit in der Informationstechnik (Hrsg.), Die Lage der IT-Sicherheit in Deutschland 2016, S. 18, 61].

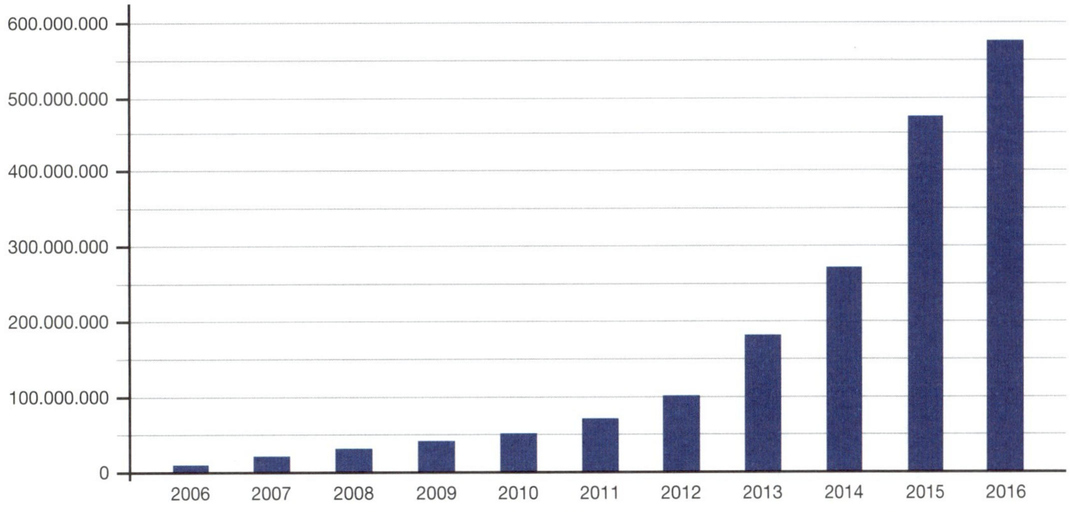

Abb. 52: Entwicklung der Varianten an Schadprogrammen 2006–2016
Quelle: Bundesamt für Sicherheit in der Informationstechnik, Die Lage der IT-Sicherheit in Deutschland 2016, S. 19

Die Vorschriften in Art. 9–17 BayEGovG (a. F.: Art. 8 BayEGovG) knüpfen teilweise an bestehende Informationssicherheitsrichtlinien für die bayerische Staatsverwaltung an, gehen jedoch in der Zielrichtung über diese internen Standards hinaus und betreffen sowohl staatliche wie kommunale Behörden.

Der Gesetzgeber hat die IT-Sicherheit zunächst in Art. 8 BayEGovG a. F. geregelt. Art. 8 Abs. 1 a. F. regelte die Informationssicherheit auf Behördenebene. Art. 8 Abs. 2 regelte die „zentralen" Befugnisse des Bayern-CERT für Sicherheit im Bayerischen Behördennetz.

Mit dem Gesetzentwurf zur Errichtung eines **Landesamts für Sicherheit in der Informationstechnik (LSI) vom 11.7.2017** will die Bayerische Staatsregierung die Kompetenzen im Bereich der Informationssicherheit bündeln und die Beratungs- und Unterstützungsangebote für staatliche Behörden und die Kommunen ausbauen (neuer Teil 2 des BayEGovG, Art. 9–17). Zu den vorgesehenen Aufgaben des Landesamts soll es nach Art. 10 Abs. 1 BayEGovG insbesondere gehören,

- Gefahren für die Sicherheit der Informationstechnik an den Schnittstellen zwischen Behördennetz und anderen Netzen abzuwehren,
- die staatlichen und die an das Behördennetz angeschlossenen Stellen bei der Abwehr von Gefahren für die Sicherheit in der Informationstechnik zu unterstützen,
- sicherheitstechnische Mindeststandards an die Informationstechnik für die staatlichen und die an das Behördennetz angeschlossenen Stellen zu entwickeln und deren Einhaltung zu prüfen und
- alle für die Abwehr von Gefahren für die Sicherheit in der Informationstechnik erforderlichen Informationen zu sammeln und auszuwerten und die staatlichen und sonstigen an das Behördennetz angeschlossenen Stellen unverzüglich über die sie betreffenden Informationen zu unterrichten.

Der Gesetzentwurf sieht außerdem vor, die in Art. 8 Abs. 1 BayEGovG getroffenen Regelungen zur Informationssicherheit in den Behörden aus gesetzessystematischen Gründen in einen neuen Art. 11 Abs. 1 BayEGovG-E zu verschieben. Darüber hinaus ist vorgesehen, das Inkrafttreten der Verpflichtung, die erforderlichen und angemessenen technischen und organisatorischen Maßnahmen im Sinn des Art. 7 BayDSG zu treffen sowie die hierzu erforderlichen Informationssicherheitskonzepte zu erstellen, um ein Jahr auf 1.1.2019 zu verlängern (LT-Drs 17/17726).

II. Informationssicherheit in den Behörden

Art. 11 Abs. 1 Satz 1 BayEGovG (bisher: Art. 8 Abs. 1 Satz 1 a. F.) verpflichtet Behörden dazu, die Sicherheit ihrer informationstechnischen Systeme **im Rahmen der Verhältnismäßigkeit** sicherzustellen. Die Gewährleistung der Informationssicherheit wird damit zugleich als öffentliche Aufgabe definiert. Im Rahmen der Prüfung der Verhältnismäßigkeit sind insbesondere

- Art und Ausmaß des Risikos,
- die Wahrscheinlichkeit des Risikoeintritts und
- die Kosten der Risikovermeidung

gegeneinander abzuwägen.

Unter dem Gesichtspunkt der Wirtschaftlichkeit kann auch die Leistungsfähigkeit der jeweiligen Behörde berücksichtigt werden, da diese nach wie vor in der Lage sein muss, ihre übrigen öffentlichen Aufgaben zu erfüllen. Die nachfolgende Abbildung verdeutlicht den Zusammenhang zwischen Aufwand und dem jeweils angestrebten Informationssicherheitsniveau. Dabei wird insbesondere deutlich, dass 100%-ige Sicherheit praktisch nicht erreichbar ist und ein immer höherer Aufwand betrieben werden muss, um vergleichsweise geringe Verbesserungen des Informationssicherheitsniveaus zu erreichen. Art. 11 Abs. 1 Satz 1 (a. F. Art. 8 Abs. 1 Satz 1 BayEGovG) beschränkt daher den Umfang der erforderlichen Maßnahmen „nach oben hin" dahingehend, dass die Sicherheit der behördlichen informationstechnischen Systeme **im Rahmen der Verhältnismäßigkeit** sicherzustellen ist, mithin keinen Aufwand nach sich ziehen dürfen, der außer Verhältnis zum anzustrebenden Schutzniveau steht.

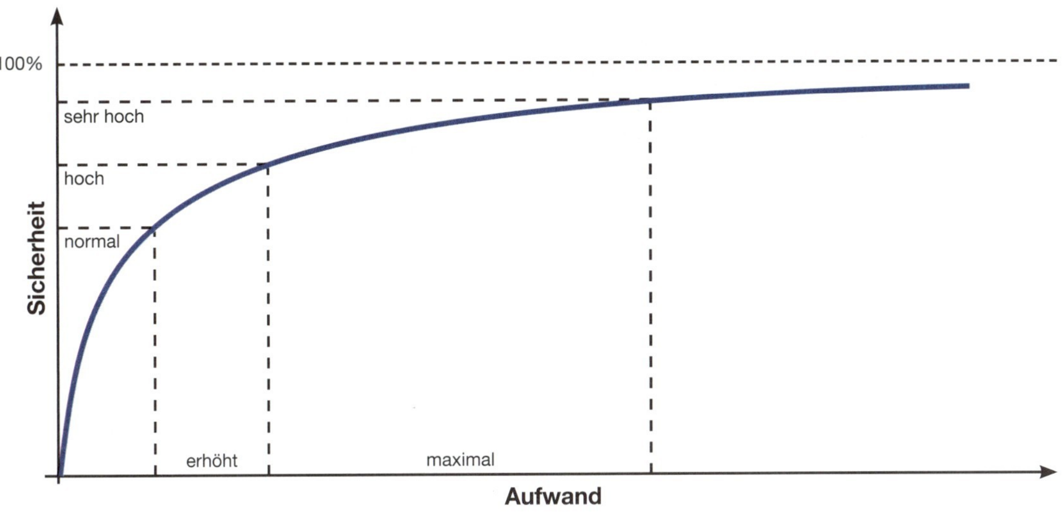

Abb. 53: Zusammenhang zwischen Aufwand und angestrebtem Informationssicherheitsniveau
Quelle: Vgl. BSI-Standard 100-2, S. 32

Art. 11 Abs. 1 Satz 1 (a. F. Art. 8 Abs. 1 BayEGovG) verzichtet darauf, das anzustrebende Sicherheitsniveau näher zu bestimmen bzw. festzulegen, nach **welchen Standards** die Sicherheit der informationstechnischen Systeme sicherzustellen ist. Eine **Möglichkeit**, diese Verpflichtungen umzusetzen, besteht beispielsweise in der Einführung des InformationsSIcherheitsmanagementSystems in zwölf Schritten (**ISIS12**). Das Vorgehensmodell von ISIS12 ist nachfolgend dargestellt:

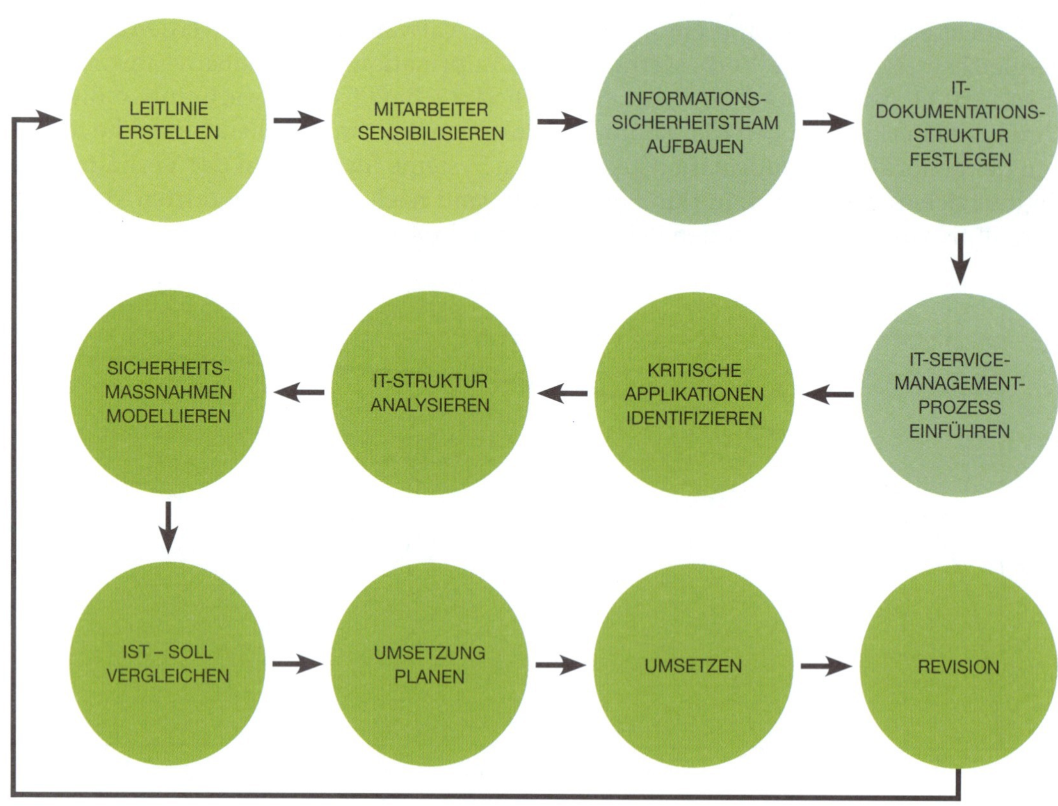

Abb. 54: Vorgehensmodell von ISIS12
Quelle: IT-Sicherheitscluster Bayern

Daneben gibt es noch weitere Standards, die für die Umsetzung der Verpflichtungen aus Art. 11 Abs. 1 Satz 1 (a. F. Art. 8 Abs. 1 BayEGovG) in Frage kommen. Die nachfolgende Abbildung stellt diese mit ihren jeweiligen Merkmalen kurz im Überblick dar:

Kriterien	**VdS 3473**	**ISIS12**	**ISO 27000 Reihe**	**BSI IT-Grundschutz**
Herausgeber	VdS Schadenverhütung GmbH	Netzwerk Informationssicherheit für den Mittelstand	International Standards Organisation	Bundesamt für Sicherheit in der Informationstechnik
Zielgruppe	Kleine und mittlere Unternehmen	Kleine und mittlere Unternehmen	Organisationen jeder Größenordnungen	Organisationen jeder Größenordnungen und öffentliche Verwaltung
Dokumentation	ca. 40 Seiten	ca. 170 Seiten	ca. 400 Seiten	ca. 5.000 Seiten
Detaillierung	Minimal verweisend	Mittel	Minimalistisch abstrakt	Maximal detailliert (Überarbeitung 2017 Bausteine und Umsetzungshinweise)

Kriterien	VdS 3473	ISIS12	ISO 27000 Reihe	BSI IT-Grundschutz
Aufbau	Selektierte Bausteine und Maßnahmen	Selektierte Bausteine und Maßnahmen	Maßnahmenempfehlungen	Umfassende Bausteine, Gefährdungen und Maßnahmen
Umfang des Maßnahmenkataloges	ca. 18 Kapitel plus Anhang, ca. 100 Maßnahmen	ca. 400 Maßnahmen	ca. 150 Maßnahmen	ca. 1.100 Maßnahmen
Risikoanalyse	Verweise auf andere Regelwerke	indirekt	grundsätzlich	enthalten (ergänzend für höheren Schutzbedarf)
Umsetzung	Verweise auf andere Regelwerke; konkret formulierte Maßnahmen Um-setzen	konkret formulierte Maßnahmen umsetzen	allgemeingültig formulierte Maßnahmen umsetzen	Auswahl konkret formulierte Maßnahmen umsetzen
Mögliche Zertifizierung	VdS-Zertifizierung	DQS-Zertifizierung	ISO-Zertifizierung	ISO-Zertifizierung nach IT-Grundschutz
Bezug der Standards für Kommunen	Kostenlos	Kostenlos	ca. 300 EUR (ISO 27001+27002)	Kostenlos

Quelle: Deutscher Landkreistag (Hrsg.), Handreichung zur Ausgestaltung der Informationssicherheitsleitlinie in Kommunalverwaltungen, März 2017, S. 9.

Die soeben dargestellten Standards beziehen sich jeweils auf Managementsysteme für die Informationssicherheit (ISMS). Demgegenüber verpflichtet Art. 11 Abs. 1 Satz 2 BayEGovG (bisher: Art. 8 Abs. 1 Satz 2 a. F.) die Behörden dazu, angemessene technische und organisatorische Maßnahmen i. S. v. Art. 7 BayDSG zu treffen und die hierzu erforderlichen **Informationssicherheitskonzepte** zu erstellen. Der Gesetzgeber lässt damit auch andere Vorgehensweisen zu, um die Sicherheit der behördlichen informationstechnischen Systeme im Rahmen der Verhältnismäßigkeit sicherzustellen. Notwendig ist ein **systematisches Vorgehen**, das unter Berücksichtigung vorhandener Schwachstellen und Risiken gewährleistet, dass die Aufgabe nach Art. 11 Abs. 1 Satz 1 BayEGovG (bisher: Art. 8 Abs. 1 Satz 1 a. F.) erfüllt wird. Informationssicherheitskonzepte sind daher nicht nur zu **„erstellen"** (wie der Wortlaut ggf. vermuten ließe), sondern müssen auch **angewendet,** regelmäßig überprüft und bei Bedarf **fortgeschrieben** werden (*Denkhaus/Geiger*, Bayerisches E-Government-Gesetz, Art. 8 Rn. 13). Im Sinne eines systematischen Vorgehens kann dabei wie folgt vorgegangen werden:

Abb. 55: Systematisches Vorgehensmodell zur Informationssicherheit
Quelle: Innovationsstiftung Bayerische Kommune (Hrsg.), Arbeitshilfe zur Erstellung von Informationssicherheitskonzepten für Kommunen nach Art. 8 Abs. 1 S. 2 BayEGovG, S. 8.

Die im Rahmen der Umsetzung zu treffenden Maßnahmen müssen angemessen und je nach Art der zu schützenden Daten insbesondere geeignet sein (Art. 11 Abs. 1 Satz 2 BayEGovG [Art. 8 Abs. 1 Satz 2 a. F.] i. V. m. Art. 7 Abs. 2 BayDSG),

- Unbefugten den Zugang zu Datenverarbeitungsanlagen, mit denen Daten verarbeitet werden, zu verwehren **(Zugangskontrolle)**,
- zu verhindern, dass Datenträger unbefugt gelesen, kopiert, verändert oder entfernt werden können **(Datenträgerkontrolle)**,
- die unbefugte Eingabe in den Speicher sowie die unbefugte Kenntnisnahme, Veränderung oder Löschung gespeicherter Daten zu verhindern **(Speicherkontrolle)**,
- zu verhindern, dass Datenverarbeitungssysteme mit Hilfe von Einrichtungen zur Datenübertragung von Unbefugten genutzt werden können **(Benutzerkontrolle)**,
- zu gewährleisten, dass die zur Benutzung eines Datenverarbeitungssystems Berechtigten ausschließlich auf die ihrer Zugriffsberechtigung unterliegenden Daten zugreifen können **(Zugriffskontrolle)**,
- zu gewährleisten, dass überprüft und festgestellt werden kann, an welche Stellen Daten durch Einrichtungen zur Datenübertragung übermittelt werden können **(Übermittlungskontrolle)**,
- zu gewährleisten, dass nachträglich überprüft und festgestellt werden kann, welche Daten zu welcher Zeit von wem in Datenverarbeitungssysteme eingegeben worden sind **(Eingabekontrolle)**,
- zu gewährleisten, dass Daten, die im Auftrag verarbeitet werden, nur entsprechend den Weisungen des Auftraggebers verarbeitet werden können **(Auftragskontrolle)**,
- zu verhindern, dass bei der Übertragung von Daten sowie beim Transport von Datenträgern die Daten unbefugt gelesen, kopiert, verändert oder gelöscht werden können **(Transportkontrolle)**,

- die innerbehördliche oder innerbetriebliche Organisation so zu gestalten, dass sie den besonderen Anforderungen der IT-Sicherheit und des Datenschutzes gerecht wird **(Organisationskontrolle)**.

Als Hilfestellung kann hierbei auf die von der Innovationsstiftung Bayerische Kommune herausgegebene Arbeitshilfe zur Erstellung von Informationssicherheitskonzepten für Kommunen zurückgegriffen werden (im Internet abrufbar unter http://www.bay-innovationsstiftung.de/projekte/).

Die Behörden müssen die notwendigen technisch-organisatorischen Maßnahmen nicht zwingend selbst durchführen, sondern können sich auch **externer Dienstleister** bedienen. Die Letztverantwortung für die Sicherheit ihrer informationstechnischen Systeme verbleibt jedoch bei der jeweiligen Behörde (*Denkhaus/Geiger*, Bayerisches E-Government-Gesetz, Art. 8 Rn. 7).

Hinsichtlich der Sicherheit der Verarbeitung personenbezogener Daten sind **ab 25.5.2018** die Anforderungen der **EU-Datenschutz-Grundverordnung (DSGVO)** zu berücksichtigen. Die Verordnung hat allgemeine Geltung. Im Gegensatz zu Richtlinien sind EU-Verordnungen in allen ihren Teilen verbindlich und gelten unmittelbar in jedem Mitgliedstaat (Art. 288 Abs. 2 Vertrag über die Arbeitsweise der Europäischen Union – AEUV). So müssen personenbezogene Daten in einer Weise verarbeitet werden, die eine angemessene Sicherheit der personenbezogenen Daten gewährleistet, einschließlich Schutz vor unbefugter oder unrechtmäßiger Verarbeitung und vor unbeabsichtigtem Verlust, unbeabsichtigter Zerstörung oder unbeabsichtigter Schädigung durch geeignete technische und organisatorische Maßnahmen („Integrität und Vertraulichkeit"); der Verantwortliche muss die Einhaltung dieser Vorgaben überdies nachweisen können (Art. 5 Abs. 1 Buchst. f, Abs. 2 DSGVO). Konkretisiert werden diese Pflichten in technischer und organisatorischer Hinsicht insbesondere durch Art. 32 Abs. 1 DSGVO. Hiernach müssen der Verantwortliche und der Auftragsverarbeiter geeignete technische und organisatorische Maßnahmen treffen, um ein dem Risiko angemessenes Schutzniveau zu gewährleisten.

Dabei sind

- der Stand der Technik,
- die Implementierungskosten,
- die Art, der Umfang, die Umstände und die Zwecke der Verarbeitung sowie
- die unterschiedliche Eintrittswahrscheinlichkeit und die Schwere des Risikos für die Rechte und Freiheiten natürlicher Personen

zu berücksichtigen. Die zu treffenden Maßnahmen schließen dabei unter anderem die Fähigkeit ein, die Vertraulichkeit, Integrität, Verfügbarkeit und Belastbarkeit der Systeme und Dienste im Zusammenhang mit der Verarbeitung auf Dauer sicherzustellen. Die Wirksamkeit der getroffenen technischen und organisatorischen Maßnahmen muss zudem regelmäßig überprüft, verwertet und evaluiert werden.

III. Informationssicherheit im Netz: Die Aufgaben und Befugnisse des Landesamts für Sicherheit in der Informationstechnik (LSI)

1. Die Einrichtung eines Landesamts für Sicherheit in der Informationstechnik

Dezentrale Maßnahmen zur Gewährleistung von IT-Sicherheit allein auf der Ebene der einzelnen Behörde oder Kommune reichen angesichts des hohen Grades der Vernetzung der Verwaltungs-IT zur Gewährleistung von Informationssicherheit nicht aus. Das **BayEGovG** enthielt daher schon in seiner **Fassung von 2015** Regelungen zu den Aufgaben und Befugnissen eines **zentralen** Computersicherheits-Ereignis- und Reaktionsteams (**Bayern-CERT**) in Art 8 Abs. 2 BayEGovG a. F.

Aufgrund des weiter gestiegenen Stellenwerts hat sich der Freistaat entschlossen, zur effektiven Gewährleistung von Informationssicherheit ein eigenes **Landesamt für Sicherheit in der Informationstechnik (LSI)** mit erweiterten Aufgaben und Befugnissen mit Hauptsitz in Nürnberg einzurichten. Das LSI übernimmt dabei auch die bisherigen Aufgaben des Bayern-CERT.

Abb. 56: Geplantes Gebäude für das Landesamt für Informationssicherheit (LSI) in Nürnberg

Die Informationssicherheit wird mit dem **Gesetz zur Einrichtung des Landesamts für Sicherheit in der Informationstechnik** (LSI-Gesetz, LT-Drs. 17/17726) in einen neuen Teil 2 des BayEGovG in den neuen bzw. neu gefassten **Art. 9 bis 17** deutlich umfassender und detaillierter geregelt. Die bisherigen gesetzlichen Regelungen in **Art. 8 BayEGovG** d. F. wurden dabei **weitgehend unverändert übernommen**, zugleich aber **durch weitere und zusätzliche Regelungen**, insbesondere auch zum **Datenschutz (Art. 16 und 17)** ergänzt.

 **Hinweis**

Der Anwendungsbereich der Regelungen zum LSI im 2. Teil des BayEGovG (Art. 9 bis 17) weicht z. T. vom Anwendungsbereich des Art. 1 BayEGovG ab. Die Einzelheiten ergeben sich jeweils aus den Einzelvorschriften der Art. 9 bis 17.

2. Die Aufgaben des LSI

Art. 10 BayEGovG regelt als **Aufgaben des LSI**, insbesondere die

- **Abwehr von Gefahren für die Sicherheit in der Informationstechnik** im Bayerischen Behördennetz (Abs. 1 und Abs. 4)

- Das LSI fungiert bei der Gefahrenabwehr für **kritische Infrastrukturen** auch als **Kontaktstelle** für den Informationsaustausch mit dem **Bundesamt für Sicherheit in der Informationstechnik (BSI)** gem. § 8 b BSI-Gesetz
- **Unterstützung und Beratung** von staatlichen und kommunalen Stellen, öffentlichen Unternehmen und Betreibern kritischer Infrastrukturen bei **Fragen der Sicherheit in der Informationstechnik** (Abs. 2)
- Unterstützung und Beratung von **Polizei, Strafverfolgungsbehörden und Verfassungsschutz** bei technischen Untersuchungen (Abs. 3)

Hinweis

Bei der Unterstützung und Beratung anderer Behörden wird das LSI grundsätzlich nur **auf Ersuchen** der jeweiligen Behörden tätig.

3. Die Befugnisse des LSI

Die **Art. 12 bis 15 BayEGovG** regeln die zugehörigen Befugnisse des LSI.

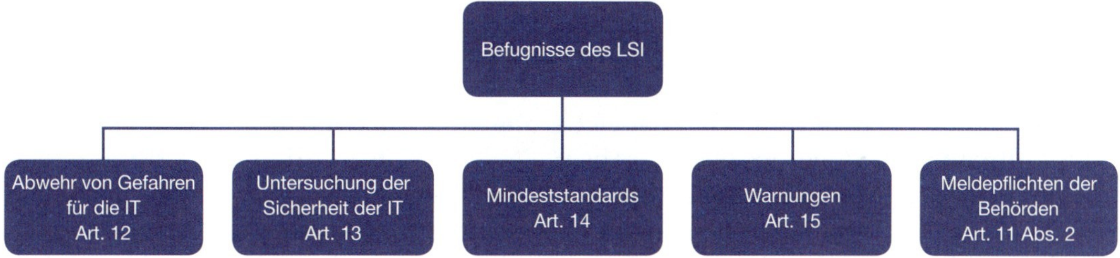

Abb. 56a: Befugnisse des LSI

Die Befugnisse des LSI umfassen,

- **Befugnisse zur Abwehr von Gefahren**, etwa durch Schadprogramme oder Sicherheitslücken oder unbefugte Datennutzung. Das LSI darf zur Gefahrenabwehr insbesondere **Protokolldaten** erheben und automatisiert auswerten, die an den Schnittstellen von Behördennetz und anderen Netzen anfallen nach Maßgabe von **Art. 12 BayEGovG** (bisher Art 8 Abs. 2 Satz 2 a. F.).
- Befugnis zur Untersuchung der Sicherheit der Informationstechnik im Bayerischen Behördennetz (nur staatliche Behörden) sowie zur Sicherheit von am Markt angebotenen IT-Produkten (**Art. 13 BayEGovG**).
- Befugnis zur Festlegung von Mindeststandards in der IT-Sicherheit für staatliche Behörden nach Maßgabe von **Art. 14 BayEGovG**. Die Mindeststandards können für staatliche Behörden durch Verwaltungsvorschriften der zuständigen Staatsministerien verbindlich vorgegeben werden.
- Befugnis zu **Warnungen und Empfehlungen** im Falle von Gefahren für die Sicherheit der Informationstechnik nach Maßgabe von **Art. 15 BayEGovG** (bisher Art. 8 Abs. 2 Satz 4 BayEGovG a. F.).

4. Unterstützung des LSI durch Behörden im Behördennetz

Das LSI ist bei der Erfüllung seiner Kernaufgaben im Bayerischen Behördennetz auf die Zusammenarbeit mit den an das Behördennetz angeschlossenen Behörden angewiesen. Daher sehen **Art. 11 Abs. 2 und Abs. 3** (bisher Art. 8 Abs. 2 Satz 3 BayEGovG a. F.) bestimmte Unterstützungspflichten der am Behördennetz angeschlossenen Stellen vor.

Die an das **Behördennetz angeschlossenen Stellen**

- **melden** dem LSI gem. Art. 11 Abs. 2 BayEGovG **sicherheitsrelevante Vorfälle** und

- **unterstützen das LSI** gem. Art. 11 Abs. 3 BayEGovG **auch im Übrigen bei seinen Aufgaben** nach Art. 10 Abs. 1 Nr. 1, 2, 4 und 5, soweit keine gesetzlichen Vorschriften (z. B. Datenschutz) entgegenstehen.

5. Datenschutz im Bereich der IT-Sicherheit

Mit den erweiterten Aufgaben und Befugnissen des neuen LSI mussten auch die datenschutzrechtlichen Regelungen weiter und präziser gefasst werden (bisher Art. 8 Abs. 2 Satz 5 BayEGovG a. F.). Der Datenschutz findet nunmehr seine Grundlage in den neu geschaffenen Art. 16 und 17 BayEGovG.

Art. 16 BayEGovG regelt die **Datenspeicherung und -auswertung**, insbesondere für **Protokolldaten** im Sinne des Art. 12 Abs. 2 BayEGovG (s. o. III.3), die grundsätzlich **maximal für drei Monate gespeichert** werden dürfen (Art. 16 Abs. 2). Die maximale Speicherdauer für **Inhaltsdaten** reduziert sich sogar auf **zwei Monate** (Art. 16 Abs. 3). Eine längere Speicherung ist nur unter strengen Voraussetzungen zulässig (Abs. 4). Daten, die den Kernbereich der privaten Lebensgestaltung betreffen, sollen – soweit technisch möglich – überhaupt nicht erhoben werden (Abs. 5).

Art. 17 Abs. 1 BayEGovG begrenzt entsprechend auch die **Datenübermittlung** an Dritte auf Fälle in denen dies zur Abwehr von Gefahren für die Sicherheit in der Informationstechnik erforderlich ist. **Art. 17 Abs. 2** enthält einen Katalog von Tatbeständen, in denen eine unverzügliche Datenübermittlung vom LSI an **Sicherheits- und Strafverfolgungsbehörden** bei erheblichen Gefahren bzw. bei schweren Straftaten erfolgen soll.

Teil G
Wesentliche Pflichten aus dem BayEGovG – was bis wann zu tun ist

Das BayEGovG ist am 30.12.2015 in Kraft getreten. Abweichend davon enthält das Gesetz Fristen für das Inkrafttreten von Regelungen, die in der Regel mit der Einführung neuer technischer Verfahren in Behörden verbunden sind. Das Inkrafttreten der Pflicht zur Entgegennahme elektronischer Rechnungen orientiert sich an den unionsrechtlichen Vorgaben.

Nach dem Gesetzentwurf zur Errichtung des **Landesamts für Sicherheit in der Informationstechnik (LSI)** (LT-Drs. 17/17726) sollen die Vorschriften zum Inkrafttreten künftig in Art. 19 BayEGovG (neu) geregelt werden. Abweichend von den bisherigen Übergangsfristen soll das Inkrafttreten der Verpflichtung, die erforderlichen und angemessenen technischen und organisatorischen Maßnahmen im Sinn des Art. 7 BayDSG zu treffen sowie die hierzu erforderlichen Informationssicherheitskonzepte zu erstellen, um ein Jahr auf 1.1.2019 verlängert werden (LT-Drs. 17/17726).

Die nachfolgende Übersicht stellt die wesentlichen Verpflichtungen des BayEGovG sowie die Übergangsfristen tabellarisch dar:

Norm	Inhalt	Adressat	Inkrafttreten
Art. 2 Sätze 1 und 2 BayEGovG	**Digitale Zugangs- und Verfahrensrechte**, d. h. das Recht, nach Maßgabe der Art. 3 bis 5 BayEGovG elektronisch über das Internet mit den Behörden zu kommunizieren und ihre Dienste in Anspruch zu nehmen. Zudem kann jeder verlangen, dass Verwaltungsverfahren nach Maßgabe des Art. 6 BayEGovG ihm gegenüber elektronisch durchgeführt werden.	Jeder	1.7.2016
Art. 3 Abs. 1 Satz 1 BayEGovG	Verpflichtung, einen **Zugang** für die Übermittlung elektronischer sowie im Sinn des Art. 3a Abs. 2 BayVwVfG schriftformersetzender Dokumente zu **eröffnen**.	Jede Behörde	30.12.2015
Art. 3 Abs. 1 Satz 3 BayEGovG	Verpflichtung, für den Hinkanal zur Behörde und für den Rückkanal zum Bürger jeweils ein geeignetes **Verschlüsselungsverfahren** bereitzustellen.	Jede Behörde	1.1.2020

Norm	Inhalt	Adressat	Inkrafttreten
Art. 3 Abs. 3 BayEGovG	Verpflichtung, in elektronischen Verwaltungsverfahren, in denen die Behörde die Identität einer Person aufgrund einer Rechtsvorschrift festzustellen haben oder aus anderen Gründen eine Identifizierung für notwendig erachten, einen **elektronischen Identitätsnachweis** nach § 18 PAuswG oder § 78 Abs. 5 AufenthG anzubieten.	Jede Behörde	1.1.2020
Art. 4 Abs. 1 Satz 1 BayEGovG	Behörden sollen ihre **Dienste** auch elektronisch über das Internet anbieten, soweit dies wirtschaftlich und zweckmäßig ist.	Jede Behörde	30.12.2015
Art. 4 Abs. 1 Satz 2 BayEGovG	Es sollen zugleich die **Informationen** bereitgestellt werden, die für die sachgerechte **elektronische Inanspruchnahme** der behördlichen Dienste erforderlich sind.	Staatliche Behörden	30.12.2015
Art. 5 Abs. 1 BayEGovG	Verpflichtung, geeignete **elektronische Zahlungsmöglichkeiten** anzubieten.	Jede Behörde	1.1.2020
Art. 5 Abs. 2 Satz 1 BayEGovG	Verpflichtung, den Empfang und die Verarbeitung **elektronischer Rechnungen** sicherzustellen, soweit für den Auftraggeber eine Vergabekammer des Freistaates Bayern zuständig ist.	Auftraggeber	27.11.2019
Art. 6 Abs. 1 BayEGovG	Verpflichtung, **Verwaltungsverfahren** oder abtrennbare Teile davon auf Verlangen eines Beteiligten ihm gegenüber **elektronisch durchzuführen**, soweit dies wirtschaftlich und zweckmäßig ist.	Jede Behörde	30.12.2015
Art. 6 Abs. 2 Satz 1 BayEGovG	Behördliche **Formulare**, die zur Verwendung durch Beteiligte dienen, sollen über das Internet auch elektronisch abrufbar sein.	Jede Behörde	1.7.2017
Art. 7 Abs. 1 Satz 1 Hs. 1 BayEGovG	Staatliche Behörden (ausgenommen Landratsämter) sollen ihre **Akten und Register** elektronisch führen.	Staatliche Behörden (ausgenommen Landratsämter)	1.7.2017

Norm	Inhalt	Adressat	Inkrafttreten
Art. 11 Abs. 1 Satz 2 BayEGovG (bisher Art. 8 Abs. 1 S. 2)	Verpflichtung, die zur **Sicherheit der informationstechnischen Systeme** angemessenen technischen und organisatorischen Maßnahmen i. S. v. Art. 7 BayDSG zu treffen und die hierzu erforderlichen Informationssicherheitskonzepte zu erstellen.	Jede Behörde	Ursprünglich 1.1.2018. Der Gesetzentwurf zur Errichtung des Landesamts für Sicherheit in der Informationstechnik sieht vor, das Inkrafttreten auf 1.1.2019 zu verschieben.

Teil H
Ausblick: Das neue Onlinezugangs-Gesetz des Bundes

I. Die Folgen der Neuordnung der Bund-Länder-Finanzbeziehungen für die digitale Verwaltung

Auch die Bundesregierung hat in den letzten Jahren ihr Interesse an der Digitalisierung entdeckt. Von daher kann es nicht verwundern, dass das Thema auch in den Verhandlungen zur **Neuordnung der Bund-Länder-Finanzbeziehungen** eine zentrale Rolle gespielt hat.

Die **Konferenz der Regierungschefinnen und Regierungschefs von Bund und Ländern** hat in ihrem Beschluss zur Neuregelung des Finanzausgleichssystems ab 2020 vom 14.10.2016 vereinbart, **Onlineanwendungen der öffentlichen Verwaltung für alle Nutzer**, das heißt insbesondere für die Bürgerinnen und Bürger und die Unternehmen, über einen **Portalverbund** von Bund und Ländern **erreichbar zu machen** (BT-Drs. 18/ 11135 vom 10.2.2017, S. 5).

Zur Umsetzung der politischen Einigung zum Bund-Länder-Finanzausgleich haben Bundestag und Bundesrat im **Juni 2017** ein umfassendes **Gesetzgebungspaket** beschlossen. Dessen politische Grundlinie „mehr Geld vom Bund, mehr Rechte für den Bund" (*Schallbruch*, CR-online.de Blog vom 6.7.2017, https://www.cr-online.de/blog/2017/06/07/neuer-gesetzlicher-rahmen-fuer-oeffentliche-it-grundgesetzaenderung-ozg-und-konsens-gesetz/) schlägt sich auch in den neuen Regelungen zum Online-Zugang zu Verwaltungsleistungen und zum Portalverbund nieder.

Durch die neue Bundeskompetenz aus Art. 91c Abs. 5 GG und das auf dieser Grundlage verabschiedete Online-Zugangsgesetz werden die **bundesgesetzlichen Regelungsvorgaben** im Bereich des E-Governments **deutlich verdichtet** und wesentliche Entscheidungsbefugnisse auf den Bund verlagert (*Schallbruch*: CR-online.de Blog vom 30.12.2016, https://www.cr-online.de/blog/2016/12/30/grundgesetzaenderung-mehr-macht-fuer-den-bund-bei-der-it/; *ders.* CR-online.de Blog vom 7.6.2017, a.a.O.).

Im Folgenden sollen die Zielsetzungen der gesetzlichen Neuregelungen beschrieben und ein Überblick über die verfassungsrechtlichen Grundlagen und die einfachgesetzliche Ausgestaltung des Portalverbunds gegeben werden. Anschließend sollen die möglichen Auswirkungen der neuen Vorschriften für die Vollzugspraxis des E-Governments (in Bayern) beleuchtet werden.

II. Ziele: Einheitlicher Zugang zu Verwaltungsleistungen und Portalverbund von Bund und Ländern

Trotz aller Bemühungen von Bund, Ländern und Kommunen liegt **Deutschland** im E-Government im europäischen Vergleich nach wie vor eher im **Mittelfeld** (Deutschland ist im jüngsten EU-Digitalisierungsindex allerdings auf Platz 11 – zuvor Platz 18 –

von 28 Teilnehmern aufgestiegen: https://ec.europa.eu/germany/news/digitalisierung-europa-kommt-voran-deutschland-beim-digitalisierungsindex-auf-platz-11_en).

Eine der Ursachen für den nach wie vor eher zögerlichen Ausbau der digitalen Verwaltung wird in **der föderative Zersplitterung der digitalen Verwaltungslandschaft** gesehen, die Insellösungen begünstigt und einen flächendeckenden Ausbau des E-Governments erschwert (vgl. auch *Schallbruch*: CR-online.de Blog vom 30.12.2016, a.a.O.).

Bisher betreiben Bund und Länder ihre Online-Verwaltungsangebote getrennt und in jeweils eigener Verantwortung. Der **Umfang der Digitalisierung** von Verwaltungsleistungen ist dabei unterschiedlich, die Angebote in diesem Bereich sind zudem durch technische Vielfalt gekennzeichnet. Auch **Anwendungen, Standards und Sicherheitsanforderungen** sind **uneinheitlich** (BT-Drs. 18/11131 vom 13.2.2017; S. 9, 16).

Um die bestehende Zersplitterung der Online-Angebote der Verwaltung in Deutschland zu überwinden, haben Bund und Länder auf der Grundlage von Art. 91c GG im Wege der **Verwaltungszusammenarbeit über den IT-Planungsrat** zwar bereits mit der Standardisierung von Verwaltungsleistungen begonnen. Diese Zusammenarbeit erfasst jedoch bislang nur **einen Teil der Verwaltungsleistungen**, darüber hinaus sind die bestehenden Anwendungen auch nicht bundesweit verknüpft (BT-Drs. 18/11131 vom 13.2.2017; S. 9, 16).

Nach dem Beschluss der **Konferenz der Regierungschefinnen und Regierungschefs von Bund und Ländern vom 14.10.2016** sollen die Online-Verwaltungsleistungen von Bund und Ländern daher künftig für alle Nutzer, d. h. insbesondere für die Bürgerinnen und Bürger und die Unternehmen, über ein Bürgerportal erreichbar gemacht werden. Damit werden Bund und Länder verpflichtet, ihre **Online-Verwaltungsportale** so miteinander zu verknüpfen, dass die Online-Angebote **von Bund und Ländern** in Deutschland über jedes dieser Portale zugänglich sind (BT-Drs. 18/11131 vom 13.2.2017; S. 9, 16).

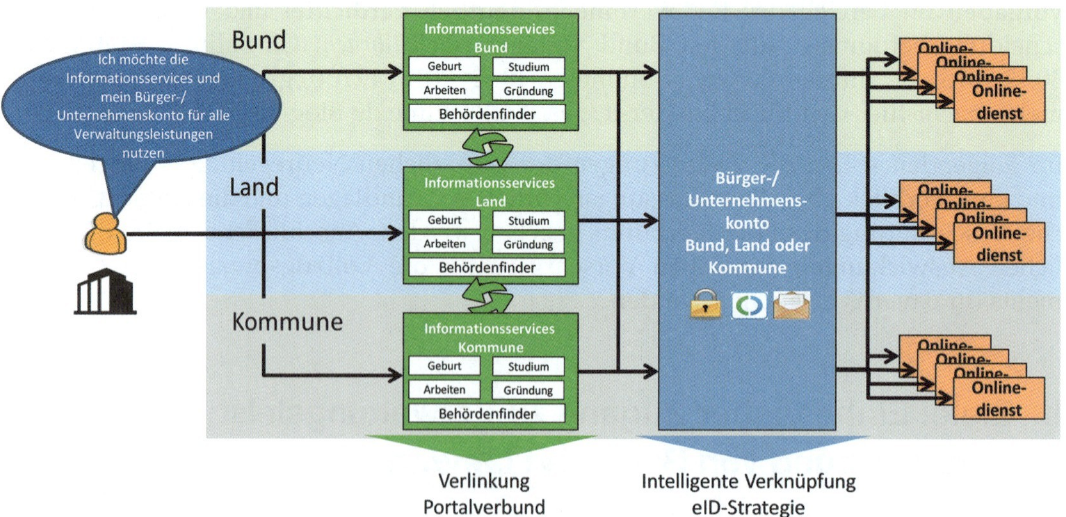

Abb. 57: Ziel: Portalverbund von Bund und Ländern

Der bisher im Rahmen des IT-Planungsrats gepflegte „Bottom-up"-Ansatz einer Vielzahl eher lose koordinierter Projekte von Bund und Ländern soll auf diese Weise nach der Vorstellung des Bundes durch einen stärker zentralistischen „Top-Down"-Ansatz ergänzt werden (*Schallbruch*: CR-online.de Blog vom 7.6.2017, a.a.O.).

III. Die neue Bundeskompetenz gem. Art. 91c Abs. 5 GG

1. Verwaltungszusammenarbeit in der IT gem. Art. 91c GG

Die Verwaltungszusammenarbeit von Bund und Ländern im Bereich der IT findet ihre verfassungsrechtliche Grundlage in **Art. 91c GG** (vgl. zum Zusammenwirken von Bund und Ländern im IT-Planungsrat *Schallbruch/Städler*, CR 2009, 619). Art. 91c Abs. 1 GG eröffnet Bund und Ländern die Möglichkeit, bei der Errichtung und dem Betrieb der für ihre Aufgabenerfüllung benötigten informationstechnischen Systeme zusammenzuwirken. Nach Art. 91c Abs. 2 Satz 1 GG können Bund und Länder aufgrund von Vereinbarungen die für die Kommunikation zwischen ihren informationstechnischen Systemen notwendigen **Standards und Sicherheitsanforderungen** festlegen. Die Vereinbarungen über die Grundlagen der Zusammenarbeit nach Satz 1 können für einzelne nach Inhalt und Ausmaß bestimmte Aufgaben vorsehen, dass nähere Regelungen bei Zustimmung einer in der Vereinbarung zu bestimmenden **qualifizierten Mehrheit für Bund und Länder** in Kraft tritt.

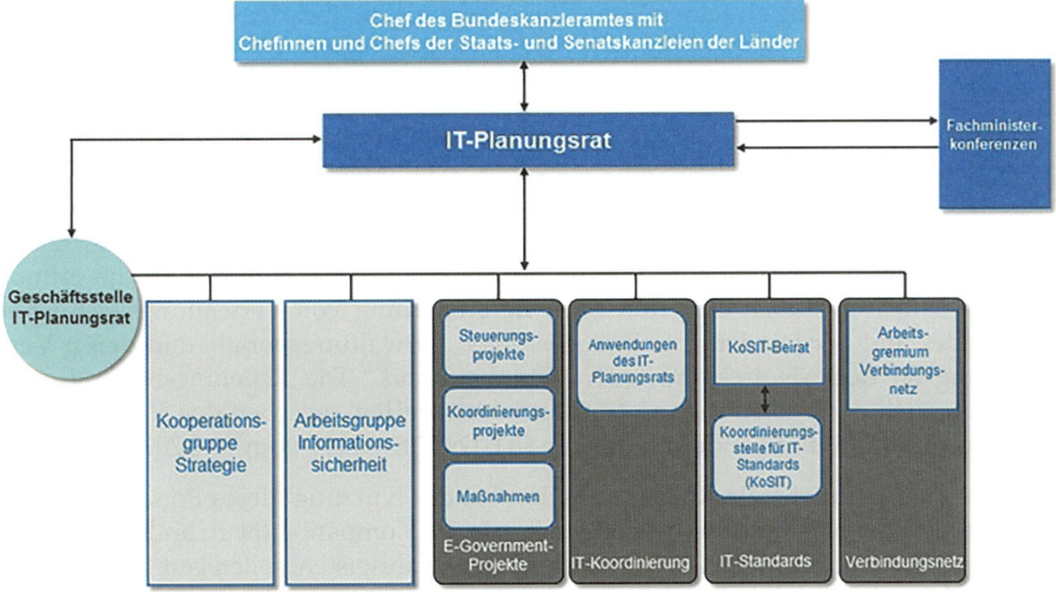

Abb. 58: Überblick: Aufgaben des IT-Planungsrats
Quelle: IT-Planungsrat

Auf Grundlage von Art. 91c Abs. 2 GG wurde zwischen Bund und Ländern der **IT-Staatsvertrag** (Gesetz zum Vertrag über die Errichtung des IT-Planungsrats und über die Grundlagen der Zusammenarbeit beim Einsatz der Informationstechnologie in den Verwaltungen von Bund und Ländern – Vertrag zur Ausführung von Artikel 91c GG [siehe: GGArt9 1cVtr] vom 27. Mai 2010 [BGBl. I S. 662]) abgeschlossen, auf dessen Grundlage der **IT-Planungsrat** eingerichtet wurde, der eine eher lose Koordinierung der Verwaltungs-IT von Bund und Ländern ermöglicht (vgl. *Schallbruch/Städler*, CR 2009, 619).

2. Die neue ausschließliche Bundeskompetenz gem. Art. 91c GG

Art. 91c GG sollte in seiner bisherigen Fassung eine effektivere Verwaltungszusammenarbeit von Bund und Ländern ermöglichen, das bestehende föderative Kompetenzgefüge der Art. 84 ff GG aber gerade nicht antasten. Durch den neu geschaffenen Art. 91c Abs. 5 GG wird dagegen eine neue ausschließliche Bundeskompetenz geschaffen, nach der der *„übergreifende informationstechnische Zugang zu den Verwaltungsleistungen von Bund und Ländern (...) durch Bundesgesetz mit Zustimmung des Bundesrates geregelt"* wird.

Die Ergänzung des Artikels 91c um einen neuen Absatz 5 dient ausweislich der Gesetzesbegründung der Umsetzung der politischen Vorgabe, den übergreifenden informationstechnischen **Zugang zu den Verwaltungsleistungen von Bund und Ländern zu ermöglichen**. Mit dem auf der Grundlage von Absatz 5 mit Zustimmung des Bundesrates zu erlassenden Bundesgesetz können Bund und Länder laut Gesetzesbegründung verpflichtet werden, ihre Verwaltungsleistungen auch elektronisch bereitzustellen und diese übergreifend, d. h. auch außerhalb des **eigenen Verwaltungsportals online erreichbar** zu machen. In diesem Rahmen errichtet der Bund einen zentralen informationstechnischen Zugang zu seinen Verwaltungsleistungen, über den auch die Länder ihre Verwaltungsleistungen elektronisch bereitzustellen haben (BT-Drs. 18/11131 vom 13.2.2017; S. 12, 16).

3. Zur sachlichen Reichweite des Art. 91c Abs. 5 GG

Die Gesetzgebungsbefugnis des Bundes umfasst laut der Begründung des Gesetzentwurfs der Bundesregierung „die **Errichtung dieses Portalverbundes** und die grundsätzliche Pflicht zur auch **elektronischen Bereitstellung** von Verwaltungsleistungen des Bundes und der Länder über ihre jeweiligen Verwaltungsportale und **deren Verknüpfung** zu dem deutschlandweiten Portalverbund." Die Regelungsbefugnis soll weiterhin auch die **Kostentragung für die Schnittstellen** zwischen den Verwaltungsportalen von Bund und Ländern umfassen (BT-Drs. 18/11131 vom 13.2.2017; S. 16).

Um eine **medienbruchfreie Kommunikation** bei der Nutzung dieses Portalverbundes und der hierüber angebotenen Leistungen sowie die Kompatibilität zu anderen gesetzlich vorgesehenen Zugängen zur Verwaltung zu gewährleisten, sollen laut Begründung der Bundesregierung für die elektronische Abwicklung von Verwaltungsleistungen über den Portalverbund einheitliche Vorgaben für **IT-Anwendungen, die Kommunikation und die IT-Sicherheit** gelten. Diese kann der Bund auf der Grundlage der Gesetzgebungskompetenz in Absatz 5 mit Zustimmung des Bundesrates vorgeben (BT-Drs. 18/11131 vom 13.2.2017; S. 16 f.).

4. Anwendbarkeit des Art. 91c Abs. 5 GG auf Kommunen?

Die sachliche Reichweite des Art. 91c Abs. 5 GG war im Gesetzgebungsverfahren zwischen Bund und Ländern weitgehend unstrittig (strittig war die Reichweite der Mitwirkungsrechte des Bundesrats). Uneinigkeit bestand dagegen hinsichtlich der Einbeziehung auch der **Kommunen** in Art. 91c Abs. 5 GG und das Onlinezugangsgesetz. Ihrem **Wortlaut** nach beschränken sich sowohl Art. 91c Abs. 5, als auch das Onlinezugangsgesetz auf einen Portalverbund von **Bund und Ländern**. In den Gesetzesbegründungen der **Bundesregierung** kommt allerdings unmissverständlich zum Ausdruck, dass der Portalverbund gerade **auch die kommunale Ebene** umfassen soll, zumal hier die meisten Verwaltungsleistungen angeboten werden (BT-Drs. 18/11131 vom 13.2.2017, S. 9, 16 f; BT-Drs. 18/11135 vom 10.2.2017, S. 5, 91 ff.).

Der **Bundesrat** hat dieser Auslegung allerdings in seiner Stellungnahme zu den Gesetzentwürfen **ausdrücklich widersprochen** und hierbei unter anderem auf das Aufgabenübertragungsverbot des Art. 84 Abs. 1 Satz 7 GG hingewiesen (BR-Drs. 769/16 vom 10.2.17, S. 8; BR-Drs. 814/16 vom 10.2.2017, S. 25). Die Bundesregierung hat in ihrer Gegenäußerung wiederum die Auffassung vertreten, Art. 84 Abs. 1 Satz 7 GG sei schon deswegen nicht berührt, da auf Grundlage von Art. 91c Abs. 5 GG und durch das Onlinezugangsgesetz keine neuen Aufgaben auf die Gemeinden übertragen würden, sondern nur Modalitäten der Aufgabenwahrnehmung geregelt würden (BT-Drs. 18/11185, zu Drucksache 18/11135 vom 15.2.2017, S. 6).

Da sich im Gesetzgebungsverfahren **gegenläufige Interpretationen** von Bundesregierung und Bundesrat gegenüberstehen, dürfte hinsichtlich der Anwendbarkeit des Art. 91c Abs. 5 GG und des Onlinezugangsgesetzes auf die Kommunen bis auf Weiteres **Rechtsunsicherheit** bestehen. Die Auffassung der Bundesregierung, Art. 91c Abs. 5 GG gestatte künftig eine einfachgesetzliche Verpflichtung der Kommunen zur Online-Bereitstellung aller „Verwaltungsleistungen" (auch beim Vollzug von Landesrecht und sogar im eigenen Wirkungskreis, § 2 Abs. 3 OZG sieht hier keine Beschränkung vor) einschließlich „einheitlicher Vorgaben für IT-Anwendungen, die Kommunikation und die Sicherheit" (vgl. BT-Drs. 18/11131 vom 13.2.2017; S. 9, 16 f) erscheint allerdings nicht nur mit Blick auf **Art. 84 GG** (hierzu *Schallbruch*, CR-online.de Blog vom 7.6.2017, a.a.O.), sondern auch mit Blick auf die **kommunale Selbstverwaltungsgarantie des Art. 28 GG** als zweifelhaft.

IV. Wesentliche Regelungen des Onlinezugangsgesetzes

Das Gesetz zur Verbesserung des Onlinezugangs zu Verwaltungsleistungen dient der einfachgesetzlichen Umsetzung des Bund-Länder-Beschlusses vom 14.10.2016. Hauptziel ist es, den elektronischen Gang zur Behörde unkompliziert und sicher zu gestalten. Hierfür werden Verwaltungsportale auf Bundes- und Landesebene weiter auf- und ausgebaut und zu einem Portalverbund zusammengeschlossen (vgl. BT-Drs. 18/11135 vom 10.2.2017, S. 5, zu den Kommunen siehe oben III. 4.).

Bürgerinnen, Bürger und Unternehmen sollen von einem beliebigen Verwaltungsportal aus auf alle onlinefähigen Verwaltungsleistungen zugreifen können. Darüber hinaus sollen die bislang heterogenen IT-Strukturen bei Verwaltungsleistungen von Bund und Ländern sukzessive interoperabel gestaltet werden (vgl. BT-Drs. 18/11135 vom 10.2.2017, S. 5, 91 ff).

1. Verpflichtung zur Online-Bereitstellung von Verwaltungsleistungen über einen Portalverbund

Das **Onlineangebot an Verwaltungsleistungen** soll nach der Zielsetzung des Gesetzes weiter bedarfsorientiert **ausgebaut** werden. Manche Angebote von Bund und Ländern sind bislang zwar online verfügbar, aber unterschiedlich ausgestaltet und schwer auffindbar (vgl. BT-Drs. 18/11135 vom 10.2.2017, S. 91).

§ 1 OZG enthält daher eine sehr weitgehende **Verpflichtung von Bund und Ländern**, grundsätzlich sämtliche **Verwaltungsleistungen online über Verwaltungsportale** anzubieten (Abs. 1) und diese Verwaltungsportale über einen **Portalverbund zu verknüpfen** (Abs. 2). Die Verpflichtung von Bund und Ländern greift gem. § 1 Abs. 1 OZG spätestens zum Ablauf des **fünften** auf die Verkündung des Gesetzes folgenden **Kalenderjahres.**

Die Verpflichtung umfasst **alle Verwaltungsleistungen** sämtlicher Behörden von Bund und Ländern (zu den Kommunen siehe oben III. 4.), begründet jedoch keine subjektiv-öffentlichen Ansprüche Dritter (vgl. BT-Drs. 18/11135 vom 10.2.2017, S. 91).

Unter Verwaltungsleistungen sind gem. § 2 Abs. 3 OZG **„die elektronische Abwicklung von Verwaltungsverfahren und die dazu erforderliche elektronische Information des Nutzers und Kommunikation mit dem Nutzer über allgemein zugängliche Netze"** zu verstehen. Die Pflicht besteht dabei ohne Einschränkungen, etwa unter dem Gesichtspunkt der Zweckmäßigkeit oder der Wirtschaftlichkeit. Vielmehr besteht eine Grenze nur, wo eine elektronische Bereitstellung über Portale „objektiv unmöglich" ist (Die ursprüngliche Einschränkung auf „geeignete" Leistungen wurde im Gesetzgebungsverfahren gestrichen, vgl. BT-Drs. 18/12589 vom 31.5.2017, S. 161).

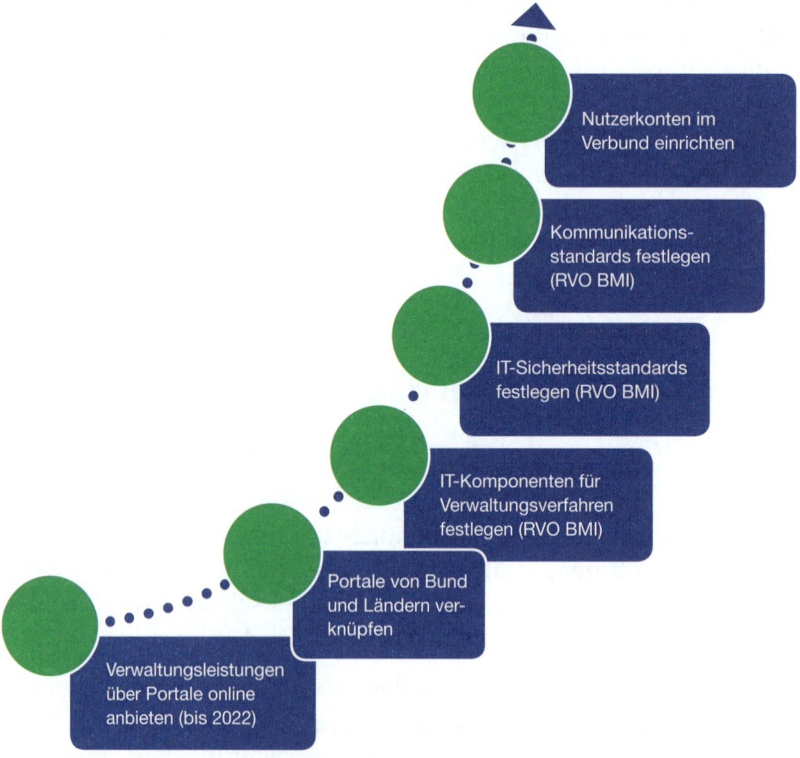

Abb. 59: Überblick: Schritte auf dem Weg zum Portalverbund (gem. Online-Zugangsgesetz)

Nach dem Wortlaut des § 1 Abs. 1 und des § 2 Abs. 3 OZG bleibt unklar, ob die Pflicht zur Zugänglichmachung über Portale nur bereits ohnehin „elektronisch abgewickelte Verwaltungsverfahren" (vgl. Legaldefinition des § 2 Abs. 3) oder auch bisher rein analog durchgeführte Verfahren betrifft (hierfür spricht die Begründung, BT-Drs. 18/11135 vom 10.2.2017, S. 91, 92).

Um einen Gebietskörperschaften-übergreifenden informationstechnischen Zugang zu allen Verwaltungsleistungen herzustellen, sind die Portale von Bund und Ländern gem. § 1 Abs. 2 OZG elektronisch miteinander zu verknüpfen und die bereits bestehenden und noch zu schaffenden elektronisch abzuwickelnden Verwaltungsleistungen der Verwaltungsportale auch über den Portalverbund zugänglich zu machen. Auch Fachportale des Bundes für Verwaltungsleistungen können bestehen bleiben, und werden über das Bundesportal mit dem Portalverbund verknüpft (BT-Drs. 18/11135 vom 10.2.2017, S. 91).

Unklar bleibt allerdings, was konkret unter einem „**Zugang**" zu den „**Angeboten**" der Verwaltung zu verstehen ist, die über den Portalverbund vermittelt werden soll (vgl. § 2 Abs. 1 und Abs. 2 OZG, siehe auch BT-Drs. 18/11135 vom 10.2.2017, S. 91, 92). Diese Unschärfe mag der Gesetzgeber aber durchaus bewusst in Kauf genommen haben, da in § 4 bzw. § 6 OZG die Möglichkeit besteht, durch Rechtsverordnung bestimmte „IT-Komponenten" für elektronische Verwaltungsverfahren bzw. bestimmte „Kommunikationsstandards" für den Portalverbund durch Rechtsverordnung festzulegen (siehe unten IV. 2 und IV. 4).

2. Elektronische Abwicklung von Verwaltungsverfahren

Für die elektronische Abwicklung von Verwaltungsverfahren, die der Durchführung unmittelbar geltender Rechtsakte der Europäischen Union oder der Ausführung von Bundesgesetzen dienen, wird die Bundesregierung gem. § 4 Abs. 1 Satz 1 OZG ermächtigt, im Benehmen mit dem IT-Planungsrat durch Rechtsverordnung ohne Zustimmung des Bundesrates die **Verwendung bestimmter IT-Komponenten** nach § 2 Absatz 6 verbindlich vorzugeben. In der Rechtsverordnung kann auch die Verwendung von IT-Komponenten geregelt werden, die das jeweils zuständige Bundesministerium bereitstellt (vgl. BT-Drs. 18/11135 vom 10.2.2017, S. 93).

Die weitreichende einseitige Rechtsetzungsbefugnis des Bundes wird allerdings durch eine einfachgesetzlich normierte **Abweichungskompetenz der Länder** wieder etwas eingefangen. Die Länder können gem. § 4 Abs. 1 Satz 3 OZG von den in der Rechtsverordnung getroffenen Regelungen durch Landesrecht abweichen, soweit sie für den Betrieb im Portalverbund geeignete IT-Komponenten bereitstellen (vgl. BT-Drs. 18/11135 vom 10.2.2017, S. 93). Von daher lässt das OZG an dieser Stelle weiterhin gewisse Spielräume für einen föderativen Wettbewerb um beste Lösungen im Bereich der digitalen Verwaltung.

3. IT-Sicherheitsstandards

Durch den Portalverbund werden ein einheitlicher Zugang zu Verwaltungsverfahren der verschiedenen Verwaltungsebenen und -behörden und eine elektronische Abwicklung von Verwaltungsverfahren mithilfe von IT-Komponenten ermöglicht. Ein **unzureichendes Sicherheitsniveau oder Sicherheitslücken** in einem dieser IT-Komponenten können daher **über den Portalverbund die Sicherheit aller beteiligten Verwaltungseinrichtungen**, der genutzten **Verwaltungsnetze** und der in den **Verfahren** bearbeiteten Daten beeinträchtigen. Aufgrund der Vernetzung besteht darüber hinaus das Risiko, dass Angriffe oder Bedrohungen die **Handlungsfähigkeit der Verwaltung insgesamt** gefährden (BT-Drs. 18/11135 vom 10.2.2017, S. 93).

Gemäß § 5 OZG werden die zur Gewährleistung der IT-Sicherheit erforderlichen Standards für die im Portalverbund und für die zur Anbindung an den Portalverbund genutzten IT-Komponenten **einheitlich durch Rechtsverordnung des Bundesministeriums des Innern ohne Zustimmung des Bundesrates** festgelegt. Die technisch-organisatorischen Standards des § 9 BDSG sind vom Verordnungsgeber zu berücksichtigen. Die Einhaltung der Standards der IT-Sicherheit ist für alle Stellen verbindlich, die entsprechende IT-Komponenten nutzen. Von den in der Rechtsverordnung getroffenen Regelungen kann **durch Landesrecht nicht abgewichen** werden (vgl. Art. 84 Abs. 1 Satz 4 und 5 GG).

4. Kommunikationsstandards im Portalverbund

Potenziell besonders weitreichend und zugleich bemerkenswert unbestimmt sind die Regelungen zu den „Kommunikationsstandards" in § 6 OZG. Unter dem **nicht legal definierten und hochgradig unbestimmten Begriff** des „Kommunikationsstandards" können laut Gesetzgebung alle Standards fallen, die erforderlich sind, um Interoperabilität und intelligente Verknüpfung, aber auch die Umsetzung von „Architekturvorgaben" oder die Abstimmung von „Anbindungs- und Abwicklungskomponenten" zu gewährleisten. Für die **generelle**, von einzelnen konkreten Verwaltungsverfahren unabhängige, **Kommunikation** zwischen den im Portalverbund genutzten informationstechnischen Systemen legt das Bundesministerium des Innern gem. § 6 Abs. 1 OZG im Benehmen mit dem IT-Planungsrat durch Rechtsverordnung ohne Zustimmung des Bundesrates die technischen Kommunikationsstandards fest (vgl. BT-Drs. 18/11135 vom 10.2.2017, S. 94).

Für die **Anbindung von einzelnen Verwaltungsverfahren**, die der Ausführung von **Bundesgesetzen** dienen, an die im Portalverbund genutzten informationstechnischen Systeme legt gem. § 6 Abs. 2 OZG das für das jeweilige Bundesgesetz zuständige Bundesministerium im Einvernehmen mit dem Bundesministerium des Innern durch Rechtsverordnung ohne Zustimmung des Bundesrates die technischen Kommunikationsstandards fest. Mit dem IT-Planungsrat setzt sich das Bundesministerium des Innern lediglich ins Benehmen (vgl. BT-Drs. 18/11135 vom 10.2.2017, S. 94).

Für die Anbindung von informationstechnischen Systemen, die der **Ausführung sonstiger Verwaltungsverfahren** (also beim Vollzug von Landesgesetzen, aber z. B. auch von kommunalem Satzungsrecht) dienen, an die im Portalverbund genutzten informationstechnischen Systeme legt das Bundesministerium des Innern gem. § 6 Abs. 3 OZG im Benehmen mit dem IT-Planungsrat durch Rechtsverordnung ohne Zustimmung des Bundesrates die technischen Kommunikationsstandards fest (vgl. BT-Drs. 18/11135 vom 10.2.2017, S. 94).

Auch von den in den Rechtsverordnungen nach § 6 Abs. 1 bis 3 OZG getroffenen Regelungen kann durch Landesrecht nicht abgewichen werden (§ 6 Abs. 4 OZG).

5. Einheitliches Nutzerkonto

Für einen funktionsfähigen Portalverbund ist ein möglichst einheitliches Nutzerkonto (oder zumindest die gegenseitige Anerkennung der Nutzerkonten des Verbunds) unverzichtbar. § 7 OZG zielt vor diesem Hintergrund darauf, dass Bürger und Unternehmen die Leistungen des Portalverbundes jeweils **mit einem einzigen Nutzerkonto** in Anspruch nehmen können. Onlineangebote der Verwaltung sollen auf diese Weise direkt, schnell, einfach und sicher genutzt werden können. Das Auffinden von und der Zugang zu Onlineangeboten der Verwaltung sollen in transparenter und einfach verständlicher Weise, mit wenigen Zwischenschritten, verwaltungsebenenübergreifend sowie medienbruch- und barrierefrei möglich werden (BT-Drs. 18/11135 vom 10.2.2017, S. 5).

Das Nutzerkonto soll sicherstellen, dass die für die Inanspruchnahme der Verwaltungsleistung erforderlichen **Daten nicht jedes Mal aufs Neue** eingegeben werden müssen. Abhängig von der für die einzelne Leistung erforderlichen Vertraulichkeit und Sicherheit soll eine sichere Authentifizierung mit einer Benutzername-Passwort-Kombination oder mit der eID-Funktion des Personalausweises oder des elektronischen Aufenthaltstitels vorgenommen werden, wobei die besonderen Anforderungen einzelner Verwaltungsleistungen an die Identifizierung ihrer Nutzer berücksichtigt werden (BT-Drs. 18/11135 vom 10.2.2017, S. 5).

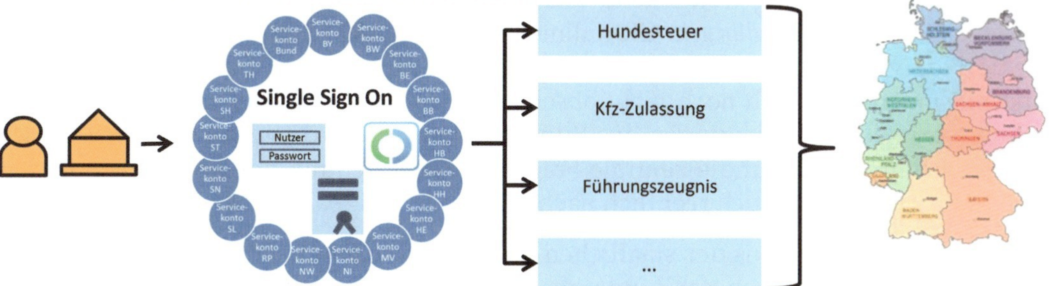

Abb. 60: Nutzen und Mehrwerte von Bürger- und Unternehmenskonten

Das Nutzerkonto soll über ein Nachrichtenpostfach **auch die elektronische Kommunikation** mit der jeweils zuständigen Behörde ermöglichen. Ein entsprechendes Verfahren zur Bekanntgabe von elektronischen Verwaltungsakten im Wege eines Datenabrufs durch Bereitstellung in einem Verwaltungsportal besteht ab dem 1.1.2017 beispielsweise mit § 41 Absatz 2a VwVfG (BT-Drs. 18/11135 vom 10.2.2017, S. 5; in Bayern Art. 6 Abs. 4 BayEGovG, hierzu: *Denkhaus/Geiger*, Bayerisches E-Government-Gesetz, 2016, Art. 6, Rn. 12 ff.). Allerdings kann nur mit einer verbesserten Steuerung ein signifikanter Fortschritt beim Onlinezugang zu Verwaltungsleistungen erreicht werden. Daher sollen elektronisch angebotene Verwaltungsleistungen künftig auf der Grundlage dieses Gesetzes auf elektronischem Wege einfach und sicher zu erreichen sein (BT-Drs. 18/ 11135 vom 10.2.2017, S. 6).

§ 8 OZG regelt ergänzend insbesondere, welche **personenbezogenen Daten** im Rahmen eines Nutzerkontos gespeichert und verarbeitet werden dürfen (vgl. BT-Drs. 18/ 11135 vom 10.2.2017, S. 94).

V. Implikationen des Gesetzes für die Verwaltungspraxis

Nach dem EGovG von 2013 hat der Bund mit dem Online-Zugangsgesetz von 2017 zu einem weiteren „großen Wurf" im Bereich der digitalen Verwaltung angesetzt. Mit der Verpflichtung der Behörden zum Online-Angebot von Verwaltungsleistungen greift der Bundesgesetzgeber Impulse aus den Landes-EGovGs auf, die in aller Regel bereits vergleichbare Verpflichtungen für Landes- und Kommunalbehörden enthalten (z. B. Art. 4 Abs. 1 und 6 Abs. 1 BayEGovG, hierzu: *Denkhaus/Geiger*, Bayerisches E-Government-Gesetz, 2016, Art. 4 Rn. 1, 3 ff. und 6 Rn. 1 ff.). Die gesetzgeberische Zielsetzung zur Verbesserung des Onlineangebots von Verwaltungsleistungen ist zu begrüßen. Gleiches gilt – jedenfalls nach aktuellem Stand der Technik – für die Lösung des Portalverbunds mit einheitlichem Zugang über ein Nutzerkonto, die sich ebenfalls auf Landesebene bereits bewährt hat (siehe für den Portalverbund in Bayern: www.freistaat.bayern). Wie beim Portalverbund im Freistaat Bayern sollte auch bei einem bundesweiten Portalverbund die Eigenständigkeit der einzelnen E-Government-Portale stets gewahrt bleiben.

Durch die Initiative des Bundesgesetzgebers erfährt die digitale Verwaltung allerdings auch einen weiteren Schub der Verrechtlichung und Zentralisierung. Die föderative Balance verlagert sich von den Ländern stärker hin zum Bund und von der Verwaltungszusammenarbeit im IT-Planungsrat hin zum Bundesinnenministerium, das Standards durch Rechtsverordnung weitgehend unabhängig von Bundesrat und IT-Planungsrat festsetzen kann (vgl. *Schallbruch*: CR-online.de Blog vom 30.12.2016, a.a.O.; *ders.* CR-online.de Blog vom 7.6.2017, a.a.O.). Zu welchem Zusammenspiel Bund und Länder in Zukunft finden, lässt sich noch nicht abschätzen, da vieles von der konkreten Ausgestaltung der Rechtsverordnungen des Bundes abhängen wird (siehe oben IV. 2 bis 4.). Gerade auch mit Blick auf die zentrale Frage der Einbeziehung der Kommunen in den Verbund bestehen aber auch rechtlich nach wie vor Unwägbarkeiten (siehe oben III.4.).

Für die Verwaltungspraxis der staatlichen und kommunalen Behörden in Bayern werden die aktuellen Reformen auf Bundesebene erst schrittweise Bedeutung erlangen. Die allgemeine **Verpflichtung zum Onlineangebot** von Verwaltungsleistungen über den Portalverbund greift erst im Laufe des Jahres **2022**. Weitergehende rechtliche Verpflichtungen zu IT-Komponenten, zur Sicherheit und zur Kommunikation im Portalverbund setzen noch den Erlass von Rechtsverordnungen voraus (siehe oben IV. 2 bis 4). Im Interesse der Rechtssicherheit ist zügig zu klären, ob auch die Kommunen in den Anwendungsbereich des Gesetzes fallen (siehe oben III.4.).

Unabhängig von der Reichweite der Regelungen des Art. 91c Abs. 5 GG und des § 1 OZG steht und fällt der Zugang der Bürger zur digitalen Verwaltung mit der Einbeziehung der **kommunalen Ebene**. Von daher sind Bund und Länder gefordert, attraktive Rahmenbedingungen zu schaffen, um eine möglichst breite Einbindung der Verwaltungsleistungen der Kommunen in übergreifende Portallösungen zu ermöglichen. Die bisherigen Erfahrungen in der Praxis der digitalen Verwaltung zeigen, dass die erfolgreiche Umsetzung digitaler Verwaltungsangebote allein durch einseitige gesetzliche Verpflichtungen nicht bewerkstelligt werden kann. Erforderlich ist vielmehr ein **intelligenter Mix** von rechtlichen, technischen, organisatorischen, personellen und finanziellen **Maßnahmen**. Von daher stehen auch beim Projekt des Portalverbunds von Bund und Ländern die eigentlichen Herausforderungen noch bevor.

Teil I
40 Fragen und Antworten zum E-Government in Bayern

I. Anwendungsbereich

1. Fragen zum Anwendungsbereich

1. Das BayEGovG ist gem. Art 1 Abs. 1 grundsätzlich nur auf die öffentlich-rechtliche Tätigkeit von Behörden anwendbar. Gibt es von diesem Grundsatz Ausnahmen? Wo und warum sind diese geregelt?
2. Auf welche juristischen Personen des öffentlichen Rechts in das BayEGovG anwendbar?
3. Was ist unter einer Behörde im Sinne des Art. 1 BayEGovG zu verstehen? Ist die Außenstelle Landshut des Landesamts für Finanzen eine Behörde? Ist der Landkreis Regensburg eine Behörde im Sinne des BayEGovG?
4. Gilt das BayEGovG auch für den Bayerischen Landtag? Begründen Sie Ihre Ansicht.
5. Sind Finanzämter generell vom Anwendungsbereich des BayEGovG ausgenommen?
6. Müssen die Sozialbehörden das BayEGovG beachten? Macht es einen Unterschied, ob das SGB eigene Regelungen zum E-Government, z. B. zur elektronischen Sozialakte, enthält?
7. Warum sind Krankenhäuser vom Anwendungsbereich des BayEGovG ausgenommen?
8. Müssen sich Gesundheitsämter an das BayEGovG halten? Wenn ja, warum? Wenn nein, warum nicht? Begründen Sie ihre Ansicht.
9. Ist das EGovG Bund in Bayern anwendbar? Wenn ja, auf welche Behörden?
10. Müssen sich die mit der Verwaltung des BaföG betrauten Ämter

    - an das EGovG Bund,
    - an das BayEGovG,
    - an beide Gesetze,
    - an keines der Gesetze halten?

    Begründen Sie Ihre Ansicht.

Für Ihre Notizen:

2. Antworten zum Anwendungsbereich

1. Ja, Art. 5 Abs. 1 und Abs. 2 enthalten Regelungen zum elektronischen Zahlungsverkehr und zur E-Rechnung, die auch für das Handeln der öffentlichen Hand in den Rechtsformen des Privatrechts gelten.
2. Freistaat Bayern, Gemeinden und Gemeindeverbände, sowie sonstige juristische Personen des öffentlichen Rechts unter Aufsicht des Freistaats.
3. Stelle, die Verwaltungsaufgaben wahrnimmt. Es ist ein eigenständiges Auftreten unter einer Behördenbezeichnung nach außen und eine gewisse organisatorische Eigenständigkeit erforderlich. Eine Dienststelle ist daher nur ein Teil einer Behörde und keine eigene Behörde.
4. Nur soweit dieser Verwaltungsfunktionen ausübt, also das Landtagsamt.
5. Nein, nur für ihre Tätigkeit nach der AO.
6. Das kommt darauf an. Auf Tätigkeiten nach dem SGB II ist das BayEGovG nicht anwendbar. Sonst ist das BayEGovG grundsätzlich anwendbar, aber nur, soweit das SGB keine Sonderregelungen enthält. Diese Sonderregelungen, z. B. zur Sozialakte, gehen vor.
7. Krankenhäuser sind aufgrund ihrer Besonderheiten (Dienstleistungsfunktion im Wettbewerb mit Privaten, keine behördenmäßige Organisation) ausgenommen.
8. Ja, es handelt sich um Behörden im Sinne des Gesetzes. Besonderheiten wie bei Krankenhäusern bestehen nicht.
9. Ja, aber nur eingeschränkt auf die Bundesauftragsverwaltung (Art. 1 Abs. 3 BayEGovG).
10. Das Bafög-Amt unterliegt der Bundesauftragsverwaltung. Daher sind EGovG Bund und BayEGovG nebeneinander anwendbar. Art. 1 Abs. 3 stellt klar, dass das EGovG Bund in diesen Fällen gilt, schließt aber die (parallele) Anwendung des BayEGovG nicht aus.

II. Rechte der Bürger in der digitalen Verwaltung

1. Fragen zu den Rechten der Bürger

1. Bayern hat als einziges Bundesland Rechte der Beteiligten auf E-Government im BayEGovG verankert. Warum hat sich der Gesetzgeber zu diesem Schritt entschlossen?
2. Die Bürger haben Rechte im E-Government. Sind sie auch zum E-Government verpflichtet?
3. Art. 2 BayEGovG regelt den Inhalt der Rechte der Bürger nicht selbst, sondern verweist auf die Art. 3 bis 6 BayEGovG, die die Pflichten der Behörden regeln. Ist Art. 2 BayEGovG dann nicht eigentlich überflüssig?
4. Art. 3 Abs. 1 Satz 1 und 3 BayEGovG verpflichten die Behörde zur Eröffnung eines Schriftform ersetzenden elektronischen Zugangs und zur Bereitstellung von Verschlüsselungsverfahren. Kann der Bürger ein bestimmtes Verschlüsselungsverfahren bzw. einen bestimmten Schriftformersatz (z. B. De-Mail) von der Behörde einklagen?
5. Behördenleiter Dieter Digital möchte auf „Nummer sicher" gehen. Als ihn sein Verwaltungsleiter auf die Verpflichtung zur elektronischen Zugangseröffnung und zum Angebot von Verschlüsselungen hinweist, entschließt sich Dieter Digital daher, den Zugang zu einem Amt ausschließlich auf dem Wege über eine PGP verschlüsselte E-Mail zuzulassen. Den zur Nutzung erforderlichen öffentlichen Schlüssel stellt er auf seiner Behördenhomepage bereit. Der Bürger Anton Analog möchte eine Anfrage zu Öffnungszeiten jedoch per einfacher E-Mail an die Behörde richten. Kann Anton Analog die Zugangseröffnung für eine einfache E-Mail verlangen?
6. Art. 3 Abs. 3 BayEGovG gibt dem Bürger in bestimmten Verfahren einen Anspruch auf eine elektronische Identifizierung. Kann der Bürger von der Behörde ein bestimmtes Identifizierungsverfahren, z. B. eine Identifizierungsmöglichkeit mit der elektronischen Identifizierungsfunktion seines neuen Personalausweises verlangen?
7. Hat der Bürger gegenüber der Behörden einen Anspruch auf

    - die elektronische Bereitstellung von Geodatendiensten,
    - die elektronische Bereitstellung eines Baugenehmigungsantrags,
    - die komplette elektronische Durchführung des Baugenehmigungsverfahrens?

8. Kann der Bürger verlangen, dass eine Behörde auf ihrer Website einen E-Payment-Dienst anbietet?
9. Der Unternehmer Gerhard Geiz möchte aus Kostengründen seine Rechnungen ab 1.1.2018 nur noch elektronisch bei der Behörde einreichen. Hat Gerhard Geiz einen Anspruch auf elektronische Entgegennahme seiner Rechnungen?
10. Stefan Schlingel möchte Nachweise für einen Förderantrag gerne elektronisch als pdf-Datei bei der Behörde einreichen. Hat Stefan Schlingel ein Recht auf rein elektronische Nachweise? Kann die Behörde von Stefan Schlingel die Originale verlangen? Kann die Behörde auch generell bei allen Förderanträgen auf Originalnachweise bestehen?

Für Ihre Notizen:

2. Antworten zu den Rechten der Bürger

1. E-Government soll bei den Nutzern ansetzen. Die Nutzer sollen „Motor" des E-Government werden, indem sie ihre Rechte ausüben.
2. Nein, Art. 2 Satz 3 BayEGovG.
3. Nein. Die Art. 3 bis 6 begründen für sich gesehen grundsätzlich „nur" Pflichten der Behörden, aber noch keine Rechte der Bürger. Art. 2 BayEGovG begründet dagegen klagbare Rechte der Bürger.
4. Nein, die Behörde hat ein technisches Auswahlermessen gem. Art. 3 Abs. 1 Satz 4 BayEGovG.
5. Anton Analog kann zumindest ein allgemein verbreitetes, ohne besondere Kenntnisse nutzbares Kommunikationsverfahren verlangen. Dies kann E-Mail sein, alternativ wären auch Kontaktformulare auf einer Website oder die Kommunikation über ein Verwaltungsportal denkbar.
6. Ja, Art. 3 Abs. 3 BayEGovG sieht ausdrücklich die eID-Funktion des neuen Personalausweises vor.
7. Diese Ansprüche bestehen gem. Art. 4 Abs. 1 und 6 Abs. 1 BayEGovG nur, soweit die Behörde überhaupt für den Dienst oder das Verfahren zuständig ist und soweit das elektronische Angebot wirtschaftlich und zweckmäßig ist. Beim Baugenehmigungsverfahren muss die Behörde auch prüfen, ob zumindest ein Online-Antrag wirtschaftlich ist, was zu vermuten ist.
8. Grundsätzlich ja, sofern sich ein elektronisch durchgeführtes Verwaltungsverfahren in geeigneter Weise, also technisch und wirtschaftlich sinnvoll, mit einem E-Payment-System verknüpfen lässt (Art. 5 Abs. 1 BayEGovG).
9. Nein, da eine Übergangsfrist bis 27.11.2019 besteht.
10. Die Behörde kann weiter im Einzelfall und für bestimmte Verfahren die Originale verlangen. Die Ermessensentscheidung ist von der Behörde zu begründen.

III. Elektronische Kommunikation, Dienste und Verfahren

1. Fragen zu Kommunikation, Diensten und Verfahren

1. Mit welchen Verfahren kann die Behörde ihre Verpflichtung zur Eröffnung eines Zugangs gem. Art. 3 Abs. 1 Satz 1 BayEGovG erfüllen?
2. Welche Verfahren des Schriftformersatzes sind in Bayern zugelassen? Wo ist dies geregelt?
3. Muss die Behörde einen Zugang per De-Mail eröffnen?
4. Was ist die eID-Funktion des neuen Personalausweises? Nennen Sie zwei ihrer rechtlichen Funktionen.
5. Müssen Behörden ihre Dienste auch online bereitstellen? Begründen Sie Ihre Ansicht unter Nennung der einschlägigen Vorschrift.
6. Können Gemeinden ihre Amtsblätter (a) zusätzlich (b) ausschließlich elektronisch bekanntmachen.
7. Müssen Behörden ihre Verwaltungsverfahren online anbieten? Kann die Behörde auf ein elektronisches Verfahren verzichten, wenn die Einführung eines entsprechenden Online-Verfahrens sehr teuer ist?
8. Müssen die Behörden ihre Formulare online bereitstellen? Wenn ja, welche Formulare? Müssen die Formulare als (ausfüllbares) Webformular bereitgestellt werden?
9. Müssen die Behörden E-Payment anbieten?
10. Ab wann müssen Behörden elektronische Rechnungen entgegennehmen?

Für Ihre Notizen:

2. Antworten zu Kommunikation, Diensten und Verfahren

1. Art. 3 Abs. 1 Satz 1 BayEGovG verpflichtet zur Zugangseröffnung für elektronische Dokumente und durch ein Schriftform ersetzendes Verfahren gem. Art. 3a Abs. 2 BayVwVfG. In Betracht kommt also insbesondere die Zugangseröffnung der E-Mail mit qualifizierter elektronischer Signatur, per De-Mail, über die eID-Funktion des neuen Personalausweises und über authega.
2. Qualifizierte elektronische Signatur, De-Mail, eID-Funktion des neuen Personalausweises, authega, geregelt in Art. 3a Abs. 2 BayVwVfG und §§ 2 ff BayBITV (für authega).
3. Nach Art. 3 Abs. 2 BayEGovG, wenn der Freistaat Bayern einen Basisdienst für De-Mail bereitstellt und sich die Behörde an diesen anschließt.
4. Elektronische Identifizierungsfunktion des neuen Personalausweises. Sie hat eine Online-Ausweisfunktion (Identitätsnachweis) und dient als Schriftformersatz.
5. Ja, soweit zweckmäßig und wirtschaftlich, gem. Art. 4 Abs. 1 Satz 1 BayEGovG.
6. Sowohl (a) zusätzlich, als auch (b) ausschließlich, gem. Art. 4 Abs. 2 BayEGovG. Bei ausschließlich elektronischer Publikation sind aber besondere Anforderungen zu beachten (Einsichtsexemplar in der Behörde, besondere Sicherheitsstandards).
7. Ja, soweit wirtschaftlich und zweckmäßig, gem. Art. 6 Abs. 1 Satz 1 BayEGovG. Die Behörde kann auf die vollständige Einführung eines teuren Verfahrens aus Gründen der Wirtschaftlichkeit verzichten. Sie muss dann aber gem. Art. 6 Abs. 1 weiter prüfen, ob zumindest „Teile davon" wirtschaftlich einführbar sind, wie z. B. ein Online-Antrag.
8. Ja, alle zur Verfahrensdurchführung notwendigen Formulare gem. Art. 6 Abs. 2 BayEGovG. Für die Erfüllung der Pflicht aus Art. 6 Abs. 2 genügt die Bereitstellung von pdf-Formularen. Webformulare müssen aber ggfs. nach Art. 6 Abs. 1 als „Teil" eines Verfahrens angeboten werden.
9. Ja, sofern sich ein elektronisch durchgeführtes Verwaltungsverfahren in geeigneter Weise, also technisch und wirtschaftlich sinnvoll, mit einem E-Payment-System verknüpfen lässt (Art. 5 Abs. 1 BayEGovG).
10. Ab 27.11.2019.

IV. Elektronische Akte und IT-Sicherheit

1. Fragen zu elektronischer Akte und IT-Sicherheit

1. Müssen die Universitäten ihre Akten elektronisch führen?
2. Landratsämter müssen gem. Art. 7 Abs. 1 Satz 1 BayEGovG ihre Akten nicht elektronisch führen. Hat Art. 7 BayEGovG für die Landratsämter dennoch Bedeutung?
3. Die Stadt Digitalstadt führt ihre Akten elektronisch. Die Gemeinde Analogdorf bleibt dagegen bei der Papierakte. Digitalstadt möchte Akten in elektronischer Form an Analogdorf übermitteln? Muss Analogdorf die elektronische Fassung entgegennehmen oder kann die Gemeinde eine Papierfassung verlangen?
4. Was bedeutet „ersetzendes Scannen"? Wo ist es geregelt?
5. Dürfen oder müssen Dokumente nach dem „ersetzenden Scannen" vernichtet werden?
6. Kann der Bürger Einsicht in seine elektronische geführte Akte verlangen? Ist dies im BayEGovG geregelt?
7. Nennen Sie die zwei wesentlichen Pflichten der Behörden aus Art. 11 BayEGovG; a. F. Art. 8 BayEGovG.
8. Muss die Gemeinde Chiemsee (230 Einwohner) ein eigenes Informationssicherheitskonzept erstellen?
9. Was ist „BSI-Grundschutz" und was bedeutet „ISIS 12"?
10. Was ist das LSI? Wo ist es geregelt? Nennen Sie drei wesentliche Befugnisse.

Für Ihre Notizen:

2. Antworten zu elektronischer Akte und IT-Sicherheit

1. Nein, elektronische Akten sollen nur staatliche Behörden führen. Universitäten sind eigenständige juristische Personen des öffentlichen Rechts.
2. Ja. Wenn eine Behörde (freiwillig) Akten elektronisch führt, dann muss sie sich an die übrigen Vorgaben des Art. 7 BayEGovG halten (ordnungsgemäße Aktenführung, Standards für das ersetzende Scannen etc.) – „Wenn-dann-Prinzip".
3. Nach Art. 7 Abs. 2 erfolgt die elektronische Aktenübermittlung zwischen Behörden, die Akten elektronisch führen. Da Analogdorf bei der Papierakte geblieben ist, kann die Gemeinde die elektronische Übermittlung ablehnen und eine Papierfassung verlangen.
4. Ersetzendes Scannen bedeutet das beweissichernde Übertragen eines Papieroriginals in eine digitale Kopie mit dem Ziel, das Papieroriginal nach dem ordnungsgemäßen Scanvorgang grundsätzlich zu vernichten, geregelt in Art. 7 Abs. 3 BayEGovG.
5. Die Originale **dürfen** vernichtet werden, soweit keine Pflicht zur Rückgabe oder Aufbewahrung besteht. Eine Pflicht zum Vernichten besteht nicht, vielmehr hat die Behörde ein Ermessen. Die Vernichtung (bzw. Rücksendung) wird jedoch aus wirtschaftlichen wie organisatorischen Gründen in der Regel angebracht sein.
6. Ja, gem. Art. 29 BayVwVfG, genau wie bei der Papierakte. Eine Sonderregelung im BayEGovG gibt es nicht, da nicht erforderlich.
7. Informationssicherheitskonzepte erstellen (Abs. 1) und IT-Sicherheitsvorfälle an das CERT (Abs. 2) melden.
8. Ja, allerdings nur im erforderlichen Umfang (vgl. Art. 11 Abs. 1 Satz 1 und 2 BayEGovG; a. F. Art. 8 Abs. 1 Satz 1 und Satz 2)
9. BSI-Grundschutz: BSI Standard für die IT Sicherheit, ca. 4.000 Seiten. ISIS12 (InformationsSIcherheitsmanagementSystem in zwölf Schritten): ISMS (Informationssicherheits-Managementsystem) des Bayerischen IT-Sicherheitsclusters, vom IT-Planungsrat anerkannt, für KMU und kleine bis mittlere Kommunen geeignet.
10. Landesamt für Sicherheit und Informationstechnik, geregelt in den neu eingefügten Art. 9–17 BayEGovG. Wesentliche Aufgaben sind Gefahrenabwehr in der IT-Sicherheit (IT-S) im Behördennetz (Art. 12), Untersuchungen zur IT-S (Art. 13), Definition von IT-Sicherheitsstandards (Art. 14) sowie Warnungen und Empfehlungen zur IT-S (Art. 15).

Teil J
Anhang

I. Bayerisches E-Government-Gesetz

a) Fassung vom 22.12.2015

Gesetz über die elektronische Verwaltung in Bayern
(Bayerisches E-Government-Gesetz – BayEGovG)

vom 22.12.2015 (GVBl. S. 458), BayRS 206-1-F

Art. 1
Anwendungsbereich

(1) Dieses Gesetz gilt für die öffentlich-rechtliche Verwaltungstätigkeit der Behörden des Freistaates Bayern, der Gemeinden und Gemeindeverbände und der sonstigen der Aufsicht des Freistaates Bayern unterstehenden juristischen Personen des öffentlichen Rechts, soweit nicht besondere Rechtsvorschriften des Freistaates Bayern inhaltsgleiche oder entgegenstehende Bestimmungen enthalten.

(2) [1]Dieses Gesetz gilt nicht für Schulen, Krankenhäuser, das Landesamt für Verfassungsschutz und Beliehene. [2]Dieses Gesetz ist nicht anzuwenden auf die Tätigkeit der Finanzbehörden nach der Abgabenordnung und die Verwaltungstätigkeit nach dem Zweiten Buch Sozialgesetzbuch. [3]Art. 2 Abs. 1 und 2 Nr. 2 und Abs. 3 des Bayerischen Verwaltungsverfahrensgesetzes (BayVwVfG) gelten entsprechend.

(3) Das E-Government-Gesetz des Bundes findet nur beim Vollzug von Bundesrecht im Auftrag des Bundes Anwendung.

Art. 2
Digitale Zugangs- und Verfahrensrechte

[1]Jeder hat das Recht, nach Maßgabe der Art. 3 bis 5 elektronisch über das Internet mit den Behörden zu kommunizieren und ihre Dienste in Anspruch zu nehmen. [2]Er kann verlangen, dass Verwaltungsverfahren nach Maßgabe des Art. 6 ihm gegenüber elektronisch durchgeführt werden. [3]Die Möglichkeit, die ihn betreffenden Verfahren auch weiterhin nichtelektronisch zu erledigen, bleibt unberührt.

Art. 3
Elektronische Kommunikation und Identifizierung

(1) [1]Jede Behörde ist verpflichtet, einen Zugang für die Übermittlung elektronischer sowie im Sinn des Art. 3a Abs. 2 BayVwVfG schriftformersetzender Dokumente zu eröffnen. [2]Die Übermittlung elektronischer Dokumente der Behörden ist zulässig, soweit und solange der Empfänger hierfür einen Zugang eröffnet. [3]Die Behörden stellen hierfür jeweils ein geeignetes Verschlüsselungsverfahren bereit. [4]Soweit nichts anderes bestimmt ist, entscheidet die Behörde über die Art und Weise der Übermittlungsmöglichkeit.

(2) Jede Behörde hat den Zugang auch über eine De-Mail-Adresse zu eröffnen, soweit sie an einen Basisdienst für De-Mail im Sinn von Art. 9 Abs. 2 angeschlossen ist.

(3) Die Behörden sind verpflichtet, in elektronischen Verwaltungsverfahren, in denen sie die Identität einer Person aufgrund einer Rechtsvorschrift festzustellen haben oder aus anderen Gründen eine Identifizierung für notwendig erachten, einen elektronischen Identitätsnachweis nach § 18 des Personalausweisgesetzes oder § 78 Abs. 5 des Aufenthaltsgesetzes anzubieten.

Art. 4
Elektronische Behördendienste

(1) [1]Die Behörden sollen ihre Dienste auch elektronisch über das Internet anbieten, soweit dies wirtschaftlich und zweckmäßig ist. [2]Die staatlichen Behörden sollen dabei zugleich die Informationen bereitstellen, die für ihre sachgerechte elektronische Inanspruchnahme erforderlich sind. [3]Für die Nutzung des elektronischen Wegs werden vorbehaltlich anderer Rechtsvorschriften keine zusätzlichen Kosten erhoben.

(2) Veröffentlichungspflichtige Mitteilungen und amtliche Verkündungsblätter können auch elektronisch über das Internet bekannt gemacht werden. [2]Vorbehaltlich entgegenstehender rechtlicher Vorgaben kann die Bekanntmachung ausschließlich elektronisch erfolgen, wenn eine Veränderung der veröffentlichten Inhalte ausgeschlossen ist und die Einsichtnahme auch unmittelbar bei der die Veröffentlichung veranlassenden Stelle für alle Personen auf Dauer gewährleistet wird. [3]Das Nähere regelt die Staatsregierung für ihren Bereich durch Bekanntmachung.

Art. 5
Elektronischer Zahlungsverkehr und Rechnungen

(1) Geldansprüche öffentlicher Kassen können unbar beglichen werden, solange kein sofortiges anderweitiges Vollstreckungsinteresse besteht; die Behörden bieten hierfür geeignete elektronische Zahlungsmöglichkeiten an.

(2) Öffentliche Auftraggeber stellen den Empfang und die Verarbeitung elektronischer Rechnungen sicher, soweit für sie gemäß § 106a des Gesetzes gegen Wettbewerbsbeschränkungen eine Vergabekammer des Freistaates Bayern zuständig ist. [2]Eine Rechnung ist elektronisch, wenn sie in einem strukturierten elektronischen Format ausgestellt, übermittelt und empfangen wird, das ihre automatische und elektronische Verarbeitung ermöglicht. [3]Das Nähere sowie Ausnahmen kann die Staatsregierung durch Rechtsverordnung festlegen.

Art. 6
Elektronisches Verwaltungsverfahren

(1) Behörden sind auf Verlangen eines Beteiligten verpflichtet, Verwaltungsverfahren oder abtrennbare Teile davon ihm gegenüber elektronisch durchzuführen, soweit dies wirtschaftlich und zweckmäßig ist.

(2) [1]Behördliche Formulare, die zur Verwendung durch Beteiligte dienen, sollen über das Internet auch elektronisch abrufbar sein. [2]Ist aufgrund einer Rechtsvorschrift ein bestimmtes Formular zwingend zu verwenden, das ein Unterschriftsfeld vorsieht, wird allein dadurch nicht die Anordnung der Schriftform bewirkt.

(3) [1]Die Beteiligten können benötigte Nachweise und Unterlagen elektronisch einreichen, soweit durch Rechtsvorschrift nichts anderes bestimmt ist. [2]Die Behörde kann für bestimmte Verfahren oder im Einzelfall die Vorlage eines Originals verlangen. [3]Kann eine Behörde bestimmte, von einer deutschen öffentlichen Stelle ausgestellte Nachweise oder Unterlagen in automatisierter Weise elektronisch abrufen, soll sie diese in elektronisch geführten Verfahren selbst einholen, wenn die datenschutzrechtlichen Voraussetzungen der Erhebung bei Dritten vorliegen oder wenn die Betroffenen in den Abruf einwilligen.

(4) [1]Mit Einwilligung des Beteiligten können Verwaltungsakte bekannt gegeben werden, indem sie dem Beteiligten oder einem von ihm benannten Dritten zum Datenabruf durch Datenfernübertragung bereitgestellt werden. [2]Für den Abruf hat sich die abrufberechtigte Person zu authentifizieren. [3]Der Verwaltungsakt gilt am dritten Tag, nachdem die elektronische Benachrichtigung über die Bereitstellung des Verwaltungsakts zum Abruf an die abrufberechtigte Person abgesendet wurde, als bekannt gegeben. [4]Satz 3 gilt nicht, wenn die elektronische Benachrichtigung nicht oder zu einem späteren Zeitpunkt zugegangen ist; im Zweifel hat die Behörde den Zugang der elektronischen Benachrichtigung nachzuweisen. [5]Gelingt ihr der Nachweis nicht, gilt der Verwaltungsakt in dem Zeitpunkt als bekannt gegeben, in dem die abrufberechtigte Person den Datenabruf durchgeführt hat.

Art. 7
Elektronische Akten und Register

(1) [1]Die staatlichen Behörden sollen ihre Akten und Register elektronisch führen; Landratsämter und sonstige Behörden können ihre Akten und Register elektronisch führen. [2]Die Grundsätze ordnungsgemäßer Aktenführung sind zu wahren. [3]Die gespeicherten Daten sind vor Informationsverlust sowie unberechtigten Zugriffen und Veränderungen zu schützen. [4]Die datenschutzrechtlichen Anforderungen sind zu beachten.

(2) Behörden, die die elektronische Aktenführung nutzen, sollen unter Einhaltung der datenschutzrechtlichen Bestimmungen untereinander Akten, Vorgänge und Dokumente elektronisch übermitteln.

(3) [1]Papierdokumente sollen in ein elektronisches Format übertragen und gespeichert werden. [2]Sie können anschließend vernichtet werden, soweit keine entgegenstehenden Pflichten zur Rückgabe oder Aufbewahrung bestehen. [3]Bei der Übertragung ist nach dem Stand der Technik sicherzustellen, dass die elektronische Fassung mit dem Papierdokument übereinstimmt.

Art. 8
Informationssicherheit und Datenschutz

(1) [1]Die Sicherheit der informationstechnischen Systeme der Behörden ist im Rahmen der Verhältnismäßigkeit sicherzustellen. [2]Die Behörden treffen zu diesem Zweck angemessene technische und organisatorische Maßnahmen im Sinn des Art. 7 des Bayerischen Datenschutzgesetzes (BayDSG) und erstellen die hierzu erforderlichen Informationssicherheitskonzepte.

(2) [1]Zur Unterstützung und Beratung aller Behörden, die an das Behördennetz des Freistaates Bayern angeschlossen sind, besteht für sicherheitsrelevante Vorfälle in IT-Systemen ein Computersicherheits-Ereignis- und Reaktionsteam (CERT). [2]Es sammelt und bewertet die zur Abwehr von Gefahren für die Sicherheit der Informationstechnik erforderlichen Daten, insbesondere zu Sicherheitslücken, Schadprogrammen, erfolgten oder versuchten Angriffen auf die Sicherheit in der Informationstechnik und der dabei beobachteten Vorgehensweise. [3]Die an das Behördennetz angeschlossenen Behörden melden dem CERT sicherheitsrelevante Vorfälle. [4]Das CERT spricht Warnungen und Empfehlungen aus und leitet Erkenntnisse an Dritte weiter, wenn dies zur Erkennung und Abwehr von Gefahren für Verwaltung, Bürger oder Wirtschaft erforderlich ist. [5]Personenbezogene Daten dürfen ausschließlich für die in Satz 2 genannten Zwecke erhoben, verarbeitet und genutzt werden.

Art. 9
Behördliche Zusammenarbeit

(1) [1]Die Behörden unterhalten die zur Erfüllung ihrer Aufgaben erforderlichen elektronischen Verwaltungsinfrastrukturen. [2]Sie gewährleisten deren Sicherheit und fördern deren gegenseitige technische Abstimmung und Barrierefreiheit. [3]Die Behörden können bei Entwicklung, Einrichtung und Betrieb von elektronischen Verwaltungsinfrastrukturen zusammenwirken und sich diese wechselseitig zur öffentlichen Aufgabenerfüllung überlassen.

(2) [1]Der Freistaat Bayern kann elektronische Verwaltungsinfrastrukturen zur behördenübergreifenden Nutzung bereitstellen (Basisdienste). [2]Nutzt eine Behörde für sie nach Art. 26 Abs. 1 Satz 2 BayDSG freigegebene Basisdienste, gilt sie als Auftraggeber im Sinn des Art. 6 BayDSG. [3]Sie kann hierbei von der Fachaufsichtsbehörde unterstützt werden, die für das jeweilige Rechtsgebiet zuständig ist. [4]Die Schutzrechte nach Art. 9 bis 13 BayDSG können auch gegenüber der bereitstellenden Behörde wahrgenommen werden.

(3) Behörden können ihre Verpflichtungen gemäß Art. 3 bis 6 auch durch den Anschluss an behördenübergreifende zentrale Dienste erfüllen, die das Staatsministerium der Finanzen, für Landesentwicklung und Heimat anbietet. [2]Mit Einwilligung des Nutzers können dessen personenbezogene Daten an angeschlossene Behörden übermittelt werden. [3]Satz 1 gilt entsprechend beim Anschluss von Behörden an Basisdienste im Sinn des Abs. 2. [4]Personenbezogene Da-

ten dürfen ausschließlich für die Zwecke der zentralen Dienste erhoben, verarbeitet und genutzt werden.

(4) [1]Die Staatsregierung kann Einzelheiten zu Planung, Errichtung, Betrieb, Bereitstellung, Nutzung, Sicherheit und technischen Standards elektronischer Verwaltungsinfrastrukturen sowie die damit zusammenhängenden Aufgaben und datenschutzrechtlichen Befugnisse der Behörden durch Rechtsverordnung festlegen. [2]Dies gilt für die Kommunen nur für die Behördenzusammenarbeit im Sinn von Abs. 1 Satz 3.

...

Art. 10
Schlussvorschriften

(1) [1]Zur Einführung und Fortentwicklung elektronischer Verwaltungsinfrastrukturen kann die Staatsregierung durch Rechtsverordnung sachlich und räumlich begrenzte Abweichungen von folgenden Vorschriften vorsehen:

1. Zuständigkeits- und Formvorschriften nach Art. 3, 3a, 27a, 33, 34, 37 Abs. 2 bis 5, Art. 41, 57, 64 und 69 Abs. 2 BayVwVfG,
2. Art. 5 Abs. 4 bis 7, Art. 6 und 15 Abs. 2 des Bayerischen Verwaltungszustellungs- und Vollstreckungsgesetzes und
3. sonstigen landesgesetzlichen Zuständigkeits- und Formvorschriften, soweit dies zur Erprobung neuer elektronischer Formen des Schriftformersatzes, der Übermittlung und Bekanntgabe von Dokumenten oder Erklärungen, der Vorlage von Nachweisen, der Erhebung, Verarbeitung, Nutzung oder Weitergabe von Daten oder für die Erprobung der Dienste von zentralen Portalen erforderlich ist.

[2]Die Verordnung ist auf höchstens drei Jahre zu befristen.

(2) [1]Dieses Gesetz tritt am 30. Dezember 2015 in Kraft. [2]Abweichend von Satz 1 treten in Kraft:

1. Art. 2 Sätze 1 und 2 am 1. Juli 2016,
2. Art. 6 Abs. 2 Satz 1 und Art. 7 Abs. 1 Satz 1 Halbsatz 1 am 1. Juli 2017,
3. Art. 8 Abs. 1 Satz 2 am 1. Januar 2018,
4. Art. 5 Abs. 2 Satz 1 am 27. November 2019,
5. Art. 3 Abs. 1 Satz 3, Abs. 3, Art. 5 Abs. 1 am 1. Januar 2020.

(3) Außer Kraft treten:

1. die Datenschutzverordnung (DSchV) vom 1. März 1994 (GVBl S. 153, BayRS 204-1-1-I), zuletzt geändert durch § 1 Nr. 147 der Verordnung vom 22. Juli 2014 (GVBl S. 286) mit Ablauf des 29. Dezember 2015,
2. die Verordnung über die Gewässer zweiter Ordnung (GewZweiV) vom 27. Oktober 2002 (GVBl S. 592; ber. S. 926; 2003 S. 60, 322, BayRS 753-1-1-U) am 31. März 2016,
3. Abs. 1 am 30. Dezember 2019.

b) Fassung gem. Gesetzentwurf zur Errichtung des LSI

Gesetz über die elektronische Verwaltung in Bayern
(Bayerisches E-Government-Gesetz – BayEGovG)

vom 22.12.2015 (GVBl. S. 458, BayRS 206-1-F)
unter Berücksichtigung des Gesetzentwurfs der Staatsregierung über die Errichtung eines **Landesamts für Sicherheit in der Informationstechnik – LSI –** (neuer Teil 2 des Gesetzes) vom 11.07.2017 (LT-Drucksache 17/17726)[1)]

Teil 1
Elektronische Verwaltung

Art. 1
Anwendungsbereich

(1) Dieser Teil des Gesetzes gilt für die öffentlich-rechtliche Verwaltungstätigkeit der Behörden des Freistaates Bayern, der Gemeinden und Gemeindeverbände und der sonstigen der Aufsicht des Freistaates Bayern unterstehenden juristischen Personen des öffentlichen Rechts, soweit nicht besondere Rechtsvorschriften des Freistaates Bayern inhaltsgleiche oder entgegenstehende Bestimmungen enthalten.

(2) [1]Dieses Gesetz gilt nicht für Schulen, Krankenhäuser, das Landesamt für Verfassungsschutz und Beliehene. [2]Dieses Gesetz ist nicht anzuwenden auf die Tätigkeit der Finanzbehörden nach der Abgabenordnung und die Verwaltungstätigkeit nach dem Zweiten Buch Sozialgesetzbuch. [3]Art. 2 Abs. 1 und 2 Nr. 2 und Abs. 3 des Bayerischen Verwaltungsverfahrensgesetzes (BayVwVfG) gelten entsprechend.

(3) Das E-Government-Gesetz des Bundes findet nur beim Vollzug von Bundesrecht im Auftrag des Bundes Anwendung.

Art. 2
Digitale Zugangs- und Verfahrensrechte

[1]Jeder hat das Recht, nach Maßgabe der Art. 3 bis 5 elektronisch über das Internet mit den Behörden zu kommunizieren und ihre Dienste in Anspruch zu nehmen. [2]Er kann verlangen, dass Verwaltungsverfahren nach Maßgabe des Art. 6 ihm gegenüber elektronisch durchgeführt werden. [3]Die Möglichkeit, die ihn betreffenden Verfahren auch weiterhin nichtelektronisch zu erledigen, bleibt unberührt.

Art. 3
Elektronische Kommunikation und Identifizierung

(1) [1]Jede Behörde ist verpflichtet, einen Zugang für die Übermittlung elektronischer sowie im Sinn des Art. 3a Abs. 2 BayVwVfG schriftformersetzender Dokumente zu eröffnen. [2]Die Übermittlung elektronischer Dokumente der Behörden ist zulässig, soweit und solange der Empfänger hierfür einen Zugang eröffnet. [3]Die Behörden stellen hierfür jeweils ein geeignetes Verschlüsselungsverfahren bereit. [4]Soweit nichts anderes bestimmt ist, entscheidet die Behörde über die Art und Weise der Übermittlungsmöglichkeit.

(2) Jede Behörde hat den Zugang auch über eine De-Mail-Adresse zu eröffnen, soweit sie an einen Basisdienst für De-Mail im Sinn von Art. 8 Abs. 2 angeschlossen ist.

(3) Die Behörden sind verpflichtet, in elektronischen Verwaltungsverfahren, in denen sie die Identität einer Person auf Grund einer Rechtsvorschrift festzustellen haben oder aus anderen

1) Hinweis: Die Regelungen zum LSI treten vs. Ende 2017 in Kraft. Änderungen am Gesetzentwurf nach Redaktionsschluss sind möglich.

Gründen eine Identifizierung für notwendig erachten, einen elektronischen Identitätsnachweis nach § 18 des Personalausweisgesetzes oder § 78 Abs. 5 des Aufenthaltsgesetzes anzubieten.

Art. 4
Elektronische Behördendienste

(1) [1]Die Behörden sollen ihre Dienste auch elektronisch über das Internet anbieten, soweit dies wirtschaftlich und zweckmäßig ist. [2]Die staatlichen Behörden sollen dabei zugleich die Informationen bereitstellen, die für ihre sachgerechte elektronische Inanspruchnahme erforderlich sind. [3]Für die Nutzung des elektronischen Wegs werden vorbehaltlich anderer Rechtsvorschriften keine zusätzlichen Kosten erhoben.

(2) [1]Veröffentlichungspflichtige Mitteilungen und amtliche Verkündungsblätter können auch elektronisch über das Internet bekannt gemacht werden. [2]Vorbehaltlich entgegenstehender rechtlicher Vorgaben kann die Bekanntmachung ausschließlich elektronisch erfolgen, wenn eine Veränderung der veröffentlichten Inhalte ausgeschlossen ist und die Einsichtnahme auch unmittelbar bei der die Veröffentlichung veranlassenden Stelle für alle Personen auf Dauer gewährleistet wird. [3]Das Nähere regelt die Staatsregierung für ihren Bereich durch Bekanntmachung.

Art. 5
Elektronischer Zahlungsverkehr und Rechnungen

(1) Geldansprüche öffentlicher Kassen können unbar beglichen werden, solange kein sofortiges anderweitiges Vollstreckungsinteresse besteht; die Behörden bieten hierfür geeignete elektronische Zahlungsmöglichkeiten an.

(2) [1]Auftraggeber im Sinn von § 98 des Gesetzes gegen Wettbewerbsbeschränkungen (GWB) stellen den Empfang und die Verarbeitung elektronischer Rechnungen sicher, soweit für sie gemäß § 106a des Gesetzes gegen Wettbewerbsbeschränkungen eine Vergabekammer des Freistaates Bayern zuständig ist. [2]Eine Rechnung ist elektronisch, wenn sie in einem strukturierten elektronischen Format ausgestellt, übermittelt und empfangen wird, das ihre automatische und elektronische Verarbeitung ermöglicht. [3]Das Nähere sowie Ausnahmen kann die Staatsregierung durch Rechtsverordnung festlegen.

Art. 6
Elektronisches Verwaltungsverfahren

(1) Behörden sind auf Verlangen eines Beteiligten verpflichtet, Verwaltungsverfahren oder abtrennbare Teile davon ihm gegenüber elektronisch durchzuführen, soweit dies wirtschaftlich und zweckmäßig ist.

(2) [1]Behördliche Formulare, die zur Verwendung durch Beteiligte dienen, sollen über das Internet auch elektronisch abrufbar sein. [2]Ist auf Grund einer Rechtsvorschrift ein bestimmtes Formular zwingend zu verwenden, das ein Unterschriftsfeld vorsieht, wird allein dadurch nicht die Anordnung der Schriftform bewirkt.

(3) [1]Die Beteiligten können benötigte Nachweise und Unterlagen elektronisch einreichen, soweit durch Rechtsvorschrift nichts anderes bestimmt ist. [2]Die Behörde kann für bestimmte Verfahren oder im Einzelfall die Vorlage eines Originals verlangen. [3]Kann eine Behörde bestimmte, von einer deutschen öffentlichen Stelle ausgestellte Nachweise oder Unterlagen in automatisierter Weise elektronisch abrufen, soll sie diese in elektronisch geführten Verfahren selbst einholen, wenn die datenschutzrechtlichen Voraussetzungen der Erhebung bei Dritten vorliegen oder wenn die Betroffenen in den Abruf einwilligen.

(4) [1]Mit Einwilligung des Beteiligten können Verwaltungsakte bekannt gegeben werden, indem sie dem Beteiligten oder einem von ihm benannten Dritten zum Datenabruf durch Datenfernübertragung bereitgestellt werden. [2]Für den Abruf hat sich die abrufberechtigte Person zu authentifizieren. [3]Der Verwaltungsakt gilt am dritten Tag, nachdem die elektronische Benachrichtigung über die Bereitstellung des Verwaltungsakts zum Abruf an die abrufberechtigte Per-

son abgesendet wurde, als bekannt gegeben. [4]Satz 3 gilt nicht, wenn die elektronische Benachrichtigung nicht oder zu einem späteren Zeitpunkt zugegangen ist; im Zweifel hat die Behörde den Zugang der elektronischen Benachrichtigung nachzuweisen. [5]Gelingt ihr der Nachweis nicht, gilt der Verwaltungsakt in dem Zeitpunkt als bekannt gegeben, in dem die abrufberechtigte Person den Datenabruf durchgeführt hat.

Art. 7
Elektronische Akten und Register

(1) [1]Die staatlichen Behörden sollen ihre Akten und Register elektronisch führen; Landratsämter und sonstige Behörden können ihre Akten und Register elektronisch führen. [2]Die Grundsätze ordnungsgemäßer Aktenführung sind zu wahren. [3]Die gespeicherten Daten sind vor Informationsverlust sowie unberechtigten Zugriffen und Veränderungen zu schützen. [4]Die datenschutzrechtlichen Anforderungen sind zu beachten.

(2) Behörden, die die elektronische Aktenführung nutzen, sollen unter Einhaltung der datenschutzrechtlichen Bestimmungen untereinander Akten, Vorgänge und Dokumente elektronisch übermitteln.

(3) [1]Papierdokumente sollen in ein elektronisches Format übertragen und gespeichert werden. [2]Sie können anschließend vernichtet werden, soweit keine entgegenstehenden Pflichten zur Rückgabe oder Aufbewahrung bestehen. [3]Bei der Übertragung ist nach dem Stand der Technik sicherzustellen, dass die elektronische Fassung mit dem Papierdokument übereinstimmt.

Art. 8
Behördliche Zusammenarbeit

(1) [1]Die Behörden unterhalten die zur Erfüllung ihrer Aufgaben erforderlichen elektronischen Verwaltungsinfrastrukturen. [2]Sie gewährleisten deren Sicherheit und fördern deren gegenseitige technische Abstimmung und Barrierefreiheit. [3]Die Behörden können bei Entwicklung, Einrichtung und Betrieb von elektronischen Verwaltungsinfrastrukturen zusammenwirken und sich diese wechselseitig zur öffentlichen Aufgabenerfüllung überlassen.

(2) [1]Der Freistaat Bayern kann elektronische Verwaltungsinfrastrukturen zur behördenübergreifenden Nutzung bereitstellen (Basisdienste). [2]Nutzt eine Behörde für sie nach Art. 26 Abs. 1 Satz 2 BayDSG freigegebene Basisdienste, gilt sie als Auftraggeber im Sinn des Art. 6 BayDSG. [3]Sie kann hierbei von der Fachaufsichtsbehörde unterstützt werden, die für das jeweilige Rechtsgebiet zuständig ist. [4]Die Schutzrechte nach Art. 9 bis 13 BayDSG können auch gegenüber der bereitstellenden Behörde wahrgenommen werden.

(3) [1]Behörden können ihre Verpflichtungen gemäß Art. 3 bis 6 auch durch den Anschluss an behördenübergreifende zentrale Dienste erfüllen, die das Staatsministerium der Finanzen, für Landesentwicklung und Heimat anbietet. [2]Mit Einwilligung des Nutzers können dessen personenbezogene Daten an angeschlossene Behörden übermittelt werden. [3]Satz 1 gilt entsprechend beim Anschluss von Behörden an Basisdienste im Sinn des Abs. 2. [4]Personenbezogene Daten dürfen ausschließlich für die Zwecke der zentralen Dienste erhoben, verarbeitet und genutzt werden.

(4) [1]Die Staatsregierung kann Einzelheiten zu Planung, Errichtung, Betrieb, Bereitstellung, Nutzung, Sicherheit und technischen Standards elektronischer Verwaltungsinfrastrukturen sowie die damit zusammenhängenden Aufgaben und datenschutzrechtlichen Befugnisse der Behörden durch Rechtsverordnung festlegen. [2]Dies gilt für die Kommunen nur für die Behördenzusammenarbeit im Sinn von Abs. 1 Satz 3.

Teil 2
Sicherheit in der Informationstechnik

Kapitel 1
Allgemeine Vorschriften

Art. 9
Landesamt für Sicherheit in der Informationstechnik

[1]Es besteht ein Landesamt für Sicherheit in der Informationstechnik (Landesamt). [2]Es ist dem Staatsministerium der Finanzen, für Landesentwicklung und Heimat unmittelbar nachgeordnet.

Art. 10
Aufgaben

(1) Das Landesamt hat Gefahren für die Sicherheit der Informationstechnik an den Schnittstellen zwischen Behördennetz und anderen Netzen abzuwehren, die staatlichen und die sonstigen an das Behördennetz angeschlossenen Stellen bei der Abwehr von Gefahren für die Sicherheit in der Informationstechnik zu unterstützen, sicherheitstechnische Mindeststandards an die Informationstechnik für die staatlichen und die sonstigen an das Behördennetz angeschlossenen Stellen zu entwickeln, die Einhaltung der Mindeststandards nach Nr. 3 zu prüfen, alle für die Abwehr von Gefahren für die Sicherheit in der Informationstechnik erforderlichen Informationen zu sammeln und auszuwerten und die staatlichen und die sonstigen an das Behördennetz angeschlossenen Stellen unverzüglich über die sie betreffenden Informationen zu unterrichten, die zuständigen Aufsichtsbehörden über Informationen, die es als Kontaktstelle im Rahmen des Verfahrens zu § 8b des BSI-Gesetzes erhalten hat, zu unterrichten.

(2) Auf Ersuchen kann das Landesamt staatliche und kommunale Stellen, öffentliche Unternehmen, Betreiber kritischer Infrastrukturen und weitere Einrichtungen mit wichtiger Bedeutung für das staatliche Gemeinwesen in Fragen der Sicherheit in der Informationstechnik unter Berücksichtigung der möglichen Folgen fehlender oder unzureichender Sicherheitsvorkehrungen beraten und unterstützen.

(3) Auf Ersuchen kann das Landesamt die Polizei, die Strafverfolgungsbehörden und das Landesamt für Verfassungsschutz bei der Wahrnehmung ihrer gesetzlichen Aufgaben technisch unterstützen, insbesondere bei der Durchführung von technischen Untersuchungen oder der Datenverarbeitung.

(4) Für die Kommunikationstechnik des Landtags, der Gerichte, des Obersten Rechnungshofs und des Landesbeauftragten für den Datenschutz ist das Landesamt nur zuständig, soweit sie an das Behördennetz angeschlossen sind oder Dienste im Sinn des Art. 8 Abs. 2 und 3 nutzen.

Art. 11
Behördenübergreifende Pflichten

(1) [1]Die Sicherheit der informationstechnischen Systeme der Behörden, die in den Anwendungsbereich des Teils 1 fallen, ist im Rahmen der Verhältnismäßigkeit sicherzustellen. [2]Die Behörden treffen zu diesem Zweck angemessene technische und organisatorische Maßnahmen im Sinn des Art. 7 des Bayerischen Datenschutzgesetzes (BayDSG) und erstellen die hierzu erforderlichen Informationssicherheitskonzepte.

(2) Werden staatlichen oder sonstigen an das Behördennetz angeschlossenen Stellen Informationen bekannt, die zur Abwehr von Gefahren für die Sicherheit in der Informationstechnik von Bedeutung sind, unterrichten diese das Landesamt und ihre jeweilige oberste Dienstbehörde unverzüglich hierüber, soweit andere Vorschriften oder Vereinbarungen mit Dritten nicht entgegenstehen.

(3) Die staatlichen und die sonstigen an das Behördennetz angeschlossenen Stellen unterstützen das Landesamt bei Maßnahmen nach Art. 10 Abs. 1 Nr. 1, 2, 4 und 5, soweit keine Vorschriften entgegenstehen.

Kapitel 2
Befugnisse

Art. 12
Abwehr von Gefahren für die Informationstechnik

(1) [1]Das Landesamt kann zur Erfüllung seiner Aufgaben gegenüber staatlichen und an das Behördennetz angeschlossenen Stellen die nötigen Anordnungen treffen oder Maßnahmen ergreifen, um Gefahren für die Informationstechnik etwa durch Schadprogramme oder programmtechnische Sicherheitslücken, unbefugte Datennutzung oder unbefugte Datenverarbeitung durch Dritte zu erkennen und abzuwehren. [2]Das umfasst insbesondere auch die dazu nötige Datennutzung und -verarbeitung. [3]Die Sätze 1 und 2 gelten nicht für die vom Behördennetz getrennte Informationstechnik des Landesamts für Verfassungsschutz.

(2) Das Landesamt kann hierzu, soweit dies erforderlich ist,

1. Protokolldaten, die beim Betrieb von Informationstechnik des Landes oder der an das Behördennetz angeschlossene Stellen anfallen, erheben und automatisiert auswerten,
2. die an den Schnittstellen zwischen dem Behördennetz und anderen Netzen anfallenden Daten erheben und automatisiert auswerten.

Art. 13
Untersuchung der Sicherheit in der Informationstechnik

(1) [1]Das Landesamt kann zur Erfüllung seiner Aufgaben nach Art. 10 Abs. 1 Nr. 1 und 4 die Sicherheit der Informationstechnik staatlicher und an das Behördennetz angeschlossener Stellen untersuchen und bewerten. [2]Über das Ergebnis erstellt das Landesamt einen Bericht, der der untersuchten Stelle zur Verfügung gestellt wird.

(2) Das Landesamt kann auf dem Markt bereitgestellte oder zur Bereitstellung auf dem Markt vorgesehene informationstechnische Produkte und Systeme untersuchen.

Art. 14
Mindeststandards

[1]Das Landesamt erarbeitet Mindeststandards für die Sicherheit der Informationstechnik. [2]Das zuständige Staatsministerium kann im Einvernehmen mit den weiteren Staatsministerien und der Staatskanzlei diese Mindeststandards ganz oder teilweise als allgemeine Verwaltungsvorschriften erlassen. [3]Für Landratsämter und die an das Behördennetz angeschlossenen nicht staatlichen Stellen gelten die Mindeststandards für die Teilnahme am Behördennetz.

Art. 15
Warnungen

(1) Das Landesamt kann Warnungen zu Gefahren für die Sicherheit in der Informationstechnik, insbesondere zu Sicherheitslücken, Schadprogrammen oder unbefugten Datenzugriffen aussprechen und Sicherheitsmaßnahmen empfehlen.

(2) [1]Stellen sich die von der Behörde an die Öffentlichkeit gegebenen Informationen im Nachhinein als falsch oder die zu Grunde liegenden Umstände als unrichtig wiedergegeben heraus, so ist dies unverzüglich öffentlich bekannt zu machen, sofern der betroffene Wirtschaftsbeteiligte dies beantragt oder dies zur Wahrung erheblicher Belange des Gemeinwohls erforderlich ist. [2]Diese Bekanntmachung soll in derselben Weise erfolgen, in der die Information der Öffentlichkeit ergangen ist.

Kapitel 3
Datenschutz

Art. 16
Datenspeicherung und -auswertung

(1) [1]Sofern nicht die nachfolgenden Absätze eine weitere Verwendung gestatten, muss eine automatisierte Auswertung der Daten durch das Landesamt unverzüglich erfolgen und müssen die Daten nach erfolgtem Abgleich sofort und spurlos gelöscht werden. [2]Daten, die weder dem Fernmeldegeheimnis unterliegen noch Personenbezug aufweisen, sind von den Verwendungsbeschränkungen dieser Vorschrift ausgenommen.

(2) [1]Protokolldaten nach Art. 12 Abs. 2 dürfen über den für die automatisierte Auswertung erforderlichen Zeitraum hinaus, längstens jedoch für drei Monate, gespeichert werden, soweit tatsächliche Anhaltspunkte bestehen, dass die Daten erforderlich sein können

1. für den Fall der Bestätigung eines Verdachts nach Abs. 4 Satz 1 Nr. 2 zur Abwehr von Gefahren für die Informationstechnik oder
2. zur Verhütung, Unterbindung oder Verfolgung damit zusammenhängender Straftaten.

[2]Die Daten sind im Gebiet der Europäischen Union zu speichern. [3]Durch organisatorische und technische Maßnahmen nach dem Stand der Technik ist sicherzustellen, dass eine Auswertung der nach diesem Absatz gespeicherten Daten nur automatisiert erfolgt. [4]Die Daten sind zu pseudonymisieren, soweit dies automatisiert möglich ist. [5]Eine nicht automatisierte Auswertung oder eine personenbezogene Verwendung ist nur nach Maßgabe der nachfolgenden Absätze zulässig. [6]Soweit hierzu die Wiederherstellung des Personenbezugs pseudonymisierter Daten erforderlich ist, muss diese durch die Behördenleitung angeordnet werden. [7]Die Entscheidung ist zu dokumentieren.

(3) [1]Für die Datenverarbeitung von Inhaltsdaten gilt Abs. 2 mit der Maßgabe, dass eine Speicherung für höchstens zwei Monate zulässig ist, die Speicherung und Auswertung von der Behördenleitung und einem weiteren Bediensteten des Landesamts mit der Befähigung zum Richteramt angeordnet sind und dies zum Schutz der technischen Systeme unerlässlich ist. [2]Die Anordnung gilt längstens für zwei Monate; sie kann verlängert werden.

(4) [1]Eine über die Abs. 2 und 3 hinausgehende Verarbeitung und Nutzung der Protokoll- und Inhaltsdaten ist nur zulässig,

1. wenn bestimmte Tatsachen den Verdacht begründen, dass die Daten Gefahren für die Informationstechnik, etwa durch Schadprogramme oder programmtechnische Sicherheitslücken, unbefugte Datennutzung oder unbefugte Datenverarbeitung, enthalten oder Hinweise auf solche Gefahren geben können und soweit die Datenverarbeitung erforderlich ist, um den Verdacht zu bestätigen oder zu widerlegen,
2. wenn sich der Verdacht nach Nr. 1 bestätigt und soweit dies zur Abwehr von Gefahren für die Informationstechnik erforderlich ist oder
3. wenn bei einer Verarbeitung oder Nutzung der Daten ein nach Art. 17 Abs. 2 zu übermittelndes Datum festgestellt wird.

[2]Werden Daten, welche die richterliche Unabhängigkeit berühren, nach diesem Absatz verarbeitet, ist der jeweils zuständigen obersten Dienstbehörde unverzüglich zu berichten. [3]Berührt die Datenverarbeitung die Aufgabenwahrnehmung anderer unabhängiger Stellen oder ein Berufs- oder besonderes Amtsgeheimnis, ist die betroffene Stelle unverzüglich zu unterrichten. [4]Die jeweiligen Stellen nach den Sätzen 2 und 3 können vom Landesamt Auskunft über die Verarbeitung von Daten nach diesem Absatz verlangen.

(5) [1]Soweit möglich, ist bei der Datenverarbeitung technisch sicherzustellen, dass Daten, die den Kernbereich privater Lebensgestaltung betreffen, nicht erhoben werden. [2]Werden Erkenntnisse aus dem Kernbereich privater Lebensgestaltung erlangt, dürfen diese nicht verwendet wer-

den und sind unverzüglich zu löschen; die Tatsache ihrer Erlangung und Löschung ist zu dokumentieren. [3]Dies gilt auch in Zweifelsfällen.

Art. 17
Datenübermittlung

(1) Das Landesamt übermittelt Daten nach Art. 16 Abs. 2 bis 4 an die für den Betrieb der Informations- und Kommunikationstechnik verantwortlichen Stellen, wenn und soweit dies zur Abwehr oder Beseitigung von Gefahren für die Vertraulichkeit, Verfügbarkeit und Integrität der Daten in der Informations- und Kommunikationsinfrastruktur des Landes erforderlich ist.

(2) [1]Das Landesamt soll Daten nach Art. 16 Abs. 2 bis 4 unverzüglich übermitteln

1. an die Sicherheitsbehörden und Polizei zur Abwehr von Gefahren für Leib, Leben oder Freiheit einer Person sowie zur Verhütung und Unterbindung von in Nr. 2 genannten Straftaten und
2. an die Strafverfolgungsbehörden zur Verfolgung einer Straftat,
   a) soweit die Tatsachen, aus denen sich eine Gefahr für die Informationstechnik oder der diesbezügliche Verdacht ergibt, den Verdacht einer Straftat begründen oder
   b) soweit bestimmte Tatsachen den Verdacht begründen, dass jemand als Täter oder Teilnehmer eine Straftat von auch im Einzelfall erheblicher Bedeutung, insbesondere eine in § 100a Abs. 2 der Strafprozessordnung bezeichnete Straftat begangen hat, in Fällen, in denen der Versuch strafbar ist, zu begehen versucht oder durch eine Straftat vorbereitet hat.

[2]Näheres regeln Verwaltungsvorschriften, die das Staatsministerium der Finanzen, für Landesentwicklung und Heimat im Einvernehmen mit dem Staatsministerium des Innern, für Bau und Verkehr und dem Staatsministerium der Justiz festlegt.

Teil 3
Schlussbestimmungen

Art. 18
Einschränkung von Grundrechten

Die Art. 12, 16 und 17 schränken das Fernmeldegeheimnis (Art. 10 des Grundgesetzes, Art. 112 der Verfassung) ein.

Art. 19
Experimentierklausel, Inkrafttreten

(1) [1]Zur Einführung und Fortentwicklung elektronischer Verwaltungsinfrastrukturen kann die Staatsregierung durch Rechtsverordnung sachlich und räumlich begrenzte Abweichungen von folgenden Vorschriften vorsehen:

1. Zuständigkeits- und Formvorschriften nach Art. 3, 3a, 27a, 33, 34, 37 Abs. 2 bis 5, Art. 41, 57, 64 und 69 Abs. 2 BayVwVfG,
2. Art. 5 Abs. 4 bis 7, Art. 6 und 15 Abs. 2 des Bayerischen Verwaltungszustellungs- und Vollstreckungsgesetzes und
3. sonstigen landesgesetzlichen Zuständigkeits- und Formvorschriften, soweit dies zur Erprobung neuer elektronischer Formen des Schriftformersatzes, der Übermittlung und Bekanntgabe von Dokumenten oder Erklärungen, der Vorlage von Nachweisen, der Erhebung, Verarbeitung, Nutzung oder Weitergabe von Daten oder für die Erprobung der Dienste von zentralen Portalen erforderlich ist.

[2]Die Verordnung ist auf höchstens drei Jahre zu befristen.

(2) [1]Dieses Gesetz tritt am 30. Dezember 2015 in Kraft. [2]Abweichend von Satz 1 treten in Kraft:

1. Art. 2 Sätze 1 und 2 am 1. Juli 2016,
2. Art. 6 Abs. 2 Satz 1 und Art. 7 Abs. 1 Satz 1 Halbsatz 1 am 1. Juli 2017,
3. Art. 11 Abs. 1 Satz 2 am 1. Januar 2019,
4. Art. 5 Abs. 2 Satz 1 am 27. November 2019,
5. Art. 3 Abs. 1 Satz 3, Abs. 3, Art. 5 Abs. 1 am 1. Januar 2020.

II. Bayerisches Verwaltungsverfahrensgesetz

Bayerisches Verwaltungsverfahrensgesetz
(BayVwVfG)

vom 23.12.1976 (GVBl. S. 544, BayRS 2010-1-I),
zuletzt geändert durch Art. 9a Abs. 1 G vom 22.12.2015 (GVBl. S. 458)
– Auszüge –

Art. 3a
Elektronische Kommunikation

(1) Die Übermittlung elektronischer Dokumente ist zulässig, soweit der Empfänger hierfür einen Zugang eröffnet.

(2) [1]Eine durch Rechtsvorschrift angeordnete Schriftform kann, soweit nicht durch Rechtsvorschrift etwas anderes bestimmt ist, durch die elektronische Form ersetzt werden. [2]Der elektronischen Form genügt ein elektronisches Dokument, das mit einer qualifizierten elektronischen Signatur nach dem Signaturgesetz versehen ist. [3]Die Signierung mit einem Pseudonym, das die Identifizierung der Person des Signaturschlüsselinhabers nicht unmittelbar durch die Behörde ermöglicht, ist nicht zulässig. [4]Die Schriftform kann auch ersetzt werden

1. durch unmittelbare Abgabe der Erklärung in einem elektronischen Formular, das von der Behörde in einem Eingabegerät oder über öffentlich zugängliche Netze zur Verfügung gestellt wird;
2. bei Anträgen und Anzeigen durch Versendung eines elektronischen Dokuments an die Behörde mit der Versandart nach § 5 Abs. 5 des De-Mail-Gesetzes;
3. bei elektronischen Verwaltungsakten oder sonstigen elektronischen Dokumenten der Behörden durch Versendung einer De-Mail-Nachricht nach § 5 Abs. 5 des De-Mail-Gesetzes, bei der die Bestätigung des akkreditierten Diensteanbieters die erlassende Behörde als Nutzer des De-Mail-Kontos erkennen lässt;
4. durch sonstige sichere Verfahren, die durch Rechtsverordnung der Staatsregierung festgelegt werden, welche den Datenübermittler (Absender der Daten) authentifizieren und die Integrität des elektronisch übermittelten Datensatzes sowie die Barrierefreiheit gewährleisten.

[5]In den Fällen des Satzes 4 Nr. 1 muss bei einer Eingabe über öffentlich zugängliche Netze ein sicherer Identitätsnachweis nach § 18 des Personalausweisgesetzes oder nach § 78 Abs. 5 des Aufenthaltsgesetzes erfolgen.

(3) [1]Ist ein der Behörde übermitteltes elektronisches Dokument für sie zur Bearbeitung nicht geeignet, teilt sie dies dem Absender unter Angabe der für sie geltenden technischen Rahmenbedingungen unverzüglich mit. [2]Macht ein Empfänger geltend, er könne das von der Behörde übermittelte elektronische Dokument nicht bearbeiten, hat sie es ihm erneut in einem geeigneten elektronischen Format oder als Schriftstück zu übermitteln.

Art. 33
Beglaubigung von Dokumenten

(1) [1]Jede Behörde ist befugt, Abschriften von Urkunden, die sie selbst ausgestellt hat, zu beglaubigen. [2]Darüber hinaus sind die von der Staatsregierung durch Rechtsverordnung bestimmten Behörden befugt, Abschriften zu beglaubigen, wenn die Urschrift von einer Behörde ausgestellt ist oder die Abschrift zur Vorlage bei einer Behörde benötigt wird, sofern nicht durch Rechtsvorschrift die Erteilung beglaubigter Abschriften aus amtlichen Registern und Archiven anderen Behörden ausschließlich vorbehalten ist.

(2) Abschriften dürfen nicht beglaubigt werden, wenn Umstände zu der Annahme berechtigen, dass der ursprüngliche Inhalt des Schriftstücks, dessen Abschrift beglaubigt werden soll, geändert worden ist, insbesondere wenn dieses Schriftstück Lücken, Durchstreichungen, Einschaltungen, Änderungen, unleserliche Wörter, Zahlen oder Zeichen, Spuren der Beseitigung von Wörtern, Zahlen und Zeichen enthält oder wenn der Zusammenhang eines aus mehreren Blättern bestehenden Schriftstückes aufgehoben ist.

(3) [1]Eine Abschrift wird beglaubigt durch einen Beglaubigungsvermerk, der unter die Abschrift zu setzen ist. [2]Der Vermerk muss enthalten

1. die genaue Bezeichnung des Schriftstückes, dessen Abschnitt beglaubigt wird,
2. die Feststellung, dass die beglaubigte Abschrift mit dem vorgelegten Schriftstück übereinstimmt,
3. den Hinweis, dass die beglaubigte Abschrift nur zur Vorlage bei der angegebenen Behörde erteilt wird, wenn die Urschrift nicht von einer Behörde ausgestellt worden ist,
4. den Ort und den Tag der Beglaubigung, die Unterschrift des für die Beglaubigung zuständigen Bediensteten und das Dienstsiegel.

(4) Die Absätze 1 bis 3 gelten entsprechend für die Beglaubigungen von

1. Ablichtungen, Lichtdrucken und ähnlichen in technischen Verfahren hergestellten Vervielfältigungen,
2. auf fototechnischem Weg von Schriftstücken hergestellten Negativen, die bei einer Behörde aufbewahrt werden,
3. Ausdrucken elektronischer Dokumente,
4. elektronischen Dokumenten,
   a) die zur Abbildung eines Schriftstücks hergestellt wurden,
   b) die ein anderes technisches Format als das mit einer qualifizierten elektronischen Signatur verbundene Ausgangsdokument erhalten haben.

(5) [1]Der Beglaubigungsvermerk muss zusätzlich zu den Angaben nach Absatz 3 Satz 2 bei der Beglaubigung

1. des Ausdrucks eines elektronischen Dokuments, das mit einer qualifizierten elektronischen Signatur verbunden ist, die Feststellungen enthalten,
   a) wen die Signaturprüfung als Inhaber der Signatur ausweist,
   b) welchen Zeitpunkt die Signaturprüfung für die Anbringung der Signatur ausweist und
   c) welche Zertifikate mit welchen Daten dieser Signatur zugrunde lagen;
2. eines elektronischen Dokuments den Namen des für die Beglaubigung zuständigen Bediensteten und die Bezeichnung der Behörde, die die Beglaubigung vornimmt, enthalten; die Unterschrift des für die Beglaubigung zuständigen Bediensteten und das Dienstsiegel nach Absatz 3 Satz 2 Nr. 4 werden durch eine dauerhaft überprüfbare qualifizierte elektronische Signatur ersetzt.

[2]Wird ein elektronisches Dokument, das ein anderes technisches Format als das mit einer qualifizierten elektronischen Signatur verbundene Ausgangsdokument erhalten hat, nach Satz 1 Nr. 2 beglaubigt, muss der Beglaubigungsvermerk zusätzlich die Feststellungen nach Satz 1 Nr. 1 für das Ausgangsdokument enthalten.

(6) Die nach Absatz 4 hergestellten Dokumente stehen, sofern sie beglaubigt sind, beglaubigten Abschriften gleich.

(7) Jede Behörde soll von Urkunden, die sie selbst ausgestellt hat, auf Verlangen ein elektronisches Dokument nach Abs. 4 Nr. 4 Buchst. a oder eine elektronische Abschrift fertigen und beglaubigen.

Art. 37
Bestimmtheit und Form des Verwaltungsaktes

(1) Ein Verwaltungsakt muss inhaltlich hinreichend bestimmt sein.

(2) [1]Ein Verwaltungsakt kann schriftlich, elektronisch, mündlich oder in anderer Weise erlassen werden. [2]Ein mündlicher Verwaltungsakt ist schriftlich oder elektronisch zu bestätigen, wenn hieran ein berechtigtes Interesse besteht und der Betroffene dies unverzüglich verlangt. [3]Ein elektronischer Verwaltungsakt ist unter denselben Voraussetzungen schriftlich zu bestätigen; Art. 3a Abs. 2 findet insoweit keine Anwendung.

(3) [1]Ein schriftlicher oder elektronischer Verwaltungsakt muss die erlassende Behörde erkennen lassen und die Unterschrift oder die Namenswiedergabe des Behördenleiters, seines Vertreters oder seines Beauftragten enthalten. [2]Wird für einen Verwaltungsakt, für den durch Rechtsvorschrift die Schriftform angeordnet ist, die elektronische Form verwendet, muss auch das der Signatur zugrunde liegende qualifizierte Zertifikat oder ein zugehöriges qualifiziertes Attributzertifikat die erlassende Behörde erkennen lassen. [3]Im Fall des Art. 3a Abs. 2 Satz 4 Nr. 3 muss die Bestätigung nach § 5 Abs. 5 des De-Mail-Gesetzes die erlassende Behörde als Nutzer des De-Mail-Kontos erkennen lassen.

(4) Für einen Verwaltungsakt kann für die nach Art. 3a Abs. 2 erforderliche Signatur durch Rechtsvorschrift die dauerhafte Überprüfbarkeit vorgeschrieben werden.

(5) [1]Bei einem schriftlichen Verwaltungsakt, der mit Hilfe automatischer Einrichtungen erlassen wird, können abweichend von Absatz 3 Unterschrift und Namenswiedergabe fehlen. [2]Zur Inhaltsangabe können Schlüsselzeichen verwendet werden, wenn derjenige, für den der Verwaltungsakt bestimmt ist oder der von ihm betroffen wird, aufgrund der dazu gegebenen Erläuterungen den Inhalt des Verwaltungsaktes eindeutig erkennen kann.

Art. 41
Bekanntgabe des Verwaltungsaktes

(1) [1]Ein Verwaltungsakt ist demjenigen Beteiligten bekannt zu geben, für den er bestimmt ist oder der von ihm betroffen wird. [2]Ist ein Bevollmächtigter bestellt, so kann die Bekanntgabe ihm gegenüber vorgenommen werden.

(2) [1]Ein schriftlicher Verwaltungsakt, der im Inland durch die Post übermittelt wird, gilt am dritten Tag nach der Aufgabe zur Post als bekannt gegeben. [2]Ein Verwaltungsakt, der im Inland oder in das Ausland elektronisch übermittelt wird, gilt am dritten Tag nach der Absendung als bekannt gegeben. [3]Dies gilt nicht, wenn der Verwaltungsakt nicht oder zu einem späteren Zeitpunkt zugegangen ist; im Zweifel hat die Behörde den Zugang des Verwaltungsakts und den Zeitpunkt des Zugangs nachzuweisen.

(3) [1]Ein Verwaltungsakt darf öffentlich bekannt gegeben werden, wenn dies durch Rechtsvorschrift zugelassen ist. [2]Eine Allgemeinverfügung darf auch dann öffentlich bekannt gegeben werden, wenn eine Bekanntgabe an die Beteiligten untunlich ist.

(4) [1]Die öffentliche Bekanntgabe eines schriftlichen oder elektronischen Verwaltungsaktes wird dadurch bewirkt, dass sein verfügender Teil ortsüblich bekannt gemacht wird. [2]In der ortsüblichen Bekanntmachung ist anzugeben, wo der Verwaltungsakt und seine Begründung eingesehen

werden können. [3]Der Verwaltungsakt gilt zwei Wochen nach der ortsüblichen Bekanntmachung als bekannt gegeben. [4]In einer Allgemeinverfügung kann ein hiervon abweichender Tag, jedoch frühestens der auf die Bekanntmachung folgende Tag bestimmt werden.

(5) Vorschriften über die Bekanntgabe eines Verwaltungsaktes mittels Zustellung bleiben unberührt.

III. Bayerisches Verwaltungszustellungs- und Vollstreckungsgesetz

Bayerisches Verwaltungszustellungs- und Vollstreckungsgesetz (VwZVG)

i.d.F. der Bek. vom 11.11.1970 (GVBl. 1971 S. 1, BayRS 2010-2-I), zuletzt geändert durch § 1 Nr. 28 V vom 22.7.2014 (GVBl. S. 286)
– Auszüge –

Art. 5
Zustellung durch die Behörde gegen Empfangsbekenntnis; elektronische Zustellung

(1) [1]Bei der Zustellung durch die Behörde händigt der zustellende Bedienstete das Dokument dem Empfänger in einem verschlossenen Umschlag aus. [2]Das Dokument kann auch offen ausgehändigt werden, wenn keine schutzwürdigen Interessen des Empfängers entgegenstehen. [3]Der Empfänger hat ein mit dem Datum der Aushändigung versehenes Empfangsbekenntnis zu unterschreiben. [4]Der Bedienstete vermerkt das Datum der Zustellung auf dem Umschlag des auszuhändigenden Dokuments oder bei offener Aushändigung auf dem Dokument selbst.

(2) [1]Die §§ 177 bis 181 der Zivilprozessordnung sind anzuwenden. [2]Zum Nachweis der Zustellung ist in den Akten zu vermerken:

1. im Fall der Ersatzzustellung in der Wohnung, in Geschäftsräumen und Einrichtungen nach § 178 der Zivilprozessordnung der Grund, der diese Art der Zustellung rechtfertigt,
2. im Fall der Zustellung bei verweigerter Annahme nach § 179 der Zivilprozessordnung, wer die Annahme verweigert hat und dass das Dokument am Ort der Zustellung zurückgelassen oder an den Absender zurückgesandt wurde sowie der Zeitpunkt und der Ort der verweigerten Annahme,
3. in den Fällen der Ersatzzustellung nach §§ 180 und 181 der Zivilprozessordnung der Grund der Ersatzzustellung sowie wann und wo das Dokument in einen Briefkasten eingelegt oder sonst niedergelegt und in welcher Weise die Niederlegung schriftlich mitgeteilt wurde.

[3]Im Fall des § 181 Abs. 1 der Zivilprozessordnung kann das zuzustellende Dokument bei der Behörde, die den Zustellungsauftrag erteilt hat, niedergelegt werden, wenn diese Behörde ihren Sitz am Ort der Zustellung oder am Ort des Amtsgerichts hat, in dessen Bezirk der Ort der Zustellung liegt.

(3) [1]Zur Nachtzeit, an Sonntagen und allgemeinen Feiertagen darf nach Abs. 1 und 2 im Inland nur mit schriftlicher oder elektronischer Erlaubnis des Behördenleiters oder seines Stellvertreters oder eines Beamten mit der Befähigung für das Richteramt zugestellt werden. [2]Die Nachtzeit umfasst die Stunden von 21 bis 6 Uhr. [3]Die Erlaubnis ist bei der Zustellung in Kopie mitzuteilen. [4]Eine Zustellung, bei der diese Vorschriften nicht beobachtet sind, ist wirksam, wenn die Annahme nicht verweigert wird.

(4) Das Dokument kann an Behörden, Körperschaften, Anstalten und Stiftungen des öffentlichen Rechts, an Rechtsanwälte, Patentanwälte, Notare, Steuerberater, Steuerbevollmächtigte,

Wirtschaftsprüfer, vereidigte Buchprüfer, Steuerberatungsgesellschaften, Wirtschaftsprüfungsgesellschaften und Buchprüfungsgesellschaften auch auf andere Weise, auch elektronisch, gegen Empfangsbekenntnis zugestellt werden.

(5) [1]Ein elektronisches Dokument kann im Übrigen unbeschadet des Abs. 4 elektronisch zugestellt werden, soweit der Empfänger hierfür einen Zugang eröffnet; es ist elektronisch zuzustellen, wenn aufgrund einer Rechtsvorschrift ein Verfahren auf Verlangen des Empfängers in elektronischer Form abgewickelt wird. [2]Für die Übermittlung ist das Dokument mit einer qualifizierten elektronischen Signatur nach dem Signaturgesetz zu versehen und gegen unbefugte Kenntnisnahme Dritter zu schützen.

(6) [1]Bei der elektronischen Zustellung ist die Übermittlung mit dem Hinweis „Zustellung gegen Empfangsbekenntnis" einzuleiten. [2]Die Übermittlung muss die absendende Behörde, den Namen und die Anschrift des Zustellungsadressaten sowie den Namen des Bediensteten erkennen lassen, der das Dokument zu Übermittlung aufgegeben hat.

(7) [1]Zum Nachweis der Zustellung nach Abs. 4 und 5 genügt das mit Datum und Unterschrift versehene Empfangsbekenntnis, das an die Behörde durch die Post oder elektronisch zurückzusenden ist. [2]Ein elektronisches Dokument gilt in den Fällen des Abs. 5 Satz 1 Halbsatz 2 am dritten Tag nach der Absendung an den vom Empfänger hierfür eröffneten Zugang als zugestellt, wenn der Behörde nicht spätestens an diesem Tag ein Empfangsbekenntnis nach Satz 1 zugeht. [3]Satz 2 gilt nicht, wenn der Empfänger nachweist, dass das Dokument nicht oder zu einem späteren Zeitpunkt zugegangen ist. [4]Der Empfänger ist in den Fällen des Abs. 5 Satz 1 Halbsatz 2 vor der Übermittlung über die Rechtsfolgen nach den Sätzen 2 und 3 zu belehren. [5]Zum Nachweis der Zustellung ist von der absendenden Behörde in den Akten zu vermerken, zu welchem Zeitpunkt und an welchen Zugang das Dokument gesendet wurde. [6]Der Empfänger ist über den Eintritt der Zustellungsfiktion nach Satz 2 zu benachrichtigen.

Art. 6
Elektronische Zustellung gegen Abholbestätigung über De-Mail-Dienste

(1) [1]Die elektronische Zustellung kann unbeschadet von Art. 5 Abs. 4 und 5 Satz 1 durch Übermittlung der nach § 17 des De-Mail-Gesetzes akkreditierten Diensteanbieter gegen Abholbestätigung nach § 5 Abs. 9 des De-Mail-Gesetzes an das De-Mail-Postfach des Empfängers erfolgen. [2]Für die Zustellung nach Satz 1 sind Art. 5 Abs. 4 und 6 mit der Maßgabe anzuwenden, dass an die Stelle des Empfangsbekenntnisses die Abholbestätigung tritt.

(2) Die absendende Behörde hat vom nach § 17 des De-Mail-Gesetzes akkreditierten Diensteanbieter eine Versandbestätigung nach § 5 Abs. 7 des De-Mail-Gesetzes und eine Abholbestätigung nach § 5 Abs. 9 des De-Mail-Gesetzes zu verlangen.

(3) [1]Zum Nachweis der elektronischen Zustellung genügt die Abholbestätigung nach § 5 Abs. 9 des De-Mail-Gesetzes. [2]Für die Abholbestätigung gelten § 371 Abs. 1 Satz 2 und § 371a Abs. 2 der Zivilprozessordnung entsprechend.

(4) [1]Ein elektronisches Dokument gilt in den Fällen des Art. 5 Abs. 5 Satz 1 Halbsatz 2 am dritten Tag nach der Absendung an das De-Mail-Postfach des Empfängers als zugestellt, wenn er dieses Postfach als Zugang eröffnet hat und der Behörde nicht spätestens an diesem Tag eine elektronische Abholbestätigung nach § 5 Abs. 9 des De-Mail-Gesetzes zugeht. [2]Satz 1 gilt nicht, wenn der Empfänger nachweist, dass das Dokument nicht oder zu einem späteren Zeitpunkt zugegangen ist. [3]Der Empfänger ist in den Fällen des Art. 5 Abs. 5 Satz 1 Halbsatz 2 vor der Übermittlung über die Rechtsfolgen nach den Sätzen 1 und 2 zu belehren. [4]Als Nachweis der Zustellung nach Satz 1 dient die Versandbestätigung nach § 5 Abs. 7 des De-Mail-Gesetzes oder ein Vermerk der absendenden Behörde in den Akten, zu welchem Zeitpunkt und an welches De-Mail-Postfach das Dokument gesendet wurde. [5]Der Empfänger ist über den Eintritt der Zustellungsfiktion nach Satz 1 elektronisch zu benachrichtigen.

IV. Onlinezugangsgesetz des Bundes

Gesetz zur Verbesserung des Onlinezugangs zu Verwaltungsleistungen (Onlinezugangsgesetz – OZG)[1)]

vom 14.8.2017 (BGBl. I S. 3122, 3138)

§ 1
Portalverbund für digitale Verwaltungsleistungen

(1) Bund und Länder sind verpflichtet, bis spätestens zum Ablauf des fünften auf die Verkündung dieses Gesetzes folgenden Kalenderjahres ihre Verwaltungsleistungen auch elektronisch über Verwaltungsportale anzubieten.

(2) Bund und Länder sind verpflichtet, ihre Verwaltungsportale miteinander zu einem Portalverbund zu verknüpfen.

§ 2
Begriffsbestimmungen

(1) Der „Portalverbund" ist eine technische Verknüpfung der Verwaltungsportale von Bund und Ländern, über den der Zugang zu Verwaltungsleistungen auf unterschiedlichen Portalen angeboten wird.

(2) Das „Verwaltungsportal" bezeichnet ein bereits gebündeltes elektronisches Verwaltungsangebot eines Landes oder des Bundes mit entsprechenden Angeboten einzelner Behörden.

(3) „Verwaltungsleistungen" im Sinne dieses Gesetzes sind die elektronische Abwicklung von Verwaltungsverfahren und die dazu erforderliche elektronische Information des Nutzers und Kommunikation mit dem Nutzer über allgemein zugängliche Netze.

(4) „Nutzer" sind diejenigen, die Verwaltungsleistungen in Anspruch nehmen, zum Beispiel Bürgerinnen und Bürger und Unternehmen.

(5) [1]Ein „Nutzerkonto" ist eine zentrale Identifizierungskomponente, die eine staatliche Stelle anderen Behörden zur einmaligen oder dauerhaften Identifizierung der Nutzer zu Zwecken der Inanspruchnahme von Leistungen der öffentlichen Verwaltung bereitstellt. [2]Die Verwendung von Nutzerkonten ist für die Nutzer freiwillig.

(6) „IT-Komponenten" im Sinne dieses Gesetzes sind IT-Anwendungen, Basisdienste und die elektronische Realisierung von Standards, Schnittstellen und Sicherheitsvorgaben, die für die Anbindung an den Portalverbund, für den Betrieb des Portalverbundes und für die Abwicklung der Verwaltungsleistungen im Portalverbund erforderlich sind.

§ 3
Ziel des Portalverbundes; Nutzerkonten

(1) Der Portalverbund stellt sicher, dass Nutzer über alle Verwaltungsportale von Bund und Ländern einen barriere- und medienbruchfreien Zugang zu elektronischen Verwaltungsleistungen dieser Verwaltungsträger erhalten.

---

1) **Anm. d. Verlages:**
Dieses Gesetz wurde verkündet als Art. 9 des Gesetzes zur Neuregelung des bundesstaatlichen Finanzausgleichssystems ab dem Jahr 2020 und zur Änderung haushaltsrechtlicher Vorschriften und ist am 18.8.2017 in Kraft getreten.

(2) [1]Bund und Länder stellen im Portalverbund Nutzerkonten bereit, über die sich Nutzer für die im Portalverbund verfügbaren elektronischen Verwaltungsleistungen von Bund und Ländern einheitlich identifizieren können. [2]Die besonderen Anforderungen einzelner Verwaltungsleistungen an die Identifizierung ihrer Nutzer sind zu berücksichtigen.

§ 4
Elektronische Abwicklung von Verwaltungsverfahren

(1) [1]Für die elektronische Abwicklung von Verwaltungsverfahren, die der Durchführung unmittelbar geltender Rechtsakte der Europäischen Union oder der Ausführung von Bundesgesetzen dienen, wird die Bundesregierung ermächtigt, im Benehmen mit dem IT-Planungsrat durch Rechtsverordnung ohne Zustimmung des Bundesrates die Verwendung bestimmter IT-Komponenten nach § 2 Absatz 6 verbindlich vorzugeben. [2]In der Rechtsverordnung kann auch die Verwendung von IT-Komponenten geregelt werden, die das jeweils zuständige Bundesministerium bereitstellt. [3]Die Länder können von den in der Rechtsverordnung getroffenen Regelungen durch Landesrecht abweichen, soweit sie für den Betrieb im Portalverbund geeignete IT-Komponenten bereitstellen.

(2) Die Länder sind verpflichtet, die technischen und organisatorischen Voraussetzungen für den Einsatz der nach Absatz 1 vorgegebenen Verfahren sicherzustellen.

§ 5
IT-Sicherheit

[1]Für die im Portalverbund und für die zur Anbindung an den Portalverbund genutzten IT-Komponenten werden die zur Gewährleistung der IT-Sicherheit erforderlichen Standards durch Rechtsverordnung des Bundesministeriums des Innern ohne Zustimmung des Bundesrates festgelegt. [2]§ 9 des Bundesdatenschutzgesetzes ist zu berücksichtigen. [3]Die Einhaltung der Standards der IT-Sicherheit ist für alle Stellen verbindlich, die entsprechende IT-Komponenten nutzen. [4]Von den in der Rechtsverordnung getroffenen Regelungen kann durch Landesrecht nicht abgewichen werden. [5]§ 4 Absatz 2 gilt entsprechend.

§ 6
Kommunikationsstandards

(1) Für die Kommunikation zwischen den im Portalverbund genutzten informationstechnischen Systemen legt das Bundesministerium des Innern im Benehmen mit dem IT-Planungsrat durch Rechtsverordnung ohne Zustimmung des Bundesrates die technischen Kommunikationsstandards fest.

(2) [1]Für die Anbindung von Verwaltungsverfahren, die der Ausführung von Bundesgesetzen dienen, an die im Portalverbund genutzten informationstechnischen Systeme legt das für das jeweilige Bundesgesetz innerhalb der Bundesregierung zuständige Bundesministerium im Einvernehmen mit dem Bundesministerium des Innern durch Rechtsverordnung ohne Zustimmung des Bundesrates die technischen Kommunikationsstandards fest. [2]Das Bundesministerium des Innern setzt sich mit dem IT-Planungsrat hierzu ins Benehmen.

(3) Für die Anbindung der der Ausführung sonstiger Verwaltungsverfahren dienenden informationstechnischen Systeme an im Portalverbund genutzte informationstechnische Systeme legt das Bundesministerium des Innern im Benehmen mit dem IT-Planungsrat durch Rechtsverordnung ohne Zustimmung des Bundesrates die technischen Kommunikationsstandards fest.

(4) [1]Die Einhaltung der nach den Absätzen 1 bis 3 vorgegebenen Standards ist für alle Stellen verbindlich, deren Verwaltungsleistungen über den Portalverbund angeboten werden. [2]Von den in den Rechtsverordnungen nach den Absätzen 1 bis 3 getroffenen Regelungen kann durch Landesrecht nicht abgewichen werden. [3]§ 4 Absatz 2 gilt entsprechend.

§ 7
Für die Nutzerkonten zuständige Stelle

(1) Bund und Länder bestimmen jeweils eine öffentliche Stelle, die den Nutzern die Einrichtung eines Nutzerkontos anbietet.

(2) Bund und Länder bestimmen jeweils öffentliche Stellen, die die Registrierung von Nutzerkonten vornehmen dürfen (Registrierungsstellen).

(3) Vorbehaltlich des § 3 Absatz 2 Satz 2 sind das Nutzerkonto, dessen Verwendung zur Identifizierung für elektronische Verwaltungsleistungen und die gegebenenfalls verbundene Registrierung von allen öffentlichen Stellen anzuerkennen, die Verwaltungsleistungen über die Verwaltungsportale im Sinne dieses Gesetzes anbieten.

§ 8
Rechtsgrundlagen der Datenverarbeitung

(1) [1]Der Nachweis der Identität des Nutzers eines Nutzerkontos kann auf unterschiedlichen Vertrauensniveaus erfolgen und muss die Verwendung des für das jeweilige Verwaltungsverfahren erforderlichen Vertrauensniveaus ermöglichen. [2]Zur Feststellung der Identität des Nutzers eines Nutzerkontos dürfen bei Registrierung und Nutzung folgende Daten verarbeitet werden:

1. bei einer natürlichen Person: Name, Vorname, Anschrift, Geburtsname, Geburtsort, Geburtsland, Geburtsdatum, akademischer Grad, bei Nutzung der elektronischen Identitätsfunktion im Sinne des § 18 des Personalausweisgesetzes oder des § 78 Absatz 5 des Aufenthaltsgesetzes die Abkürzung „D" für Bundesrepublik Deutschland und die Dokumentenart sowie das dienste- und kartenspezifische Kennzeichen. [2]Bei späterer Nutzung des Nutzerkontos mit der eID-Funktion sind grundsätzlich das dienste- und kartenspezifische Kennzeichen und die Anschrift zu übermitteln;
2. bei einer juristischen Person oder einer Personengesellschaft: Firma, Name oder Bezeichnung, Rechtsform, Registernummer, Registerort, soweit vorhanden, Anschrift des Sitzes oder der Hauptniederlassung und Namen der Mitglieder des Vertretungsorgans oder der gesetzlichen Vertreter; ist ein Mitglied des Vertretungsorgans oder der gesetzliche Vertreter eine juristische Person, so sind deren Firma, Name oder Bezeichnung, Rechtsform, Registernummer, soweit vorhanden, und Anschrift des Sitzes oder der Hauptniederlassung zu erheben. [2]Soweit eine natürliche Person für ein Unternehmen handelt, sind die in der eID gespeicherten personenbezogenen Daten mit Ausnahme der „Anschrift" zu verwenden.

(2) Zur Kommunikation mit dem Nutzer können zusätzlich folgende Daten erhoben und verarbeitet werden: De-Mail-Adresse oder vergleichbare Adresse eines Zustelldienstes eines anderen EU-/EWR-Staates gemäß eIDAS-Verordnung, E-Mail-Adresse, Telefon- oder Mobilfunknummer, Telefaxnummer.

(3) Mit Einwilligung des Nutzers dürfen im Nutzerkonto elektronische Dokumente zu Verwaltungsvorgängen sowie Status- und Verfahrensinformationen innerhalb des Nutzerkontos gespeichert und verarbeitet werden.

(4) [1]Die elektronische Identifizierung kann jeweils mittels einer einmaligen Abfrage der Identitätsdaten erfolgen. [2]Mit Einwilligung des Nutzers sind eine dauerhafte Speicherung der Identitätsdaten und deren Übermittlung an und Verwendung durch die für die Verwaltungsleistung zuständige Behörde zulässig. [3]Im Falle der dauerhaften Speicherung muss der Nutzer jederzeit die Möglichkeit haben, das Nutzerkonto und alle gespeicherten Daten selbstständig zu löschen.

(5) Die für die Abwicklung einer Verwaltungsleistung zuständige Behörde kann im Einzelfall mit Einwilligung des Nutzers die für die Identifizierung des Nutzers erforderlichen Daten bei der für das Nutzerkonto zuständigen Stelle elektronisch abrufen.

Teil K
Stichwortverzeichnis